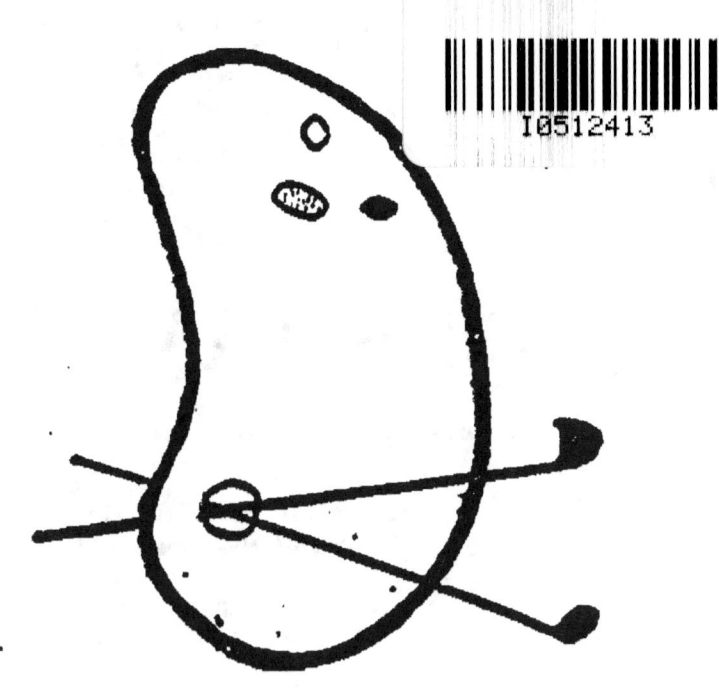

DÉBUT D'UNE SÉRIE DE DOCUMENTS EN COULEUR

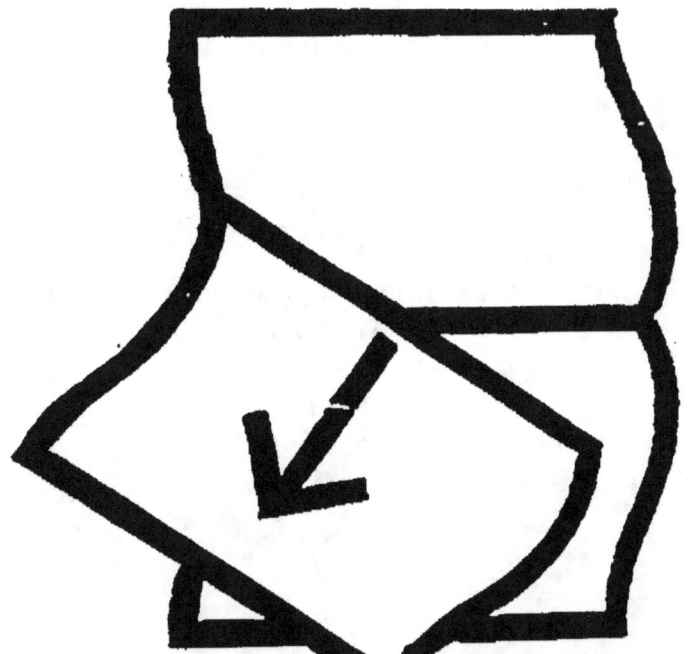

Couverture inférieure manquante

CATALOGUE
DES LIVRES

COMPOSANT LE FONDS DE LIBRAIRIE

DE FEU M. CROZET
Libraire de la Bibliothèque royale

PUBLIÉ AVEC DES NOTES LITTÉRAIRES ET
BIBLIOGRAPHIQUES

De MM Ch. NODIER, G. DUPLESSIS et LEROUX DE LINCY.

SECONDE PARTIE
CONTENANT LES RARETÉS BIBLIOGRAPHIQUES ET LES BELLES RELIURES.

Prix : 3 francs.

PARIS
COLOMB DE BATINES, SUCCESSEUR DE CROZET,
15, QUAI MALAQUAIS.

1841

AVIS AUX AMATEURS DE LIVRES.

A dater du 15 novembre prochain, les principaux articles de cette vente seront exposés dans une salle dépendant du magasin de M. Colomb de Batines, 15, quai Malaquais. Cette exposition aura lieu chaque jour, de 2 à 4 heures.

Il a été tiré de ce Catalogue 20 exemplaires sur grand papier de Hollande. Prix . . . . 5 fr.

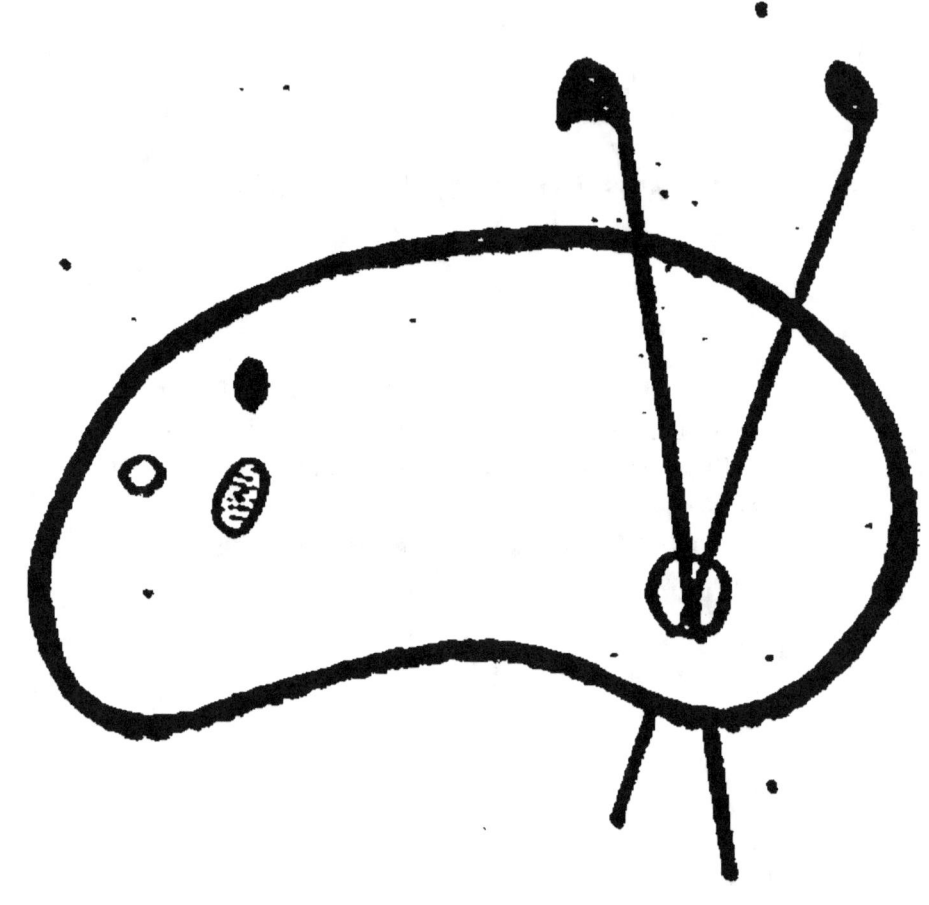

FIN D'UNE SERIE DE DOCUMENTS
EN COULEUR

CATALOGUE
DES LIVRES

COMPOSANT LE FONDS DE LIBRAIRIE

DE FEU M. CROZET

LIBRAIRE DE LA BIBLIOTHÈQUE ROYALE,

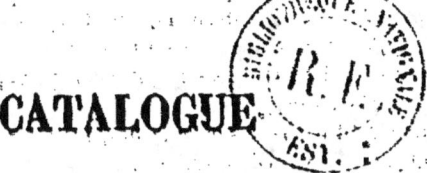

AVIS.

Il y aura chaque jour de vente, d'une heure à trois heures, exposition des livres qui seront vendus le soir.

Les livres vendus devront être collationnés sur place dans les 24 heures de l'adjudication. Passé ce délai, ou une fois sortis de la salle de vente, ils ne seront repris pour aucune cause.

Les articles au-dessous de 12 fr. ne seront admis à rapport que dans le cas où ils seraient incomplets par enlèvement de feuillets ou de portions de feuillets emportant du texte; ils ne seront pas repris pour taches, mouillures, déchirures, piqûres, ou autres défectuosités.

Nota. Le libraire chargé de la vente remplira les commissions des personnes qui ne pourraient y assister.

SOUS PRESSE.

Catalogue des livres en nombre dépendant du fond de feu M. Crozet, dont la vente aura lieu le 25 décembre 1841.

IMPRIMERIE DE J. BELIN-LEPRIEUR FILS,
11, rue de la Monnaie.

CATALOGUE
DES LIVRES
COMPOSANT LE FONDS DE LIBRAIRIE

DE FEU M. CROZET

LIBRAIRE DE LA BIBLIOTHÈQUE ROYALE;

PUBLIÉ AVEC DES NOTES LITTÉRAIRES ET BIBLIOGRAPHIQUES DE MM. CHARLES
NODIER, G. DUPLESSIS ET LEROUX DE LINCY.

*La vente se fera du jeudi 2 au lundi 20 décembre 1841,
à six heures précises de relevée.*

MAISON SILVESTRE,
RUE DES BONS-ENFANTS, N° 30.

Par le ministère de M° COMMENDEUR, commissaire-priseur,
rue Saint-Germain-des-Prés, n° 9.

*Les Acquéreurs paieront, en sus du prix d'adjudication,
5 cent. par franc, applicables aux frais de vente.*

SECONDE PARTIE
contenant les raretés bibliographiques et les belles reliures.

PARIS,
COLOMB DE BATINES, SUCCESSEUR DE CROZET,
15, Quai Malaquais.
1841.

ORDRE DES VACATIONS.

1re Vacation. 3 décembre 1811.
Théologie. . . . . . Nos 40 à 47
Belles-Lettres. . . . . 534 — 596
Histoire. . . . . . . 1136 — 1160

2e Vacation. Vendredi 3.
Sciences et arts. . . . 148 — 115
Belles-Lettres. . . . . 598 — 414
Histoire. . . . . . . 1161 — 1185

3e Vacation. Samedi 4.
Théologie. . . . . . 48 — 59
Belles-Lettres. . . . . 415 — 497
Histoire. . . . . . . 1186 — 1227

4e Vacation. Lundi 6.
Jurisprudence. . . . . 123 — 147
Belles-Lettres. . . . . 498 — 550
Histoire. . . . . . . 1228 — 1255

5e Vacation. Mardi 7.
Sciences et arts. . . . 170 — 199
Belles-Lettres. . . . . 551 — 598
Histoire. . . . . . . 1256 — 1286

6e Vacation. Mercredi 8.
Théologie. . . . . . 60 — 74
Belles-Lettres. . . . . 599 — 658
Histoire. . . . . . . 1287 — 1320

7e Vacation. Jeudi 9.
Sciences et arts. . . . 200 — 232
Belles-Lettres. . . . . 659 — 007
Histoire. . . . . . . 1321 — 1355

8e Vacation. Vendredi 10.
Théologie. . . . . . 75 — 90
Belles-Lettres. . . . . 008 — 747
Histoire. . . . . . . 1356 — 1385

9e Vacation. Samedi 11.
Sciences et arts. . . . 231 — 255
Belles-Lettres. . . . . 748 — 780
Histoire. . . . . . . 1389 — 1430

10e Vacation. Lundi 13.
Théologie. . . . . . 91 — 111
Belles-Lettres. . . . . 781 — 825
Histoire. . . . . . . 1431 — 1470

11e Vacation. Mardi 14.
Théologie. . . . . . 112 — 122
Belles-Lettres. . . . . 820 — 8 8
Histoire. . . . . . . 1471 — 1510

12e Vacation. Mercredi 15.
Sciences et arts. . . . 256 — 272
Belles-Lettres. . . . . 869 — 121
Histoire. . . . . . . 1511 — 1545

13e Vacation. Jeudi 16.
Sciences et arts. . . . 273 — 299
Belles-Lettres. . . . . 933 — 969
Histoire. . . . . . . 1546 — 1580

14e Vacation. Vendredi 17.
Théologie. . . . . . 1 — 20
Belles-Lettres. . . . . 970 — 1023
Histoire. . . . . . . 1581 — 1610

15e Vacation. Samedi 18.
Sciences et arts. . . . 300 — 333
Belles-Lettres. . . . . 1024 — 1082
Histoire. . . . . . . 1611 — 1620

16e Vacation. Lundi 20.
Théologie. . . . . . 21 — 30
Belles-Lettres. . . . . 1083 — 1134
Histoire. . . . . . . 1621 — 1652

AVERTISSEMENT.

Quoique le goût éclairé et la passion de M. Crozet pour les beaux livres et les livres rares fussent bien connus des amateurs, ils ne pourront se faire une idée de la précieuse collection qui est mise en vente avant d'en avoir parcouru la nomenclature que l'on trouvera exempte de ce charlatanisme mercantile dont on a quelque peu abusé dans certains catalogues de vente.

Tout ce qui rend un livre recommandable et précieux, l'importance de ce qu'il contient, le nom de son auteur, son extrême rareté, sa parfaite conservation, l'antiquité ou la beauté de l'édition, la grandeur du papier et des marges, fut constamment l'objet des recherches de M. Crozet, et lui échappa rarement. Il rehaussa encore ce luxe bibliographique par l'éclat et la somptuosité des reliures, et l'on trouvera dans notre Catalogue de vrais chefs-d'œuvre en ce genre dus à MM. Bauzonnet, Niedrée et Koehler, auxquels il serait injuste de ne pas adjoindre M. Simonnin, qui s'entend si bien à restaurer, ou pour mieux dire, à refaire un livre.

Il serait trop long d'énumérer ici toutes les délicieuses plaquettes, et en un mot tous les articles de ce Catalogue, qui se recommandent d'eux-mêmes à l'attention des bibliophiles; nous ne saurions cependant nous dispenser d'en signaler quelques-uns des plus marquants. Ainsi, dans la *Théologie*, sous les n°" 8 et 54, figurent deux magnifiques manuscrits, vrais bijoux de calligraphie et de peinture; il serait difficile d'en rencontrer de plus parfaits sous tous les rapports. Mais la partie la plus riche de notre Catalogue, celle qui renferme le plus d'articles hors ligne, est sans contredit la classe des *Belles-Lettres*. On y trouvera une belle suite de nos anciens poëtes français, la plupart d'éditions originales ; le rare *Mistère de la passion* (n° 782), qui a successivement appartenu à Girardot de Préfond et à Mac-Carthy ; sept précieux Romans de chevalerie (n°° 828-835), admirables de conservation et de reliure ; enfin, un beau manuscrit in-folio (n° 1000), contenant l'*Evangille des Quenouilles* et les *Adrineaux amoureux*. L'article le plus précieux de cette série, selon nous, celui qui doit séduire tout à la fois le bibliomane et le bibliophile, est un *Recueil* factice (n° 748) annoté par La Monnoye, contenant 48 petits poëmes, chansons et facéties italiennes, imprimés dans les premières années du XVI° siècle. Ainsi que le dit M. Duplessis, qui a bien voulu consacrer quelques lignes à cette collection unique, *dix voyages en Italie et une persévérance de bibliophile égale à celle de sir Richard Heber parviendraient à peine à procurer le quart des rares opuscules dont elle se compose.*

Je ne terminerai pas ces quelques lignes sans réclamer l'indulgence de MM. les amateurs de livres : encore peu familier avec le métier de catalographe, et n'ayant pu consacrer que peu de temps à cette nomenclature, il a dû m'échapper nécessairement quelques erreurs de rédaction, de classification surtout, qu'ils voudront bien me pardonner. Il me restera encore à offrir ici mes biens sincères remerciments à l'excellent M. Nodier, qui, non content d'enrichir notre Catalogue de quelques-unes de ces notules qu'il s'entend si bien à rédiger, a bien voulu me faire l'amitié de revoir les épreuves de chaque feuille.

NOTICE SUR M. CROZET.

La librairie curieuse et savante vient de faire une perte irréparable dans la personne de M. Crozet, mort le samedi 6 février, à cinq heures du matin.

M. Crozet, fils d'un libraire distingué lui-même, dont le souvenir s'est conservé dans la mémoire des bibliophiles, s'était livré dès son enfance à de bonnes et sérieuses études, avec une ardeur propre à sa vive et brillante organisation, qui n'a cessé de s'accroître et qui l'a consumé avant l'âge. Incessamment tourmenté du besoin d'apprendre et de savoir, il n'avait pas une pensée qui n'eût pour objet l'acquisition d'une notion nouvelle; aucune des minutes de sa vie n'était perdue pour le travail; son sommeil même était occupé et laborieux comme ses veilles. Le ressort de cette belle intelligence devait se briser tôt ou tard sous le poids dont il l'avait accablé; il s'est brisé le samedi 6 février.

M. Crozet, comme tous les hommes qui se sont donnés à une étude spéciale avec une grande aptitude, a marqué son rapide passage dans la science dont il faisait ses délices par une puissante impulsion de progrès. C'est lui qui, avec M. Techener, son beau-frère, son émule et sous beaucoup de rapports son élève, est allé reconquérir sur l'Angleterre, à force de sollicitudes et d'argent, ces trésors du *Roman de chevalerie*, du *Mystère* et de la *Moralité*, dépouilles opimes de nos bibliothèques, qu'on pouvait croire irrévocablement perdues. C'est lui dont le tact ingénieux et délicat nous a rendu le goût de la vieille reliure, et qui a fait revivre par ses conseils assidus l'art délicieux de Gascon, de Deseuille et de Padeloup, dans les habiles essais de Thouvenin et dans les merveilleux travaux de Bauzonnet. C'est que M. Crozet n'était pas seulement un savant libraire ; c'était un amateur instruit, judicieux et sévère que rien d'imparfait ne pouvait contenter, et qui portait l'amour du beau livre à ce point où l'amour devient une passion et un culte.

Lorsque MM. de Bure renoncèrent au titre de *Libraires de la Bibliothèque du Roi*, ces respectables princes de la librairie, dont le suffrage est un si grand éloge, présentèrent M. Crozet pour les remplacer, et le public lettré reconnut qu'on ne pouvait pas mieux choisir. M. Crozet était plus digne que personne de parcourir avec éclat l'honorable carrière qu'ils lui avaient tracée. La mort l'a interrompue à son commencement!

Le vieil ami qui écrit ces lignes sur son tombeau, et qui devait l'y précéder de bien des années, dans l'ordre de la nature, sent trop vivement le regret de sa perte pour l'exprimer comme il l'éprouve. J'avais eu le bonheur de présider à ses premières études, et de le suivre d'un regard presque paternel dans la voie de ses succès : pourquoi faut-il que j'aie été réservé au malheur de le pleurer?

Ch. Nodier.

N. B. Depuis le jour où j'écrivais, sous l'impression d'une perte irréparable, la courte notice qu'on vient de lire, et que l'auteur de ce *Catalogue* a jugé à propos d'exhumer d'un journal, M. Crozet a trouvé dans M. Colomb de Batines un successeur plein de zèle et d'instruction dont les louables efforts seront sans doute appréciés par le public. M. Colomb de Batines, homme de lettre et philologue, qui s'est livré au commerce par amour pour les livres, ne négligera rien sans doute pour remplacer dignement un homme qui les aimait tant. C'est en témoignage de la sympathie que m'inspire son dévouement aux intérêts de la librairie savante, que je me suis soumis ici au petit ridicule dont les annotateurs ne peuvent guère se défendre, surtout quand ils n'annotent que pour annoter, et sans avoir rien d'essentiellement neuf à dire. Heureusement pour moi, les livres du genre de celui-ci ne sont feuilletés que par les bibliomanes, et c'est une classe de lecteurs à l'indulgence de laquelle je suis bien accoutumé.

C. N.

CATALOGUE
DES LIVRES
de feu M. CROZET,
LIBRAIRE DE LA BIBLIOTHÈQUE ROYALE.

SECONDE PARTIE.

THÉOLOGIE.

I. ÉCRITURE SAINTE.

Bibles et figures de la Bible.

1. La Bible qui est toute la saincte escriture du vieil et nouveau Testament (de la version de Genève). *Sedan, Jean Jannon,* 1633, pet. in-12, mar. r. fil. tr. dor.
2. La Sainte Bible (traduction de Legros). *Paris, Desoer,* in-8. mar. r. dent. 1819, comp. tr. dor.
3. Evangile. Pet. in-4, rel. en velours.
   Beau manuscrit gothique sur vélin de 164 feuillets, orné de deux grandes miniatures et 20 petites, avec grandes lettres et encadrements illustrés en or et en couleur.
4. Il Genesi di M. Pietro Aretino, con la Visione di Noe. *Venetiis, Fr. Marcolini,* 1539, pet. in-8, vél.
4 bis. Psalterium Davidis. *Lugduni* (Batavorum), *Joh. et Dan. Elsevir,* 1653, pet. in-12, mar. noir, fil. à fr. tr. dor. (Bauzonnet.)
   Les beaux exemplaires de ce Psautier sont rares et se payent fort chers (Essai de Bérard sur les Elsevirs). *Motteley.*

5. Liber Psalmorum. *Paris, Fr. Léonard*, 1697, pet. in-12, mar. br. dent. à fr. tr. dor. doubl. de mar.

Jolie reliure ancienne, fort originale.

6. Psaumes de David, trad. selon l'Hébreu et la Vulgate (par Le Maistre de Sacy). *Paris, Pierre le Petit*, 1679, pet. in-8, mar. r. tr. dor. doub. de mar. (*Duseuille*.)

7. Le Livre de Ruth en hébreu et en patois Auvergnat; Parabole de l'enfant prodigue, sermon de Michel Menot; Parabole de l'enfant prodigue en syriaque et en patois Auvergnat; par l'abbé de Labouderie. *Paris*, 1825, in-8, d. rel. v. non rog.

Tirage à part à 50 exemplaires.

8. LE MIROIR DE L'HUMAINE SALVATION, trad. franç. du *Speculum humanæ Salvationis* de Vincent de Beauvais. In-fol. mar. r. fil. comp. pet. fers, tr. dor.

Très riche reliure de Bauzonnet.

Magnifique mss. goth. du XVe siècle, sur PEAU DE VÉLIN, orné de 168 miniatures et 43 grandes lettres ornées en or et en couleur. Ce volume, de la plus parfaite conservation, se compose de 43 feuillets à deux colonnes; chacune d'elle est surmontée d'une miniature de trois p. cinq l. tant de hauteur que de largeur. On trouve au bas de la première colonne du verso de chaque folio une large dentelle illustrée en or et couleur qui varie à chaque feuillet. « Le *Speculum humanæ Salvationis*, ou quelquefois *Speculum nostræ Salutis*, est une composition en vers latins dont le but paraît être de moraliser le genre humain en lui rappelant par la parole et par la peinture l'histoire de sa rédemption. C'est un des livres sur lesquels se sont exercé le plus volontiers les peintres en miniature des XIVe et XVe siècle. Le *Speculum* compte un assez grand nombre d'éditions latines antérieures à 1500; il fut, comme l'a prouvé M. Guichard dans une excellente *Notice*, écrit en 1324 par un auteur resté inconnu, et mis bientôt en français par quatre traducteurs différents. Quoi qu'on en ait dit, le *Speculum* est, selon nous, plutôt un texte à miniature qu'autre chose; la preuve même en est dans le soin tout particulier avec lequel ont été exécutés les mss. qui les contiennent. Celui dont il s'agit ici est admirable, et nulle bibliothèque publique n'en contient, à notre connaissance, un plus remarquable. Ses miniatures ne sont pas sans analogie avec les premières peintures italiennes; elles ont toute la naïveté du pinceau du Cimabué et de Giotto, et on pourrait s'en assurer en le comparant à l'exemplaire de la Bibliothèque de l'Arsenal (*Theol. lat.* B. 43), dont les miniatures sont attribuées à Tadeo Gaddi, élève de Giotto. »

ACH. JUBINAL.

Un pareil manuscrit, mais moins beau de conservation et de reliure, a été payé 2,860 fr. *Duriez*, et 1931 fr. *Bruyère-Chalabre*.

9. Qvadrins historiqves de la Bible (par Cl. Paradin). *Lyon*,

Jean de Tournes, 1553, gr. in-16, mar. noir. fil. et comp. à fr. tr. dor. fig. sur bois du *Petit Bernard*. (*Bauzonnet.*)
Edition recherchée à cause de sa rareté.

9 *bis*. Icones historicæ veteris et novi Testamenti, carminibus Latinis et Gallicis illustratæ, in quibus exponitur Historia, in singulis exhibita figuris. *Genève, Sam. de Tournes*, 1681, 2 part. en 1 vol. in-8, mar. bleu. fil. à fr. tr. dor. fig. sur bois d'*Holbein*. (*Niédrée.*)

10. Figures de la Passion de N.-S.-J.-C., accompagnées de réflexions propres à donner l'intelligence de ce mystère, par Pacot. *Paris, Chereau*, s. d. in-4, v. gr. fil.
Suite de 35 figures avec texte gravé.

11. Evangelium Infantiæ, vel liber apocryphus de Infantia Servatoris, arab. et lat. edidit Henr. Sike. *Trajecti ad Rhenum, Fr. Halma*, 1697, pet. in-8, vél.

II. PHILOLOGIE SACRÉE?

Dissertations sur les livres Saints. — Traités particuliers sur Jésus-Christ, la sainte Vierge et les Apôtres.

12. Notationes in Sacra Biblia, auct. Fr. Luca Brugensi. *Antuerpiæ, Plantin*, 1580, in-4, mar. r. fil. tr. dor. (*Aux armes de de Thou.*)

13. Georgii Pasoris Manuale Novi Testamenti. *Amstel. Lud. Elzevir*, 1654, petit in-12. v. gr.

14. Seconde Instruction sur les passages particuliers de la version du Nouveau Testament, imprimée à Trévoux, par Bossuet. *Paris, Anisson*, 1703, in-12, mar. r. fil. tr. dor.

15. Fragments de l'explication allégorique du Cantique des Cantiques, par un poëte du xiii° siècle (attribué au trouvère Normand Landry), publ. par Richelet. *Paris*, 1826, in-8. pap. vél. rose, br.
Tiré à 15 exemplaires numérotés.

16. *Le même*, sur PEAU VÉLIN.

17. Commentaire de sainct Jehan Chrysostome Archevesque

de Constantinoble sur l'euangile sainct Matthieu, trad. du grec en françoys. Pet. in-4, réglé, mar. br. fil. comp.

Manuscrit du 17ᵉ siècle, d'une jolie écriture, 41 feuillets.

18. Christiani Druthmari Gramatici, Expositio in Matheum euangelistam.... *Argentolaci* (sic)*impensis Joannis Grunigeri*, 1514, in-4, mar. r. riche. dent. tr. dor.

Bel exemplaire lavé et réglé, parfait de conservation et de reliure, d'un ouvrage qu'une exacte suppression a rendu très rare. Vendu 40 fr., Mac-Carthy.

19. Haymonis episcopi Halberstattensis longe exactissima in Isaiam prophetam Commentaria. *Parisiis, Pet: Gaudoul*, 1531, mar. vert. fil. tr. dor. (*Bel exemplaire aux armes de de Thou.*)

Ouvrage d'une insigne rareté que j'ai omis dans ma Bibliothèque sacrée, ainsi que l'avaient fait Mauro Boni et Gamba. Il est inexactement cité par Bauer, qui ne l'a certainement jamais vu, car il donne cette édition princeps comme imprimée à Cologne. (Note de M. Ch. Nodier, consignée sur cet exemplaire.)

20. Histoire du Peuple de Dieu, ou Paraphrase litterale des Épitres des Apôtres, par le P. Berruyer. *Amst., Jean Neaulme*, 1753-58, 13 vol in-12, mar. r. fil. tr. dor.

21. Des Titres primitifs de la Révélation, ou Considérations sur la pureté du texte original des livres de l'Ancien Testament, par le R. P. Fabricy. *Rome, P. Durand*, 1772, 2 vol. in-8.

22. Justi Lipsii de Cruce libri tres. *Amsterodami*, 1670, pet. in-12, v. f. fil. fig. (*Bauzonnet.*)

23. Traité de la situation du Paradis terrestre, par Huet. *Paris, J. Anisson*, 1691, in-12, v. gr. carte.

24. Le grand Vita Christi translaté de latin en francoys (de Ludolphus, par Guil. le Menand), et nouuellement reueu et diligentement corrigé. *S. l. n. d.* (vers 1530), in-fol. goth. à 2 col. frontisp. illustré en couleur, v. br.

24 *bis.* Passio et resvrrectio Domini nostri Jesv Christi. *Antverpiæ, excudebat Theodorus Gallæus*, 1606, pet. in-8, mar. noir, fil. à fr. tr. dor. (*Niedrée.*)

Suite de 22 grav. Belles épreuves.

25. La Passion de N.-S.-J.-C., par Jacq. Lelieur. In-8, mar.

bleu, fil. à fr. doubl. de mar. avec riche dent. tr. dor. (*Bauzonnet.*)

<small>Joli mss. gothique du XVI⁰ siècle, sur vélin, de 55 feuillets, d'une belle écriture, avec 24 jolies miniatures.</small>

26. Histoire de la Passion de J.-C. composée en 1490 par le R. P. Olivier Maillard, publ. avec une notice sur l'auteur, et des notes par Gabr. Peignot. *Paris, Crapelet,* 1828, gr. in-8, pap. vél. cart. non rogn.

27. *La même,* sec. édit. *Paris, Crapelet,* 1835, gr. in-8, pap. vél. cart. non rogn. portr.

28. Tortura et Crux fidei a Lutherianis sub Germania. *Parrhisijs, Petrus Chepin,* s. d. in-8, pap. de Holl. br.

<small>Réimpression à 36 exemplaires, publiée à Chartres en 1832, par les soins de M. H. (Herisson.)</small>

29. Jesu-Christi, domini nostri, Verba. *Parisiis, Seb. Huré,* 1650, in-32, mar. bleu, large dent. doubl. de soie rose, tr. dor.

30. Le livre de novvel reimprime faisant mention de sept parolles que nostre benoit saulueur et redempteur Jesus-Christ dit en larbre de sa croix... *Paris, Christ. Wechel,* 1545, pet. in-4, goth. mar. bleu, fil. tr. dor. fig. sur bois. (*Niedrée.*)

<small>Bel exemplaire, gr. de marge.</small>

31. Les Contemplations faictes a lhonneur et louenge de la tres sacree vierge Marie par quelque devote personne qui sest voulu nommer Lidiote translatees par levesque Meaulx le viiii aoust M. D. VIV. Pet. in-8, goth. s. l. n. d. d. rel. mar. r.

32. La vie saint Iehan Baptiste. Pet. in-4, mar. r. large dent. tr. dor.

<small>Livret de toute rareté inconnu aux bibliographes. Cette édition, sans chiffres ni réclames, se compose de 6 feuillets signés aiii ; on trouve sur le premier une figure sur bois représentant saint Jean-Baptiste, qui est reproduite au verso du même feuillet. Le texte ne commence qu'au second et comprend 45 quatrains dont voici le premier :</small>

<small>a U nom de la vierge Marie
Et de la Sainte Trinite
De saint Iehan vous diray la vie
Dont nous faisons solemnité.</small>

M. Nodier croit l'impression de ce volume antérieure à 1490 : je tiens de lui que feu M. Crozet l'avait payé fort cher et le regardait comme l'un des plus précieux de son magasin.

III. LITURGIE. — SAINTS PÈRES.

33. Missale Romanum. Pet. in-4, mar. chocol. dent. et comp. à fr. tr. dor. doubl. de vél. (*Jolie reliure anglaise.*)

Joli manuscrit sur vélin, caractères goth. avec grandes et petites lettres ornées en or et couleur, et 55 miniatures.

34. LIVRE D'HEURES. Pet. in-12, mar. r. fil. à fr. doubl. de mar. r. avec large dent. tr. dor. renfermé dans un étui en mar. noir. (*Bauzonnet.*)

Magnifique mss. sur peau de vélin de la fin du XVe siècle ou du commencement du siècle suivant, exécuté en lettres rondes d'une netteté et d'une perfection incomparables. Il contient 16 grandes miniatures, 22 petites, et une multitude d'initiales relevées d'or dans des cartouches de diverses couleurs. Le travail des miniatures est d'une richesse, d'une élégance et d'un fini qui ne laissent rien à désirer, et qui annoncent au moins dans quelques-unes le pinceau d'un excellent maître. On ne pense pas qu'il ait paru depuis longtemps dans les ventes un volume de ce genre qui puisse être opposé à celui-ci avec avantage. La hauteur des grandes miniatures est de 5 pouces sur 3 de largeur. Les petites ont 1 pouce 1 ligne tant de hauteur que de largeur.

Ch. NODIER.

35. Heures gothiques du XIVe siècle. In-16, v. br. fil.

Mss. sur vélin avec ornements en or et en couleur, miniatures et grandes lettres ornées. On a relié à la suite des *Prières à l'usage de la Royne*. 1610, autre manuscrit sur vélin, sur le dernier feuillet duquel on trouve la signature de *Jamet*.

36. Prières chrestiennes pour le matin et pour le soir. *Escrit par E. Damoiselet*. 1667, in-16, mar. vert., fil. à fr. tr. dor. (*Bauzonnet.*)

Joli mss. sur vélin de 65 feuillets, avec encadrements, frontispice et ornements en or et couleur.

37. Hore beate marie virginis, secundum usum ecclesie romane. *Paris, Gilles Hardouyn*, in-8. s. d.

Exemplaire sur vélin, avec cadre historié, 10 grandes miniatures coloriées et plusieurs petites. État médiocre, quelques mouillures et raccomodages.

38. Heures de Nostre Dame à l'vsage de Paris. *Paris. Ch. de Monstreuil*, 1602, in-16, mar. r. fil. comp. tr. dor.

39. Les Litanies de la Vierge, en vers, par Boursault. Sec.

édit. *Paris, N. Pepingue*, 1667, pet. in-8, mar. r. fil. tr. dor. (*Aux armes.*)

40. Sapphicæ Petri Busseroni Hore, ad fidissimorum christicolarum vsum, de salutifero Christi Aduentu, de ignominiosa illius morte de condignis eiusdem matris illibatæ laudibus, cum septem monstris mortalibus et præconiis Cœlicolarum Delphineis in oris editæ. *Lugduni, sub signo spheræ, apud Jac. et OEgid. Huguetan*, 1538, pet. in-8, v. f. fil. tr. dor. (*Bauzonnet.*)

Jolie édition encadrée avec charmantes figures sur bois.

41. Loraison de nostre seigneur Jesuchrist, appellee le Pater noster. Auec laue maria.... In-16, goth. de 4 feuil., fig. sur bois. v. f. fil. (*Niédrée.*)

Même col. Io. Ant. Modesti Oratio prima contra Martinum Lutherum de potestate Pontificia. S. d. goth. — Instrumentum acceptationis electionis S. D. Adriani. 1532, goth.

42. Traité historique et pratique sur le chant ecclésiastique, par l'abbé Lebeuf. *Paris, Hérissant*, 1741, in-8, d. rel. v. f. non rogn. tr. dor. (*Bauzonnet.*)

Un des ouvrages les plus curieux de l'auteur. (*Cat. Beber.*)

43. D. Aur. Augustini, libri XIII Confessionum, opera Sommalii. *Lugduni (Amst.). Dan. Elzevir*, 1675, pet. in-12, mar. r. tr. dor.

44. *Les mêmes*, mar. noir fil. à fr. tr. dor. (*Niédrée.*)

45. Sanctii Basili de laude solitarie vite. — Guigo cartursianus de laude solitarie vite. — Tractatus epistolaris Nicolai de clamengiis de fructu heremi. — Carmen saphicum de laude et exornatione ordinis cartusiensis Sebastiani Brant. *Parisiis, Jehan Lambert*, s. d. in-16, goth. mar. bleu tr. dor.

Même col. Contra monachos proprietarios tractatus. Paris, de Marnef, s. d. — De proprietate monachorum domini Johannis tritemii abbatis. Paris, de Marnef, s. d. — Tractatulus de proprietariis monachis, s. d. — Carmen sapphicum Aenee Silvii, alias Pii Pape, in passionem Christi. Paris, 1499.

46. Lactantii liber de Persecutione, cum notis Baluzii. *Parisiis, Fr. Muguet*, 1679, in-8, mar. r. fil. tr. dor.

47. Le livre de Tertullien de la Patience. *Paris, Pierre Prome*, 1667, in-12, mar. r. fil. tr. dor.

IV. THÉOLOGIENS.

Théologie dogmatique, cathéchétique et paranétique.

48. Traité des études monastiques, par Dom Mabillon. Sec. édit. Paris, Ch. Robustel, 1692, 2 vol. in-12, v. gr.

49. Recueil gothique de Traités théologiques. In-16, rel. anc.

<small>Dialogus Johannis Gerson de perfectioné cordis. Paris, Jehan Petit, s. d. — Regu'e mandatorum, par le même. Paris, Georges Mittelbuf, 1500. — De mundicia, continentia et castitate sacerdotum, s. l. n. d. — Tractatus de arte bene vivendi et bene moriendi. Paris, Alex. de Milan, 1501. — Exempla sacré scripture. Paris, Delabarre, 1500. — Guillermus Parisiensis de septem sacramentis. Paris, Fr. Regnault, s. d.</small>

50. Hugonis Grotii, Opera theologica. Pet. in-8, v. br. (*Aux armes de de Thou.*)

<small>Recueil factice contenant : — De absoluto reprobationis decreto. Amst. Blaeu, 1640. — Explicatio Decalogi, id. — Explicatio trium locorum Novi Testamenti, id. — Commentatio de Antichristo, id. — Hip. Frontonis Caracotœ strigil adversus hanc commentationem. Amst. Janson, 1640. — Dissertatio de Antichristo, authoré Sam. Maresio. Amst. Janson, 1640.</small>

51. Recueil de divers Traitez sur l'efficacé et la necessité du bapteme. Amst.; Ant. Schelte, 1695, pet. in-12, v. br. (*Ex. de Soubise.*) — Instruction sur les sacrements de Pénitence et d'Eucharistie. Paris, G. Desprez, 1709, in-12, mar. r. fil. tr. dor.

51 bis. Sensuit la confession frere lucas de millan. Pet. in-4, goth. de 10 feuil. s. l. n. d. d.-rel. v. f.

52. Discours de Mlle N. P*** à son frère, qui se préparait à faire sa première communion. Paris, 1816, in-18, pap. vél. br.

<small>Tiré à très petit nombre.</small>

53. Incipit medicina saluberrima anime. In-4, rel. en bois.

<small>Mss. gothique sur vélin à 2 colonnes, avec grandes lettres ornées.</small>

54. Devote exortation pour avoir crainte du grant jugement de Dieu, compose par venerable et discrete personne maistre Guillaume Flameng, chanoine de Langres. S. l. n. d. pet. in-4, goth. mar. vert, fil. à fr. tr. dor. fig. sur bois. (*Koehler*).

55. Le livre de monseigneur saint Pierre de luxembourg.

THÉOLOGIE. 9

Lequel il envoya a une sienne seur, pour la retraire des
estatz mondains et pour plus facilement parvenir au
royaulme de paradis. Intitulé la diete de salut. *Nouvellement imprimé a Paris par maistre Guichard Soquand*,
s. d. (vers 1520), in-16, goth. mar. r. tr. dor. (Derome.)

Exemplaire de La Vallière.

56. Du Festin du Roi-Boit (par Bullet). *Besançon, J.-F.
Charmet*, 1762, in-8, br.

Réimpression d'une pièce fort rare.

57. Petit Catéchisme ou Sommaire des trois premières parties
de la Doctrine Chrestienne, trad. du français en la langue
des Caraïbes Insulaires, par le R. P. Raymond, breton.
Auxerre, Gilles Boquet, 1664, pet. in-8, bas.

Même vol. Dict. Caraïbe-Français, par le même. *Auxerre*, 1665. (Incomplet d'un feuillet.)

58. Sermones Beati Bernardi Albis de tempore et præcipuis
festivis diebus. — Ejusdem sermones super psalmum *Qui
habitat in adjutorio*. — Sermo beati Bernardini Confessoris
de conceptione B. V. Mariæ. — Sermo Petri Damiani de S.
Joanne Apostolo. Omnes pulchre conscripti in membrana
per N. N. In-fol. rel. anc. en bois.

Mss. goth. sur vélin, à 2 colon.

59. Sermones dormi secure. *Venundantur cadomi in officina
Petri Regnault*, 1510, pet. in-8, goth. à 2 col. v. br.
(Aux armes.) — Basilii Sermones, græc. *Parisiis, G. Morel*, 1556, in-8, v. f. fil.

Théologie morale et mystique.

60. Pensées sur différents sujets de morale et de piété, tirées
des ouvrages de Massillon. *Paris, Herissant*, 1762, in-12,
mar. r. fil. tr. dor. (Derome.)

61. Les Mœurs des Chrestiens, par Fleury. *La Haye, Adr.
Moetjens*, 1682, in-16. mar. r. fil. tr. dor.

62. Le Fouet des Paillards, ou juste punition des voluptueux
et charnels, par M. L. P. (Mathurin le Picard), curé du

Mesnil-Jourdain. *Rouen, Est. Vereul*, 1623, petit in-12, v. f. fil. tr. dor. (*Bauzonnet.*)

Rare. Un de ces titres qu'on paye si cher.

63. Dissertation sur les Lotteries, par le P. C. F. M. (Menestrier). *Lyon, Laur. Bachelu*, 1700, pet. in-12, v. br.

Opuscule rare et fort curieux sous le point de vue historique. (*Cat. Leber, n° 211.*)

64. Critique sur les Lotteries, anciennes et modernes, spirituelles et temporelles, des états et des églises, par Leti. *Amst. Chez les amis de l'auteur*, 1697, 2 vol. petit in-12, v. br.

65. Th. à Kempis, de Imitatione Christi. *Amstel. ex officina Elzev.*, 1670, pet. in-12, mar. viol. fil. comp. tr. dor. (*Hering.*)

66. *La même*, ed. Nic. Beauzée. *Parisiis, Barbou*, 1789, pet. in-12, v. rac. fil. tr. dor. fig.

67. Bartholomœi Riccii de Imitatione libri tres. *Parisiis, Bern. Turrisianus* (sub signo Aldi), 1557, in-16, d. rel. mar. r.

68. Le livre de dieu et des notre-Dame : utile et prouffitable à tous esleuz soyent gens clercs ou laiz. Lequel contient cinq petitz traitez. Le premier de la manière de prier dieu..... Pet. in-4, mar. vert, fil. comp. tr. dor.

Mss. goth. sur vélin, de 73 feuil., d'une jolie écriture, avec grandes lettres illustrées en or et en couleur.

69. Le specule des pêcheurs. — L'exhortation des mondains. — L'exemple des dames et damoiselles. Pet. in-4, goth. mar. rou. fil. tr. dor.

Recueil en vers français sans frontispice ; il est tiré d'un volume qui renferme plusieurs traités de morale en latin, entre autres *Speculum anima peccatricis*, dont cet ouvrage est la traduction en vers, et est, je crois, un des morceaux les plus rares qu'il y ait dans la littérature ; il est imprimé par Ant. Caillaut et Loys Martineau l'an 1483. (*Note sur le premier feuil. de cet exemplaire.*)

Exemplaire de La Vallière. Voyez Brunet, *Manuel*, t. 1, p. 342.

69 bis. De miseria humana, Petri stadi libri quinque. *In Academia Venetiana*, 1558, pet. in-4, d. rel. v. f.

On a relié à la suite de ce vol. : Somnium enee siluij de fortuna. Pet. in-4 goth. de 6 fol. sans chif. ni réclames. (*Edit. du XV° siècle.*)

70. Discours de la guerre spirituelle d'entre l'âme raisonnable et les trois ennemis d'icelle, la chair, le monde et le diable, par Gasp. de Saint-Simon. *Paris, à l'Olivier*, 1582, in-16, v. br. fil.

71. Le grand empire de l'un et de l'autre monde, divisé en trois royaumes, le royaume des aveugles, des borgnes et des clair-voyants, par De la pierre. *Paris, Denis Moreau*, 1630, in-8, v. f.
Bel exemplaire d'un ouvrage orné de fig. singulières.

72. Voyage d'un chrestien vers l'éternité, trad. de l'anglais de Bunyan. *Amst. Boekholt*, 1685, pet. in-12, v. m. dent. fig. — Le bon amy des âmes du Purgatoire. *Paris, Laize de Bresche*, mar. vert, fil. tr. dor.

73. Méditations sur l'Évangile, par Bossuet. *Paris, Mariette*, 1731, 4 vol. in-12, mar. r. fil. tr. dor. (*Aux armes.*)

74. Traité de l'invocation des saints, par l'abbé de Cordemoy. *Paris, J.-B. Coigny*, 1686. Pet. in-12, mar. vert, dent.
Exempl. de Jamet, avec sa signature et des notes de sa main.

Théologie polémique.

75. L'existence de dieu démontrée par les merveilles de la nature (trad. du holl. de Nieuventyt par Noguez). *Paris, J. Vincent*, 1725, in-4, v. gr. — La Religion chrétienne prouvée par les faits; par l'abbé Houtteville. *Paris, G. Dupuis*, 1740, 3 tom. en 2 vol. in-4, v. m.

76. Histoire du ciel, où l'on recherche l'origine de l'idolâtrie et les méprises de la philosophie (par Pluche). *Paris, veuve Estienne*, 1748, 2 vol. in-12, mar. r. fil. tr. dor. fig. (*Derome.*)

77. Exposition de la doctrine de l'église catholique sur les matières de controverse, par Bossuet. *Paris, Seb. Cramoisy*, 1671, in-12, mar. r. fil. tr. dor. (*Aux armes.*)

78. Editions de l'exposition de la doctrine de l'église catholique, par Bossuet. In-4, d. rel.
Mss. autographe du P. Adry, comprenant 6 feuil.

79. Pensées de Blaise Pascal, rétablies suivant le plan de l'auteur (publ. par Frantin). *Dijon*, 1835, in-8, br.

80. Dyonisii Carthusiani contra Alchoranum et sectam Mahometicam libri quinque. *Coloniæ, Petrus Quentel*, 1533, pet. in-8, mar. r. fil. tr. dor. (*Duseuille.*)

81. Sommaire Recueil des signes sacrez, sacrifices et sacremens instituez de Dieu, depuis la Création du monde. Et de la vraye origine du sacrifice de la Messe. *S. l. n. d.*, 1561, pet. in-8, mar. r. fil. tr. dor.

82. La Resurrection de la saincte Messe, par Claude de Rubis, Lyonnois. *Paris, Nic. Chesneau*, 1566, pet. in-8, d. rel. v. f.

83. De la présence du corps de J. C. en la Cene; par H. de la Haye. 1565, in-16, mar. r. fil. tr. dor. (*Derome.*)

84. Résolution sur certains pourtraicts et libelles intitulez du nom de Marmitte, faulsement imposé contre le Clergé de l'Eglise de Dieu...... par F. Thomas Beaulxamis, Parisien, Carme de Meleun. *Paris, Hierosme de Marnef*, 1572, pet. in-8, mar. r. fil. tr. dor. (*Derome.*)

Livret aussi rare que singulier, d'une conservation parfaite.

85. Gregentii, archiepiscopi Tephrensis, disputatio cum Herbano Judæo, nunc primum græce edita, eum interpret. Nic. Gulonii, Carnutis. *Lutetiæ, Fred. Morel*, 1586, in-8, mar. r. fil. tr. dor. (*Derome.*)

86. Rogeri Widdringtoni catholici Angli, responsio apologitica ad libellum cuiusdam doctoris theologi. *Parisiis, juxta exemplar Cosmopoli editum*, 1613. — Scutum regium, id est adversus omnes regicidas et regicidarum patronos, auth. Georgio Hakewill. *Londini, J. Budge*, 1612, 2 part. en 1 vol. pet. in-8, v. br. (*Aux armes de de Thou.*)

87. Le Picque-Bœuf des hérétiques, echauffé par une remontrance charitable adressée au sieur Benjamin de Rohan, sieur de Soubize, protecteur de Sainct Jean d'Angely, par Arphaxad de la Martonnelle. *Lyon, jouxte la copie imprimée à Genève, par L. Chasseur*, 1621, pet. in-8, mar. r. fil. tr. dor. (*Derome.*)

88. Le petit Chien de l'Evangile abboyant contre les erreurs de Luther et Calvin, par les Religieux de Nostre-Dame de la

Mercy, du Couvent de Tolon (sic). *Marseille, C. Brebion*, 1675, gr. in-16, mout. r. dent. tr. dor.

<small>Voilà encore un de ces titres qui faisaient merveille dans la boutique du libraire; mais il y a ici quelque chose de plus rare: l'ouvrage vaut mieux que le titre. (*Cat.-Leber*, n° 424.)</small>

89. La Conclusion salutaire. *Anvers, Michel Cnobbart, à l'enseigne de Saint-Pierre,* 1686, pet. in-12, cart. non rog. fig.

<small>Rare.</small>

90. Lettres pour et contre sur la fameuse question, si les solitaires appellez Thérapeutes, étoient chrétiens, par le Pr. Bouhier et le P. de Montfaucon. *Paris, J. Estienne,* 1712, in-12, mar. r. tr. dor.

V. THÉOLOGIE HÉTÉRODOXE. — OPINIONS SINGULIÈRES.

91. Response a vn livre novvellement mis en lvmiere, intitvlé, Les trois Veritez (de Pierrre le Charron). *La Rochelle, Hierosme Haultin,* 1594, pet. in 8, mout. r. dent. tr dor.

92. Les Cautelles, canons et cérémonies de la messe. Ensemble la Messe intitulée, du Corps de J. C. (attribué à P. Viret ou a Flaccus Illyricus). *Leyden, jouxte la copie imprimée à Lyon,* 1605, in-16, v. br.

<small>Livre très rare. (*Cat.-Pixérécourt*, n° 58.)</small>

93. L'Antibarbare, ou du langage incogneu ou sont representees les clauses principales de la Messe, par Pierre du Moulin. *Sedan, Jean Jannon,* 1629, pet. in-8, mar. bleu, fil. tr. dor. (*Derome.*)

94. Instruction de l'honneste recréation des Chrestiens, par J. L. de Beaulieu. *Saumur, Thom. Portau,* 1609, in-8, d. rel. v.

95. Le Divorce celeste, trad. de l'ital. (de Pallavicino par Sim. Brodeau). *Villefranche, Jean Gibaut (Holl. Elzév.),* 1644, pet. in-12, mar. vert. fil. tr. dor. (*Duseuille.*)

<small>*Même vol:* Dialogue entre deux gentilshommes sur la guerre présente d'Italie</small>

contre le Pape, s. d. — Le courrier dévalisé, par Ginifaccio Spironcini. *Villefranche*, 1644. — La Bassinade, c'est a dire, battement des Bassins pour les abeilles Barberines, s. d. — La mercuriale de Parme contre le Luthéranisme, s. d. — La Disgrace du comte d'Olivarez. 1645.

96. — *Le même. Cologne, Et. de Lorme*, 1696, pet. in-12, non rogn. d. rel. v. f. (*Bauzonnet.*)

96 *bis*. Pensées de Morin, dédiées au Roy. Naïfve et simple disposition que Morin fait de ses pensées aux pieds de Dieu..... 1617. — Arrest de la Cour de Parl-ment à l'encontre de Simon Morin, portant condamnation d'estre brulé vif. *Paris*, 1663, pet. in-8, d. rel.

Très rare. (*Analectabiblion*, t. 2, p. 255.)

97. La Clef du sanctuaire, par un savant homme de notre siècle (trad. du lat. de Spinosa, par M. de St Glain). *Leyde, Pierre Warnaer*, 1678. (*Ex. avec les trois titres et les Remarques.*) — Réfutation des erreurs de Spinosa, par Fenelan, le P. Lami et le comte de Boulainvilliers. *Bruxelles (Holl.), Fr. Foppens*, 1731, 2 vol. petit in-12, v. br. fil. tr. dor.

Rare avec les trois titres, vendu jusqu'à 50 fr. dans cette condition.

98. Le Rasoir des Rasez. Recueil auquel est traité amplement de la tonsure et rasure du Pape et de ses Papelards. 1562. — Sac et Pièces pour le Pape de Rome, ses Cardinaux, Evesques, Abbez, Moynes et Maistres de Sorbonne. Contre J. C., filz de Dieu Eternel..... 1561. 2 pièces en 1 vol. petit in-8, mar. r. fil. tr. dor. (*Derome.*)

Recueil de pièces très rares. (*Cat.-Pixérécourt*, n° 65.)

99. Satyres chrestiennes de la Cuisine Papale (par P. Viret). *Imprimé par Conrad Badius* (à Genève), 1560, in-8, mar. bleu, fil. tr. dor. (*Niedrée.*)

Très rare.

100. La Ruine du Papat et de la simonie de Rome, avec une Lettre circulaire adressée aux pères dont les filles désertent leurs maisons et la religion pour se rendre Nonnains. 1677, pet. in-8, mar. vert, tr. dor.

Volume très rare, qui n'est indiqué par aucun bibliographe. (*Cat.-Pixérécourt*, n° 74.)

101. Dialogue entre saint Pierre et Jules II, à la porte du Paradis. La Doctrine catholique touchant l'autorité des papes (attribué à Fauste Audrelin, et trad. par le Noble). *S. l. (Amst. Bernard)*, 1727, in-12, v. br. fil. tr. dor.

102. Taxe de la chancellerie Romaine ou la Banque du Pape (trad. du lat. par Ant. du Pinet). *Rome, à la Tiare, chez Pierre la Clef* (Holl.), 1744, in-12, v. m. fil. tr. dor. (*Aux armes.*)

103. Lettre écrite de Rome, ou l'on montre l'exacte conformité qu'il y a entre le Papisme et la religion des Romains d'aujourd'hui, trad. de l'anglais de Middleton. *Amst. Uytwerf*, 1744, in-12, mar. r. fil. tr. dor. (*Derome.*)

104. Le prêtre châtré, ou le papisme au dernier soupir, trad. de l'anglais. *La Haye, Jean Zwart*, 1747, in-8, v. f. fil. tr. dor. (*Koehler.*)

105. La Religion du médecin, par Thom. Brown (trad. du lat. par Nic. Lefebvre). *Imprimé l'an 1668* (Holl.), pet. in-12, v. f. fil. tr. dor. (*Niedrée.*)

106. Le Platonisme dévoilé, ou Essai touchant le Verbe Platonicien (par Souverain). (*Holl.*) *Cologne, Pierre Marteau*, 1700, pet. in-8, br.

Cet ouvrage fut supprimé avec rigueur.

107. Pantheisticon, sive formula celebrandæ sodalitatis Socraticæ (auctore J. Tolando). *Cosmopoli* (Londini), 1720, in-8, pap. de Holl. mar. r. fil. tr. dor. (*Derome.*)

108. Recueil de pièces curieuses sur les matières les plus intéressantes, par Albert Radicati, comte de Passeran. *Rotterdam, V° Johnson*, 1736, in-8, mar. vert, tr. dor.

Recueil recherché, mais non introuvable, ainsi que le porte une note mss. mise sur cet exempl.

109. Le Théisme, essai philosophique. *Londres*, 1773, 2 vol. in-8, mar. r. fil. tr. dor. (*Derome.*)

110. Dialogues entre Hylas et Philonous, contre les sceptiques et les athées, trad. de l'anglais de Georges Berkeley (par l'abbé du Gua de Malvès). *Amst.* (Paris), 1750, in-12, mar. r. fil. tr. dor.

111. Tableau des saints, ou Examen de l'esprit, de la conduite des personnages que le christianisme révère (par le

baron d'Holbach). *Londres* (Holl.), 1770, 2 vol. pet. in-8, v. br. fil. tr. dor.

112. Les Mystères du christianisme approfondis radicalement (par Bebescourt). *Londres, Elmsly,* 1771, 2 vol. gr. in-8, v. porph. tr. dor.— Des erreurs de la vérité par un Ph... inc...(de Saint Martin). *Edimbourg,* 1782, 2 vol. in-8, v. rac.

113. Le Bon Sens, ou Idées naturelles opposées aux idées surnaturelles. *Londres,* 1772, pet. in-8, mar. r. fil. tr. dor. (*Derome.*)

<small>Édit. originale d'un ouvrage attribué généralement au baron d'Holbach.</small>

114. Tableau naturel des Rapports qui existent entre Dieu, l'homme et l'univers (par de Saint Martin). *Edimbourg,* 1782, 2 vol. in-8, br.

115. Des erreurs et de la vérité, ou les hommes rappelés au principe universel de la science, par un Ph..ine... (Saint Martin). *Edimbourg,* 1782, 2 part. en 1 vol. in-8, mar. r. fil. tr. dor. (*Derome.*)

115 bis. Erotika Biblion (par Mirabeau). *Rome, impr. du Vatican,* 1783, in-8, v. gr. (*Aux armes.*)

116. Vie du législateur des chrétiens sans lacunes et sans miracles, par J. M. (Mosneron). *Paris, Dabin,* 1803, in-8, d. rel. v. f.

<small>Roman scandaleux au dire de l'abbé Grégoire.</small>

117. La science du Christ et de l'homme. *S. l.* 1810, 3 vol. in-8, dem. rel.

THÉOLOGIE DES PAIENS, DES JUIFS ET DES MAHOMÉTANS.

118. Théologie Payenne, par de Burigny. *Paris,* 1754, 2 vol. in-12, br.

119. Oupek' hat, sive Theologia et philosophia Indica, opera Anquetil Duperron. *Argentorati, Lecrault,* 1801, 2 vol. in-4, br.

120. Essai sur les dogmes de la metempsychose et du purgatoire enseignés par les Bramins de l'Indostan, par M. Sin-

ner. *Berne*, 1771, pet. in-8, d. rel. v. br. non rog. *(Bauzonnet.)*

121. L'esprit du Judaïsme (trad. de l'angl. de Collins, par le baron d'Holbach). *Londres* (Amst. M. M. Rey), 1770, in-12, v. f. fil. tr. dor. — Essai sur l'histoire du sabéisme, et Mémoire hist. sur les Bohémiens, par le baron de Bock. *Metz*, 1788, 2 part. en 1 vol. in-12.

122. L'Alcoran de Mahomet, trad. d'arabe en francais, par Du Ryer. *La Haye, Adr. Moetjens* (Elzév.), 1685. net. in-12, mar. r. fil. tr. dor. *(Derome.)*

JURISPRUDENCE.

Droit français et étranger.

123. Questions illustres, ou Bibliothèque des livres singuliers en droit, par J. M. Dufour. *Paris, Tardieu Denesle,* 1813, in-12, d. rel.

<small>Livre curieux, devenu rare. (*Cat. Leber,* n° 726.)</small>

124. Observations sur un livre intitulé : De l'Esprit des lois (par Claude Dupin, fermier général). *Paris, Guerin,* 1757-58, 3 vol. in-8. dos et coins de mar. r. fil. non rog. (*Bauzonnet.*)

<small>Il n'existe qu'environ 12 exempl. de cette critique, l'auteur en ayant fait brûler l'édit. presque entière. Voyez le *Dictionnaire des anonymes* de Barbier, n° 13057.</small>

124 bis. Joh. Ar. Corvini Enchiridium, seu Institutiones imperiales. *Amsterodami, ex officina Elzev.* 1664, pet. in-12. mar. r. tr. dor. doubl. de mar. br.

125. Traité de la loy salique, armes, blasons et devises des François, par C. Malingre. Paris, *Cl. Collet,* 1614, gr. in-16. v. f. fil. tr. dor. (*Thompson.*)

126. Commentarius ad edictum Henrici secundi, contra parvas Datas et abusus curiæ Romanæ, auct. Carolo Molinæo. *Basileæ, J. Parcus,* 1552. — Novus intellectus quinque legum, analytica explicatio Car. Molinæi. *Lugduni, Ant. Vicentius,* 1560, 2 part. en 1 vol. in-4, mar. citr. fil. tr. dor. (*Aux armes de de Thou.*)

127. Ordonnances de Louis XIV, pour les matières criminelles, du mois d'aoust 1670. *Paris,* 1681, in-32, mar. r. fil. dent. tr. dor. fermoirs.

128. Creations du Colleige des Notaires et secretaires du Roy et maison de France Previlleiges dons et octroys faicts par

les roys de France a Ioellay collcige. Pet. in-4, rel. en bois rec. en velours vert. tr. dor.

<small>Joli mss. de 103 feuil. sur vélin, du XVIe siècle, d'une superbe écriture en ronde batarde, avec lettres initiales peintes en or et en couleur. La dernière pièce est datée de 1543.</small>

<small>Ce mss. vient de la bibliothèque de M. D'Aguesseau. Voyez le n° 1231 de sa Catalogue.</small>

129. Mémoire touchant les créations des Nottaires et Secretaires du Roy. In-4. v. gr.

<small>Mss. du XVIIIe siècle.</small>

130. Ordonnance de la Pollice de Paris, sur le faict des inhibitions et deffenses à tous Taverniers, Cabaretiers, Rotisseurs, Paticiers.... de asseoir ne bailler a boyre, ne a menger en leurs maisons aux gents de mestier.... *Paris, veuve Nyverd* (1556), in-16, goth. mar. r. fil. à fr. tr. dor. (*Koehler.*)

131. Les Ordonnances royaux sur le faict et jurisdiction de la prevosté des marchands et eschevinage de la ville de Paris, avec le Catalogue des prevosts et eschevins, jusques a present. *Paris, P. Rocolet,* 1644, gr. in-fol. mar. r. fleurdelysé, tr. dor. (*Aux armes.*)

132. Articles, statuts, ordonnances et règlemens des Gardes jurés, anciens Bacheliers et Maitres de la Comunauté des Chapeliers de la ville, fauxbourgs, banlieue, Prévoté et vicomté de Paris; par René Harenger. *Paris,* 1755, pet. in-12, v. m. fil. tr. dor.

133. Code, ou nouveau règlement sur les lieux de prostitution dans la ville de Paris. *Londres,* 1775, in-12, br.

134. Drois et establissemens de Normendie. Gr. in-16, goth. mar. rou. fil. comp. tr. dor. de 312 fol.

<small>Joli mss. sur vélin, avec grandes lettres ornées en or et couleur.</small>

135. Traité de la dissolution du mariage, pour cause d'impuissance (par le prés. Bouhier). *Luxembourg,* 1735, in-8, v. m. fil.

136. Principes sur la nullité du mariage pour cause d'impuissance, par M*** (Boucher d'Argis). *Londres,* (Paris), 1756, in-8, v. m.

137. Le Droit de jambage, ou le droit des anciens seigneurs sur les nouvelles mariées, trad. de l'italien de Colombo Giu-

lio. *Paris, Defer Demaisonneuve*, 1790, in-8, cart. non rog.

138. La vraye histoire, contenant l'inique jugement et fausse procédure faite contre le fidele serviteur de Dieu, Anne du Bourg. *S. l.* 1561, in-16, mar. vert, fil. tab. tr. dor. *(Derome.)*

139. La Legende de Maistre Jean Poisle, conseiller en la Cour du Parlement de Paris contenant quelques discours de sa vie, actions et deportements en son estat, et les moyens qu'il a tenus pour s'enrichir. *Imprimée l'an de grace* 1576 — Avertissement et discours des chefs d'accusation et points principaux du procès criminel fait à Jean Poisle. *S. l.* 1582. — Factum pour Jean Poisle contre M. Rouillié. *S. l. n. d.* — Arrest de la Court de Parlement de Paris, contre maistre Jean Poisle. 1582; 4 pièces en 1 vol. pet. in-8, mar. bleu, fil. très riche comp. pet. fers. tr. dor. *(Niédrée.)*

Reliure exquise. Recueil de pièces satyriques et rares, vendu 101 fr. *Mac-Carthy*.

140. Procès criminel faict par la cour de parlement à M. le comte d'Auvergne, à la marquise de Verneuil, au sieur d'Antragues et à Thomas Morgan, Anglois, es années 1604 et 1605. In-fol. cart.

Mss. du temps, d'une belle écriture.

141. Mémoire du procès extraordinaire contre madame de Brinvilliers, pour raison des empoisonnemens de diverses personnes. *Amst., Henry et Théod. Boom*, 1676, mar. noir, fil. à fr. tr. dor. *(Bauzonnet.)* — Factum pour la marquise de Brinvilliers contre le procureur général. *Paris, Gilles Trompère*, 1576. Pet. in-8. v. gr. fil. (*Pièce originale.*)

La première de ces pièces a les deux titres.

142. La Vie de Nivet dit Fanfaron, qui contient les vols et meurtres qu'il a faits depuis son enfance, jusqu'au jour où il a été rompu vif en place de Grève. 1735, pet. in-12. v. f. fil. tr. dor. *(Koehler.)*

Pièce rare (*Cat. Leber*, n° 655).

143. Toillette de l'Archevesque de Sens, ou Reponse au factum des Filles Sainte Catherine lés Provins, contre les Pères

Cordeliers (par Jean Burluguay). 1669, pet. in-8. non rog. d. rel. v. f. (*Bauzonnet.*)

144. Factum pour les religieuses de Sainte Catherine lés Provins, contre les pères Cordeliers, (par Alex. Varet.) *Doregnal, Diereck, Braessem* (Holl. Elzév.). 1679, pet. in-12, mar. bleu. fil. dent. et comp. à fr. tr. dor.

145. Choix de testaments anciens et modernes, par G. Peignot. *Paris, Renouard,* 1829, 2 vol. in-8. br.

146. Leges Angliæ, ab anno 1275. 2 vol. pet. in-4. bas.
Mss. sur vélin du XIVᵉ siècle.

147. Législation Orientale, par Anquetil Duperron. *Amst. M. M. Rey,* 1778, in-4, br.

SCIENCES ET ARTS.

I. PHILOSOPHIE. — LOGIQUE. — MÉTHAPHYSIQUE.

148. Bref sommaire des sept vertus, sept ars liberaux, sept ars de poesie, sept ars mechaniques, des phjlozophies, des quinze ars magicques. La louenge de musique.... Faict par Guil. Telin de la ville de Cusset en Auuergne. *Paris, Galliot du pré*, 1533, pet. in-4, goth. mar. vert, fil. coins dentel. tr. dor. (*Niedrée*.)

Superbe exempl., gr. de marges, et richement relié, d'un livre rare.

149. Dictionnaire philosophique portatif (par Voltaire). *Londres*, 1764, in-8, mar. vert, fil. tr. dor. Aux armes. (*Derome*.)

150. Sententiæ aliquot philosophorum. *Rothomagi, P. Regnault*, s. d. in-16, goth. d. rel. (*Signature de Baluze*.)
— Aurora thesaurusque philosophorum, Theophr. Paracelsi. *Basileæ*, 1577, pet. in-8, mar. r. tr. dor.

151. Les Problèmes d'Alexandre Aphrodisè, excellent et ancien philosophe, trad. du grec en français, par Heret. *Paris, Martin le jeune*, 1555, in-8, v. jas.

152. Problemata Aristotelis ac philosophorum medicorumque complurium. *Parisiis, Ch. Perier*, 1550, in-16, v. f. dent.

153. Les Hipotiposes, ou Institutions Pironniennes de Sextus Empiricus, trad. du Grec (par Huart). *S. l. (Amst.)* 1725, in-12, v. f. fil. tr. dor. portr.

154. La vie d'Epictète et sa philosophie, suivies du Tableau de Cébès (trad. par Gilles Boileau). 3ᵉ édit. *Rouen et Paris, Guil. de Luyne*, 1667, pet. in-12, mar. r. fil. tr. dor. fig.

Cette traduction a cela de remarquable, qu'elle est accompagnée de la première vie d'Epictète qui ait paru dans le monde littéraire, et d'une gravure in-folio du tableau de Cébès, qui ne se trouve dans aucune autre traduction française (*Note du Cat. Leber*, nº 810).

155. Discours philosophiques d'Epictète, recueillis par Ar-

rien, trad. du grec, par Thurot. *Paris, impr. roy. 1838*, in-8, dos et coins de v. f. (*Bauzonnet.*)

156. Ocellus Lucanus et Timée de Locres, en grec et en franç. avec des dissertations par le marq. d'Argens. *Berlin, Haude et Spener, 1762-1763*, 2 tom. en 1 vol. in-8, d. rel. mar. fil. non rog. (*Bauzonnet.*)

157. Platonis opera omnia, Marsilio Ficino interprete. *Lugduni, A. A. Vencentius, 1567*, in-fol. mar. vert, large dent. tr. dor.

158. La vie de Platon écrite en vers français, par Jean le Masle, Angevin. *Paris Jean Poupy, 1582.*—Le Criton de Platon, ou de ce qu'on doibt faire, translaté de grec en franç. par le mesme. *Paris, Guil. Bichon, 1586*, 2 part. en 1 vol. in-4, mar. r. fil comp. tr. dor. (*Niedrée.*)

Jolie reliure dans le genre de Duseuille.

161. Ciceronis opera philosophica, a Nic. Bucinensi castigata. *Florentiæ, Phil. Junta, 1516*, pet. in-8, vél.

162. L. Annæi Senecæ, Opuscula philosophica. *Lugd. Batav. Joh. Maire. S. d.* in-64, mar. noir, doubl. de mar. r. tr. dor.

163. Le Festin de Xénophon, trad. par le Fèvre. *Paris Thomas Jolly, 1666*, pet. in-12, v. br. (*Aux armes du comte de Hoym.*)

164. Lettres Juives, ou Correspondance philosophique, hist. et critique (par le marquis d'Argens). *La Haye, P. Paupie, 1738*, 6 vol. in-12, v. f.

165. Lettres cabalistiques (par le marq. d'Argens). *La Haye, P. Paupie, 1741*, 6 vol. in-12, v.

166. Traité philosophique des lois naturelles, traduit de l'angl. de Cumberland. *Amst. P. Mortier, 1744*, in-4, mar. vert, fil. tr. dor. (*Derome.*)

167. Œuvres philosophiques (par La Mettrie). *Londres, J. Nourse, 1751*, pet. in-4, pap. fin, mar. r. fil.

168. Pièces philosophiques, ou Traité des erreurs populaires. *S. l. 1771*, 3 part. en 1 vol, in-12, mar. r. fil. tr. dor.

169. La Logique, ou l'art de penser (par Ant. Arnauld et Ni-

rolle). *Paris, Ch. Savreux*, 1668; in-12, mar. r. fil. comp. tr. dor.

170. De la recherche de la vérité, par Mallebranche. 6ᵉ édit. *Paris, M. David*, 1712, 2 tom. en 1 vol. in-4. v. gr. fil.

170 *bis*. *Le même*. Paris, 1714, 6 v. in-12, v. m.

171. La Description philosophale, forme et nature des bestes, tant privées que sauvages, avec le sens moral comprins sur le naturel et condition de iceux (attribué à Barth. Aneau). *Paris, Jean Ruelle*, 1571, pet. in-16, mar. vert, fil. à fr. tr. dor. (*Koehler.*)

172. La Dispute d'un asne contre frère Anselme Turmeda, touchant la dignité, noblesse et preeminence de l'homme par devant les autres animaux. *Pampelune, Guill. Buisson*, 1606, in-16, mar. r. fil. tr. dor. dent.

173. Amusement philosophique sur le langage des bestes (par le P. Bougeant). *Paris, Gissey*, 1739. — Reflexions sur l'ame des bestes. S. l., 1740. — Lettre a madame la comtesse D***, pour servir de supplément (par La Chenaye des Bois). 1739. 3 part. en 1 vol. in-12. v. br.

174. Essais sur la nécessité et sur les moyens de plaire, par Moncrife (*sic*). *Amst., Fr. Chauguion*, 1738, pet. in-12, mar. r. fil. tr. dor. (*Derome.*)

175. Essai sur la nature et la destination de l'ame humaine, trad. de l'angl. de Collins. *Londres*, 1769, gr. in-16, v. f. fil. tr. dor. non rog. (*Muller.*) — Essai analytique sur les facultés de l'ame, par Ch. Bonnet. *Genève*, 1769, 2 tom. en 1 vol. in-8. v. br. fil. tr. dor.

II. MORALE. — ÉCONOMIE.

176. Éléments de la morale universelle, ou Catéchisme de la nature, par le baron d'Holbach. *Paris, de Bure*, 1790, in-18, pap. vél. mar. bleu, fil. tr. dor.
Exempl. de M. de Pixérécourt.

177. Le Monde, son origine et son antiquité (par Mirabaud, publ. par Le Mascrier). *Londres* (Paris), 1775, 2 part. en 1 vol. pet. in-8, mar. vert, fil. tr. dor. (*Derome.*)

178. Nouvelles conversations de morale (par M⁽ˡˡᵉ⁾ de Scudery). *Paris, veuve Marbre-Cramoisy*, 1688, 2 vol. in-12, mar. r. fil. tr. dor.
179. Les Mœurs (par Toussaint). *Berlin*, 1757, pet. in-12, mar. r. fil. tr. dor.
180. Morale de J.-C. et des Apôtres. *Paris, Didot l'aîné*, 1785, 2 vol. in-18, pap. vél. mar. r. fil. tr. dor. (*Derome.*)

<small>Bonne édition, peu commune. Voy. le *Catal. de la bibliothèque d'un amateur*, t. 1, p. 202.</small>

181. La Morale de Confucius, philosophe de la Chine (par de la Brune). *Amst. (Paris.), P. Savouret*, 1688. — Lettre touchant les honneurs que les Chinois rendent au philosophe Confucius et à leurs ancêtres. 1700. 1 vol. pet. in-8, mar. r. fil. tr. dor. (*Derome.*)
182. Epicteti Enchiridion, curante Lefebvre de Villebrune. *Paris, Pierres*, 1782, in-18, pap. fin, v. br. fil. — Le même, trad. en franç. par Lefebvre de Villebrune. *Paris, Pierres*, 1783, in-18. mar. r. fil. tr. dor. (*Derome.*)
183. La même traduction, in-18, mar. vert, dent. doubl. de soie rose, tr. dor. (*Derome.*)

<small>Exempl. sur vélin.</small>

184. Les Caractères de Théophraste, avec les Caractères de La Bruyère, nouv. édit. publ. par M. Coste. *Amst. Fr. Changuion*, 1743, 2 vol. in-12, v. f. fil. tr. dor. (*Niedrée.*)
<small>Édit. recherchée, avec frontisp. de Bern. Picart.</small>
185. Gregorii Nysseni, de hominis opificio, gr.-lat., interprete Johanne Leuvenklaio. *Basileæ, J. Oporinus*, 1667, in-8. mar. br. fil. tr. dor. (*Aux armes de de Thou.*)
186. Le occorenze humane, per Nicolo Liburnio composte. *In Venegia, Aldus*, 1546, pet. in-8. mar. citr. fil. tr. dor.
187. Censuit le liure ou tresor de sapience, le quel fist et composa maistre Iehan Iarson docteur en theologie et chancelier de nostre dame de paris. Pet. in-4, goth. *S. l. n. d.* v. br. gauf.

<small>Édit. antérieure à 1480, que l'on présume sortie des presses Lyonnaises.</small>

188. L'Esperon de discipline pour inciter les humains aux

bonnes lettres, stimuler à doctrine, animer à science, inviter à touttes bonnes œuvres vertueuses et morales......, Lourdement forge et rudement lime par noble homme fraire Antoine du Saix, commendeur de Sainct Antoine de Bourg en Bresse. *S. l.*, 1532, in-8. goth. avec encadr. mar. r. fil. tr. dor. (*Derome*.)

<small>Quelques mouillures et légèrement piqué sur les derniers feuil.</small>

189. Traité de la vocation et manière de vivre en laquelle chacun est appellé, par Pierre de la Place. *Paris, Frederic Morel*, 1561, petit in-4. mar. r. fil. tr. dor.

<small>Ouvrage rare.</small>

190. De la sagesse, par Charron. *Leide, chez les Elseviers*, 1646, pet. in-12, mar. vert, fil. dent. tr. dor. doublé de satin (*Bozerian*.)

<small>Première des quatre édit. de cet ouvrage données par les Elzévirs; elle est fort recherchée. Voy. l'*Essai* de M. Bérard, p. 82.</small>

190 *bis. La même. Leide, Jean Elsevier*, 1656, pet. in-12, mar. r. fil. tr. dor.

191. *La même. Paris, Bastien*, 1783, in-8. pap. de Holl. mar. vert, large dent. tr. dor. portr.

191 *bis. La même. Paris, Barrois*, 1789, 2 vol. gr. in-18, pap. vél. d. rel. non rog.

191 *ter. La même.* pap. fin, br.

192. La touche naifue, pour esprouuer L'ami et le Flateur. Inuentee par Plutarque, taillee par Erasme, et mis à l'usage Francois, par noble homme frère Ant. du Saix, commendeur de Bourg. *S. l. n. d.* in-16, mar. viol. fil. à fr. tr. dor. (*Niedrée*.)

193. Traité de Plutarque sur la manière de discerner un flatteur d'avec un ami, et le Banquet des sept sages, trad. par La Porte du Theil. *Paris, impr. roy.* 1772, in-8. mar. r. fil. doub. de soie, tr. dor. (*Derome*.)

194. Traité de la jalousie, ou moyens d'entretenir la paix dans le mariage, par Jac. Chaussé. *Paris, Hélie Josset* (Holl. Elzév.), 1682, pet. in-12. vél.

195. Maximes et réflexions morales du duc La Rochefoucauld. *Paris, impr. de Monsieur*, 1770, in-18. v. br. fil. tr. dor.

196. Recueil de pensées, par P. Thiebault. *Paris, Didot,* 1810, in-12. br.

<small>Tiré à pet. nombre, pour présents.</small>

197. Fragments (par Ballanche). *Paris, Renouard,* 1819, in-16. br. pap. vél.

<small>Tiré à pet. nombre.</small>

198. Science pour s'enrichir honnestement, intitulée : lecomomic Xénophon, trad. par maistre Geofroy Tory de Bourges. *Paris,* 1531, pet. in-8. v. jasp.(*Édit. encadrée.*)

199. M. Tullii Ciceronis Orpheus, sive de adolescente studioso. *Florentiæ,* 1831, in-8. mar. bleu, fil. dent. et comp. à fr. réglé.

<small>Réimpression à 06 exempl. faite par les soins de M. Audin, avec hommage de l'éditeur. L'un des 12 sur papier du XVIe siècle.</small>

III. POLITIQUE ET ÉCONOMIE POLITIQUE.

200. M. Tulli Ciceronis de re publicâ quæ supersunt, edente Angelo Maio. *Romæ, in Collegio Romano, apud Burliœum,* 1722, in-4. pap. vél. dos et coins de mar. vert, non rog. tête dor. fig. et fac simile.

201. Lois et Dialogues de Platon, par le traducteur de la République (l'abbé Grou). *Amst. M. M. Rey,* 1769-1770, 4 vol. in-12, tirés in-8, pap. fin, mar. r. fil. dent. tr. dor. (*Bozerian.*)

202. L'Ordre naturel et essentiel des sociétés politiques (par Le Mercier de la Rivière). *Londres, Nourse,* 1767, in-4. mar. r. fil. tr. dor. (*Derome.*)

203. Le Corps politique, ou les Elements de la loy morale et civile, par Th. Hobbes (trad. par Sorbière). *Leide, Jean et Dan. Elzevir,* 1653, pet. in-12, mar. r. fil. tr. dor.(*Derome.*)

204. Abrégé de la république de Bodin (par le Prés. de La Vie). *Londres, J. Nourse,* 1755, 2 vol. in-12, v. f. fil. tr. dor. (*Chaumont.*)

205. Du Gouvernement civil, par Locke, trad. de l'anglais, par Dav. Mazel. 6e édit. *Amst. Barth. Ulam,* 1780, pet. in-8. mar. r. fil. tr. dor. (*Derome.*)

<small>Exempl. de M. de Pixérecourt.</small>

206. Des anciens gouvernements fédératifs et de la législation de Crète, considérés sous les rapports de toutes associations politiques. *Paris, Samson*, 1804, in-8., br.

207. Le Miroir politique, contenant diverses manières de gouverner et policer les Républiques, par Guil. de la Perrière, Tholosain. Paris, *Vincent Norment*, 1567, pet. in-8, mar. r. fil. (*Derome*.)

<small>Volume rare, selon l'observation qui m'en a été faite par M. Ch. Nodier.</small>

208. Briefue instruction pour tous Estats, en laquelle est sommairement declaré, comme jacun en son Estat se doit gouverner et vivre selon Dieu. *Paris, Phil. Danfrie*, 1618, pet. in-4. d. rel.

<small>Imp. en caract. civilité.</small>

209. La deffense des pvissances de la terre; par Ant. Leclerc, sievr de la Forest. *Paris, Georges Lombart*, 1610, in-8. v. br.

210. Les Matinées D. R. D. P. (du roi de Prusse), ou Entretiens sur l'art de régner. *Genève*, 1766. — Éloge du prince Henri de Prusse (par le roi Frédéric de Prusse). *Amst. Schneider*, 1768; 2 part. en 1 vol. pet. in-8. cart.

211. Considérations politiques sur les coups d'estat, par Gabriel Naudé. *Sur la copie de Rome* (Holl. Elzevir), 1667, pet. in-8. mar. r. fil. tr. dor. (*Thouvenin*.)

<small>Bel exempl. (Sp.)</small>

212. Fragments sur les institutions républicaines, ouvrage posthume de St-Just (publ. par M. Briot). *Paris, Fayolle*, s. d. in-8. br.

<small>Édit. originale d'une véritable et insigne rareté, d'après une Notice de M. Nodier insérée dans ses *Mélanges tirés d'une petite bibliothèque*, p. 319.</small>

213. *Les mêmes*. Nouv. édit. avec une Notice, par Ch. Nodier. *Paris*, 1831, in-8. br.

214. L'Utopie de Thomas Morus, trad. par Samuel Sorbière. *Amst. J. Blaeu*, 1643, pet. in-12, v. br. non rog. — Intérêts et maximes des princes, *Cologne*, 1684, pet. in-12. v. fil. tr. dor.

215. Question Royalle et sa decision (par du Verger de Hau-

ranne, abbé de St-Cyran). Paris, *Toussaint du Bray*, 1609, in-12. br. non rog.

<small>Edit. originale d'un livre rare et recherché. Voy. *Analectabiblion*, t. 2, pag. 155.

« En quels cas les sujets sont-ils obligés d'exposer leur vie pour le prince? » La question est fort grave au point de vue religieux, et l'abbé de Saint-Cyran, l'homme le plus grave de son siècle, l'a traitée fort gravement. Ce n'est certainement pas ici un ouvrage amusant. Cependant M. Tabaraud, qui s'est colisé avec M. Barbier pour l'article de la *Question royalle*, dans le *Dictionnaire des Anonymes*, tom. III, pag. 113, prend la peine de nous apprendre que ce livre est un jeu d'esprit dans le genre de l'*Eloge de la Folie*, d'Erasme. Je crois fermement qu'il n'a jamais passé d'idée plus grotesque par la tête d'un érudit. Messieurs les rédacteurs de Catalogues sont instamment priés de ne pas ranger les œuvres du père des jansénistes dans le chapitre des Facéties.
Ch. Nodier. </small>

216. La nef des princes et des batailles de noblesse, avec aultres enseignements utilz et profitables a toutes manières de gens pour cognoistre a bien viure et mourir..... composes par noble et puissant seigneur Robert de Balsat conseiller et chambrelan du roy..... Item plus le regime dung ieune prince et les prouerbes des princes et aultres petis liures.... composes par maistre Simphorien Champier docteur en theologie et medicine iadis natif de lionnoys. *Imprime a lion en rue merciere par maistre guillaume balsarin l'an* 1502. In-4, mar. bleu, fil. comp. tr. dor. fig. sur bois. (*Bauzonnet.*)

<small>Exempl. admirable de conservation et de reliure.</small>

217. La Politique du temps, traitant de la puissance, autorité et du devoir des princes. *Jouxte la Coppie imprimée à Paris* (Elzevir), 1650, pet. in-12, d.-rel. mar. citr. tr. dor.

<small>Ouvrage rare, attribué à d'Avesne.</small>

218. La Fortune marastre de plusieurs princes et grands seigneurs de toutes nations, par le Sr J. B. de Rocoles. *Cologne, P. Marteau*, 1718, pet. in-12, d.-rel. mar. r. fil. non rog. fig. de *Schoonebeek*.

<small>Bel exemp'aire.</small>

219. Du droit des magistrats sur leurs subjets. 1574, pet. in-8, mar. br. large dent. tr. dor. doub. de soie rose.

220. Dissertation sur l'autorité légitime des Rois, en matière

de régale, par M. L. V. M. D. R. *Cologne, P. Marteau*, 1682, pet. in-12, d.-rel. mar. r. non rog.

221. Lettres de Junius, trad. de l'angl., par Parisot. *Paris*, 1823, 2 vol. in-8, d.-rel. v.

222. Le Parfait ambassadeur, traduit de l'Espagnol, par le Sr Lancelot. *Paris*, 1642, pet. in-12, v. f. fil. tr. dor.

223. L'Ambassadeur et ses fonctions, par de Wicquefort. *Cologne, P. Marteau*, 1715, 2 vol. in-4, v. br.

225. Le Misaule, ou Haineux de court, lequel par un Dialogisme et confabulation fort agréable et plaisante, demonstre sérieusement l'estat des Courtisans et autres suivans la Court des princes, par G. C. D. T. (Gabriel Chapuis de Tours). *Paris, Guil. Linocier*, 1685, pet. in-8, mar. vert, fil. tr. dor. *(Derome.)*

Rare. (Cat. Leber, n° 911.) Bel exempl.

225. Le parfait Courtisan du comte Baltard Castillonnois, trad. par Gabriel Chapuis Tourangeau. *Lyon, Huguetan*, 1585, in-8. v. br. fil. — Aristippe, ou de la Cour, par de Balzac. *Amst. Dan. Elzev.*, 1664, pet. in-12, non rel.

226. Catéchisme des courtisans, ou les questions de la cour et autres galanteries. *Cologne, P. du Martheau (A la Sphère)*, 1669, pet. in-12. mar. r. fil. tr. dor.

Pièce en vers, rare de cette édition. Vendue 20 fr. *Nodier*.

226 bis. Le même. Pet. in-8. br.

Réimpression à petit nombre, faite à Chartres en 1838.

227. Déclaration du Roy, portant défenses de porter aucunes découpures, broderies de fil, soye, capiton, or ou argent, passemens, dentelles, poinct coupez, entretoiles..... du 12 décembre 1633. *Paris, Ant. Estienne*, 1633, in-8. v. fil. tr. dor. *(Bauzonnet.)*

228. La Noblesse commerçante (par l'abbé Coyer). *Paris, Duchesne*, 1756, in-12, mar. r. fil. tr. dor. *(Aux armes.)*

229. Traité des monnoies d'or et d'argent qui circulent chez les différents peuples, par Bonneville. *Paris*, 1806, in-fol. v. rac. fil. dent. fig.

230. Figures des monnaies françaises et étrangères. S. l. n. d. gr. in-8. dem.-rel. mar. r.

Exempl. sur vélin (piqué).

SCIENCES ET ARTS.

231. Sommaire ou Epitome du liure de Asse fait par le commandement du Roy, par maistre Guillaume Bude. *Paris, Galliot du pre*, 1522, pet. in-8, v. f. fil. tr. dor. (*Niedrée.*)
Bel exempl. réglé.

231 bis. Le même. Pet. in-8. mar. r. fil. pet. fers., tr. dor.

232. Le nouuel cry des monnoyes faict ordonne crye et publie le xiiii iour de mars mil cinq cens xxxii. *Paris*, pet. in-16, goth. mar. bleu, fil. pet. fers, tr. dor. (*Niedrée.*)

IV. MATHÉMATIQUES ET SCIENCES QUI EN DÉPENDENT.

234. Procli Sphæra, Thoma Linacro interprete, cum annotat. Jacobi Tusani. *Lutetiæ, Guliel. Cavellat*, 1562. fig. — Quæstiones novæ in libellum de Sphæra Joannis de Sacro Bosco, collectæ ab Ariele Ricardo. *Paris, le même*, 1556 (sic), pl. — Annuli astronomici usus, ex variis authoribus. *Lutetiæ, le même*, 1558, fig.; 3 part. en 1 vol. in-8, mar. citr. (*Aux armes de de Thou.*)
Bel exempl. gr. pap.

135. Traité du triangle arithmétique, avec quelques autres petits traitez, par Pascal. *Paris, G. Desprez*, 1665, pet. in-4, vel.

236. Proposition d'une mesure de la terre, d'où il résulte une diminution considérable dans sa circonférence sur les parallèles, par d'Anville. *Paris, Chaubert*, 1735, in-12, v. f. fil. dent. tr. dor. carte.

237. Observations mathématiques, astronomiques, géographiques, chronologiques et physiques, tirées des anciens livres chinois; par les PP. Souciet et Gaubil. *Paris, Rollin*, 1729-1732, 3 vol. in-4, br. pl.

238. Amœnitatum exoticarum politico-physico-medicarum, fasciculi v; auct. Angelberto Kœmpfero. *Lemgoviæ, Meyer*, 1712, in-4, mar. br. fil. fig.
Ouvrage curieux, fort recherché et peu commun (*Man. de Brunet*).

239. Dissertation physique à l'occasion du Nègre blanc (par de Maupertuis). *Leyde*, 1744, pet. in-8, v. gr. fil. tr. dor.

240. Rescarches into the physical history of Mankind, by James Cowles Prichard. Third edit. *London, Sherwood*, 1836, 2 vol. in-8, pap. vel. cart. non rog. fig. sur pap. de Chine.

141. Philosophie chimique, par Fourcroy. 3e édit. *Paris, Lecrault*, 1806, in-8, pap. vél. mar. r. fil. dent. tr. dor.

242. Frontini, Strategematicon libri tres, Strategicon liber unus; edent. Valart. *Lutetiæ, G. Debure*, 1763, in-12, pap. fin, mar. cit. fil. tr. dor.

243. Recueil de plans de fortifications. In-fol. max. cart.

V. HISTOIRE NATURELLE.

244. Histoire naturelle de l'univers, par Colonne. *Paris Cailleau*, 1734, 4 vol. in-12, mar. r. fil. tr. dor. fig. (*Aux armes.*)

245. Le Spectacle de la nature (par l'abbé Pluche). *Paris, Ve Estienne*, 1732, 9 vol. in-12, mar. r. fil. tr. dor. fig.

246. Histoire naturelle, générale et particulière, par Buffon, Daubenton et le comte de Lacépède. *Paris, Impr. roy.* 1749-1789, 39 vol. in-4, mar. r. fil. tr. dor. fig. (*Derome.*)

Voici les parties dont se compose cette édition, qui est recherchée par les amateurs à cause de la beauté des gravures. — Hist. naturelle, 1749-1767, 15 vol. — Hist. naturelle. Supplém. 1774-1789, 7 vol. — Oiseaux, 1790-83, 9 vol. — Minéraux, 1783-1788, 6 vol. dont un de pl. — Ovipares et serpents, 1788-1789, 2 vol.

247. La Conchyologie, ou Hist. naturelle des Coquilles, par Desallier d'Argenville. 3e édit. *Paris, Debure*, 1780, 2 vol. in-8, br. portr., plus 1 vol. de 80 pl.

248. Pauli Jovii, de Romanis piscibus libellus. *Basileæ, Froben*, 1532, pet. in-8, d. rel. v. f.

249. Histoire naturelle de l'or et de l'argent, extraite de Pline le Naturaliste, avec le texte latin et un poëme sur la chute de l'homme, par David Durand. *Londres, Guil. Bowyer*, 1729, in-fol. mar. citr. fil. tr. dor. (*Derome.*)

Bel exempl., parfait de reliure, d'un livre peu commun.

250. Traité des pierres, de Théophraste, trad. du grec. *Pa-*

SCIENCES ET ARTS.

■ ris, *Hérissant*, 1754, pet. in-8. mar. r. fil. non rogn. (Simier.)

Bel exempl. fait gr. pap. moyennant le sacrifice de six autres.

251. Scriptores rei rusticæ veteres latini, ex recensione Mat. Gesneri. *Biponti*, 1787, 4 vol. in-8. br.

252. Traduction d'anciens ouvrages latins relatifs à l'agriculture, par Saboureux de la Bonneirie. *Paris, Didot*, 1771, 6 vol. in-8, br.

253. Traité des arbres fruitiers, par Duhamel du Monceau. *Paris, Saillant*, 1768, 2 vol. très gr. in-4, mar. r. fil. tr. dor. pl. (*Derome.*)

254. Cenni sulla organografia e fisiologia delle alghe, del Gius. Meneghini. *Padova*, 1838, gr. in-4, pap. vél. br. —

255. Traité du vin et du sidre (sic), par Julien de Paulmier. *Caen, Pierre le Chandelier*, 1589, pet. in-8, v. f. fil. pet. fers, tr. dor. (*Bauzonnet.*)

Vol. peu commun, vendu 43 fr. *Nodier*, 1829.

VI. MÉDECINE.

256. Hippocratis Aphorismi, edidit Car. Lorry. *Paris, Cavelier*, 1759, in-16, mar. br. tr. dor. — Des airs, des eaux et des lieux, trad. d'Hippocrate, par Magnan. *Paris, Hérissant*, 1787, in-12, pap. vél. v. f. fil.

257. Le Sommaire et entretenement de vie tressingulier de toute medecine et Cirurgie specialement contre toutes maladies survenantes quotidiennement au corps humain; composé par Jehan Goeurot, médecin du Roy de france Françoys premier. *Paris, s. d.* in-16.

Rare et curieux.

258. Le regime de sante pour conserver le corps humain et vivre longuement..... Avec une recepte pour conserver et guerir de la grosse verolle. *Paris, Phil. le noir, s. d.* pet. in-4, goth. v. m. fil.

259. L'Art de conserver sa santé, composé par l'Ecole de Salerne, trad. nouv. en vers français, par B. L. M. (Bruzen de la Martinière). *Paris et Bruxelles, Moris,* 1759, in-12, br.

260. Les vertus des eaues et des herbes. Auec le regime contre la pestilence faict et compose par messieurs les medicins de la cite de Basle en Alemaigne. Pet. in-4, goth. *s. l. n. d.* (vers 1490), d. rel. mar. r. fig. sur bois.

Bel exempl. à peine ébarbé.
Voy. au sujet de cet ouvrage l'*Analectabiblion*, t. I, p. 209.

261. Art et moyen parfaict de tirer hvyles et eavx de tovs medicamens simples et oleogineux, par Iaques Besson, Daulphinois. *Paris, Galliot du Pré,* 1573, pet. in-8, v. f. fil. tr. dor. fig. (*Niedrée.*)

Rare, quoiqu'il en existe une autre édit. de 1580. Le *Cat. Sainte-Maure* en cite une de 1571 qui n'a jamais paru.

262. De thermis Andreæ Baccii, libri septem. *Venetiis, Vinc. Valgrisius,* 1571, in-fol. vél. fig.

Belle et rare édition d'un ouvrage estimé (*Man.* de Brunet).

263. Souuerain remede auec les saignees et dyettes contre les maladies qui regneront en ceste presente annee mil cinq centz quarante quatre. Selon la prognostication de maistre Jehan thybault medecin du Roy nostre sire.(*Paris*), *Jehan le prest,* pet. in-16, goth. de 4 feuil. dos et coins de mar. vert. (*Niedrée.*)

264. Recherche de la vraye anathomie des dents, nature et propriétés d'icelles, par Urbain Hemard, chirurgien du cardinal d'Armaignac. *Lyon, Benoist Rigaud,* 1582, pet. in-8, v. m.

265. L'Ombre de Nécrophore vivant Chartier de l'Hostel Dieu au sieur Jouyse, médecin déserteur de la peste, sur la sagesse de sa cabale et autres grippes de son examen (par de Lamperiere). *Rouen, David Ferrant,* 1622, in-8. d. rel. v. br. non rog.

266. Ouvrage de Penelope ; ou Machiavel en médecine, par Aletheius Demetrius (de La Mettrie). *Berlin,* 1748, 3 vol.

, pet. in-8, mar. vert, fil. tr. dor. (*Derôme.*) *Quelques mouillures.*

<small>Voy. sur cette satire la note du *Cat. d'un amateur de livres*, t. I, p. 278.</small>

267. Joannis Meibomii (Th. Bartholini), de Flagrorum usu in re Veneria et lumborum renumque officio. *Londini* (Paris), 1765, in-64, v. br. fil.

268. Traité du fouet, et de ses effets sur la physique de l'amour, ou Aphrodisiaque externe; par D*** (Doppet). *S. l.* 1788, in-18, d. rel. v. f. non rogn. (*Thouvenin.*)

<small>Edition orginale, rare.</small>

268 *bis. Le même,* br.

269. Physiologie du goût, par Brillat-Savarin. *Paris, Charpentier,* 1838. — Gastronomie Provençale, par Aymes. *Paris,* 1828, 2 part. en 1 vol in-12, v. f. fil. (*Bauzonnet.*)

270. Epulario il quale tratta del modo di cucinare ogni Carne, Ucelli et pesci d'ogni sorte. *In Trevigi, Righettini,* 1643, in-16, v. br.

271. Le Demosterion de Roch le Baillif, Edelphe, medecin spagiric. *Rennes, Pierre le Bret,* 1578, 1 vol. pet. in-8, d. rel.

<small>Même volume : Petit Traité de l'antiquité et singularité de la Bretagne Armorique, par le même, 1577.
Volume peu commun et assez recherché, lorsque la dernière partie s'y trouve.</small>

272. L'Or potable qui guarit de tous maux, par le Père Gabriel de Castagne, cy devant abbé général de sainct Rufs de Valence. *Paris, Ch. Sevestre,* 1611, pet. in-8, mar. r. fil. tr. dor. (*Derome.*)

<small>A la suite : Le Trésor philosophique de la Médecine métallique, trad. d'Aulien, par le même.</small>

VII. SCIENCES SECRÈTES.

273. Art de Chyromancie de excellent et tres excercite et prouve Maistre andrieu corum : utile et necessaire a tous ceulx qui excerciter vouldront lart de Cirurgie de Mede-

cir.e.... translatée de latin en francoys, par Maistre Jehan de Verdellay. *S. l. n. d.*, in-16, goth. mar. r. fil. tr. dor. (*Derome.*)

<small>Volume curieux, imprimé dans les premières années du 16ᵉ siècle, où il est traité de la complexion de plusieurs hommes et de la pronostication d'après les signes et caractères imprimés sur leurs mains. A dater du 17ᵉ feuillet, on trouve au recto et au verso de chaque feuillet des figures en bois qui représentent des mains.</small>

274. Instruction familiere pour apprendre les sciences de Chiromance et Phisiognomie, plus un Discours astrologique du Comette qui apparust l'année 1618, le tout par Jean Belot. *Paris, Nic. Roussel*, 1619, pet. in-8, v. vert. fil.

275. La Chyromantie naturelle de Ronphile. *Paris, Edme Pepingué*, 1655, in-16, v. ec. fig.

276. Recueil de dissertations sur les apparitions, les visions et les songes, par Lenglet Dufresnoy. *Avignon et Paris*, 1752, 4 vol. in-12, v. m.

277. Les Occultes merveilles et secretz de nature, par Levin Lemne, trad. du lat. en franç., par J. G. P. (Jacq. Gohory). *Paris, Galiot du Pré*, 1574, in-8, v. ec. fil. tr. dor.

277 bis. La Philosophie occulte d'Agrippa, trad. du lat. (par Le Vasseur). *La Haye, Alberts*, 1727, 2 vol. gr. in-8, pap. de Holl. v. sablé d'or, fil. tr. dor. fig.

<small>Portr. d'Agrippa ajouté. Exempl. de Pixérécourt.</small>

278. La Physique occulte, ou Traité de la baguette divinatoire, par de Vallemont. *Amst. Adr. Braakman*, 1696, in-12, br. en cart. non rog.

279. Comte de Gabalis, ou Entretiens sur les sciences secrètes (par Monfaucon de Villars). *Amst. P. de Coup*, 1715. — Histoire du diable, traduit de l'angl. (de Dan. de Foe.) *Amst.* 1730, 4 vol. in-12, v. br

280. Jules Obsequent des Prodiges. Plus trois Livres de Polydore Vergile sur la mesme matiere, trad. du lat. en franc. par George de la Bouthiere, Autunois. *Lyon, Jean de Tournes*, 1555, gr. in-16, v. f. fil. tr. dor. fig. du *Petit Bernard*. (*Closs.*)

281. Apomazar (*Achmet*), des significations et evenemens

des songes, selon la doctrine des Indiens, Perses et Egyptiens, pris de la biblioth. de Jean Sambucus, mis en franc. (par Denys Duval). *Paris, Denys du-Val, 1581, in-8*, mar. r. fil. à fr. tr. dor. (*Bauzonnet.*)

282. Traité astrologique des jugements des themes genetliaques pour tous les accidens qui arrivent a l'homme áprès sa naissance, colligé par l'industrie de Henri Rantzau, Vi-Duc Cimbrique. Fait francois par Jacq. Alcaume. *Paris, P. Menard, 1657, in-8*, mar. r. fil. tr. dor. pl. (*Derome.*)

283. Les Oracles divertissans, avec un Traitté très recréatif des couleurs, par M. W. D. L. C (Wulson de la Colombière). *Amst., Jean Sambix, 1690, pet. in-12*, vél.

284. Pratique curieuse, ou les Oracles des sibylles, par Comiers. *Rotterdam, Jean Hofhout, 1735, in-12*, d. rel. v. f. non rog. (*Bauzonnet.*)

285. Liber des conjurationibus demoniorum. In-4, rel. anc. en bois, avec coins en cuivre.

_{Mss. goth. sur vélin très curieux, renfermant des exorcismes et 18 grandes miniatures, plus remarquables par la singularité des sujets que par leur exécution. Je tiens de M. Nodier que M. Crozet l'avait payé 200 fr.}

286. Introitus apertus ad occlusum regis palatium; autore anonymo Philaletha, curante Joan. Langio. *Amstel. Joan. Jansonius, 1667, petit in-8*. mar. r.

287. Lavateri, de spectris, lemuribus, variisque prœsagitionibus, tractatus vere aureus. *Lugd. Batav. Jordan Luchtmans, 1687, pet. in-12*, mar. r. dent. a fr. non rog. fig. de Rem. de Hooghe. (*Vogel.*)

288. De Satyres brutes, monstres et demons, de leur nature et adoration, par F. Hedelin. *Paris, Nic. Buon, 1627*, pet. in-8. v. gr.

289. Apologie pour les grands hommes soupconnez de magie, par Naudé. *Amst. Bernard, 1712, in-12*, v. gr.

290. Discours veritable sur le faict de Marthe Brossier de Romorantin, pretendue demoniaque. *Paris, Mamert Patisson, 1599, in-8*, dos et coins de mar. r. fil. non rogn. (*Bauzonnet.*)

_{Cet ouvrage passe généralement pour être du docteur Marescot; Tallemant des Reaux l'attribue à Le Bouteiller, père de l'archevêque de Tours, et Guy Patin au médecin Simon Piètre.}

291. Histoire admirable de la possession et conversion d'une pénitente, séduite par un prince des magiciens, la faisant sorcière et princesse des sorciers au pays de Provence, conduite à la S. Baume pour y être exorcisée....., par Seb. Michaelis. *Douay, Barth. Bellere*, 1613, in-8, v. m. (*Aux Armes.*)

<small>Impression inconnue au rédacteur de la *Bibliographie Douaisienne*.</small>

292. L'Antidémon de Mascon, ou relation pure et simple des principales choses qui ont esté faites et dites par un démon il y a quelques années dans la ville de Mascon, par le sieur Perreaud. *Genève, Pierre Chouet*, 1656, pet. in-8, d. rel.

293. Mirabilis liber qui prophetias revelationes demonstrat. *Paris, au Lyon d'argent*, s. d. in-16, goth. mar. r. large dent. tr. dor.

294. Sensuit les propheties de Merlin. Qui est la tierce partie et dernière : Ausquelles sont trouvees plusieurs matières dignes à veoir. *Paris, rue Saint-Jacques, à l'enseigne de la Rose blanche (chez Ph. le Noir)*, 1528, pet. in-4, goth. à 2 col. v. m. fil.

295. Les faictz merveilleux de Virgille. *Paris, Guil. Nyverd*, s. d. pet. in-4, goth. pap. de Chine, mar. bleu, fil. comp. tr. dor. fig. sur bois (*Muller.*)

<small>Réimpression fac-simile à 30 exempl. publiée par M. Techener.
On lit sur cet exempl. la note suivante de M. Ch. Nodier.
« Virgille l'enchanteur est le Faust du moyen âge, et bien antérieur à Faust. Ce livre mérite donc d'être conservé comme l'un des types les plus curieux de la littérature fantastique. Cette copie lithographiée n'a été tirée qu'à une vingtaine d'exemplaires, quoi qu'en dise la ligne inférieure du titre, le plus grand nombre des exempl. sur vélin n'ayant pas réussi. Le tirage sur papier de Chine m'a paru le plus beau. Il n'en existe plus d'aucune espèce dans le commerce. 15 avril 1838.
Ch. Nodier.</small>

296. La grande et vraye Pronostication generale, pour quatre cens quatre vingts dixneuf ans. Calculee sur la ville de Paris et aultres lieux de mesme longitude. *Par Nicolas Barbou, imprimeur*, 1512, pet. in-12, goth. de 8 feuil. mar. vert, fil. tr. dor. (*Niedrée.*)

297. Les Abus et superfluitez du monde, par Jacques Sireulde,

SCIENCES ET ARTS. 59

huissier en la Court du Parlement à Rouen, avec une Pronostication veritable pour ceste annee. *Rouen, Abrah. Cousturier,* s. d. in-16, mar. r. fil. comp. pet. fers, tr. dor. (*Bauzonnet.*)

298. Prédictions des choses plus mémorables qui sont a advenir depuis l'an M.D.LXIII, iusqu'a l'an mil six cens et sept, prises tant des eclipses et grosses Ephémérides de Cyprian Leouitié, que des prédictions de Samuel Syderocrate. *S. l.* 1568, in-16, mar. r. tr. dor. (*Thompson.*)

299. Petit Copost en françoys. *Paris, rue neufve nostre dame, à l'enseigne sainct Nicolas,* in-16, s. d. goth. mar. r. fil. comp. tr. dor. fig. sur bois. (*Koehler.*)

VIII. ARTS ET MÉTIERS.

300. L'art et science de la vraye proportion des Lettres Attiques, ou Antiques, autrement dictés Romaines, selon le corps et visaige humain...... par maistre Geoffroy Tory de Bourges. *Paris, Vivant Gaultherot,* 1549, pet. in-8, mar. bleu, fil. à fr. tr. dor. fig. sur bois. (*Niedrée.*)

301. Epreuve du premier Alphabet droit et penché, orné de quadres et de cartouches. *Gravés pour l'Impr. Roy, par Louis Luce, et finis en* 1740 (Paris, I. R.), pet. in-16, d. r. v. br.

Curiosité typographique.

302. Recueil factice d'edits, reglemens concernans l'imprimerie et la librairie. In-4, v. gr. (1583-1686.)

Recueil curieux, dont la première pièce, les *Lettres de déclaration de Henri III,* données le dernier d'avril 1585, en faveur de l'imprimerie et fonderie de caractères, est sur vélin. On trouve à la fin quelques anciens catalogues de livres, tels que celui *Bibliothecæ Corbinianæ,* 1654. — *Fr. Hackii bibliopolæ Leidensis,* 1663. — *Librorum qui prostant venales, apud viduam Edmundi Martini,* 1674. Le volume est terminé par quelques n°ˢ d'un journal typographique publié en 1673 par le Sʳ Colletet, sous le titre de : *La Bibliographie françoise et latine de Paris, où l'art de dresser des Bibliothèques.*

IX. BEAUX-ARTS.

303. Lettres sur les arts imitateurs en général, et sur la danse en particulier, par Noverre. *Paris*, 1807, 2 vol. in-8, pap. vél. mar. r. fil. dent. tr. dor. portr. (*Aux armes impériales.*)

304. Critiques sur la peinture, la sculpture et la gravure. *Paris*, 1750, in-fol. mar. r. fil. tr. dor. (*Derome.*)

<small>Mss. autogr. de M. l'abbé Gougenot, conseiller au grand conseil, sur pap. fin, avec encadr., culs-de-lampe, composé de 261 feui]. d'une écriture très correcte.

On trouve joint à cet exempl. une note autographe de l'auteur, sur feuille séparée, dans laquelle il regarde ce mss. comme un écart de sa jeunesse, et prie celui de ses parents dans les mains duquel il tombera de ne jamais en avouer l'auteur.</small>

305. Réflexions sur la peinture, par Hagedorn, trad. de l'Allem. par Huber. *Leipzig, Fritsch*, 1775, 2 vol. in-8, br. — Essai sur le paysage, par Herrmann. *St.-Petersbourg*, 1800, pet. in-8, d. rel.

306. Œuvres complètes de Mengs, contenant différens traités sur la théorie de la peinture, trad. de l'Ital. *Paris*, 1786, 2 vol. in-4, br. portr.

307. Essai historique et descriptif sur l'ancienne peinture sur verre et sur les vitraux les plus remarquables, par Langlois. *Rouen*, 1832, in-8, br. avec 7 pl.

308. Dictionnaire des artistes, par l'abbé de F.... (Fontenai). *Paris, Vincent*, 1776, 2 vol. in-12, br.

309. Recherche curieuse de la vie de Raphael Sansio d'Urbin, et de ses Œuvres..... par de Bombourg Lyonnois. *Lyon, André Olyer*, 1675, pet. in-12, v. rac. dent.

<small>Exempl. de M. de Pixérécourt.</small>

310. Voyage d'un iconophile, par Duchesne aîné. *Paris*, 1834, in-8, d. rel. v. vert.

311. Introdazione allo studio de preziosi Musei, da Vincentio Palletti. *Roma, Pagliarini*, pet. in-4, cart. non rog.

312. Catalogue raisonné des tableaux du Roy, avec un Abrégé

de la vie des peintres, par Lépicié. *Paris, impr. roy.*, 1752, 2 vol. in-4, mar. r. fil. tr. dor. (*Aux armes.*)

313. Description des tableaux du Palais-Royal, par Du Bois de St.-Gelais. *Paris, Houry*, 1737, in-12, mar. citr. fil. (*Aux armes.*)

314. Catalogue des tableaux de la galerie impériale et royale de Vienne, par Chrét. de Mechel. *Basle*, 1784, gr. in-8, br. fig.

315. Imagines mortis. Accesserunt epigrammata e Gallico idiomate a Georg. Æmylio in latinum translata, et Erasmi liber de praparatione ad mortem. *Coloniæ, hæredes Am. Birckmann*, 1555, pet. in-8, mar. noir, fil. à fr. tr. dor (*Niedrée.*)

Bel exempl. avec charmante grav. sur bois, d'un vol. qui contient la Danse des morts.

316. La Danse des morts, semblable à celles qui se font dans la glorieuse et illustre ville de Basle, produite d'après l'original en cuivre, par Mathieu Merian. *Francfort*, 1696, pet. in-4, v. éc. fil. fig.

Édit. allemande.

317. La grant danse macabre des hommes et des femmes hystoriee et augmentee de beaulx ditz en latin. *Troyes, Nicolas le rouge*, 1528, in-4, goth. a 2 col., mar. noir, fil. à fr. tr. dor. fig. sur bois. (*Bauzonnet.*)

Exempl. digne en tous points de l'amateur de livres le plus difficile. Édit. non citée par M. Peignot.

318. La Grande Danse Macabée des hommes et des femmes. *Troyes, veuve Jacq. Oudot*, 1729, in-4. v. f. fil. tr. dor. fig. (*Niedrée.*)

319. Recherches hist. et littéraires sur les Danses des morts et sur l'origine des cartes à jouer, par Peignot. *Dijon*, 1826, in-8, br. fig.

320. Recueil de 35 dessins à l'encre de Chine, représentant diverses vues de paysage et monumens des Chinois. Pet. in-fol. rel. en soie du pays.

Ces dessins plaisent par leur parfaite exécution et par la variation vraiment chinoise qui se trouve à chaque sujet.

321. Figures avant la lettre pour les Métamorphoses d'Ovide, édit. de Picart. Vol. oblong, mar. r. large dent. tr. dor. doubl. de satin.

Suite de 130 fig., il manque celle de la page 519.

322. Figures (85) pour les Contes de Boccace, par Romain de Hooge. Pet. in-4, vél.

Bonnes épreuves.

323. Recueil de 23 figures représentant des têtes de masques antiques qui se trouvent à Rome dans les jardins du Vatican. Gr. in-16, vél.

324. Du génie de l'architecture, par Coussin. *Paris, F. Didot*, 1822, in-4, cart. non rog. fig.

325. Rabelais et l'architecture de la renaissance. Restitution de l'abbaye de Thélème, par Ch. Lenormant. *Paris, Crozet*, 1840, in-8, gr. pap. vél. cart. non rogn., pl. sur pap. de Chine.

325 bis. *Le même*, pap. ord. br.

326. Cabinet des singularitez d'architecture, peinture, sculpture et graveure, par Florent le Comte. *Paris, N. le Clerc*, 1699, 3 vol. in-12, v. gr. fig.

327. Recueil de planches représentant les colonnes et obélisques de Rome. In-4, vél.

328. Dialogue sur la musique des anciens (par l'abbé de Chateauneuf, avec un Avert. de Morabin). *Paris, veuve Pissot*, 1725, pet. in-8, d. rel. v f. non rog. (*Koehler.*)

329. Airs de Cour, à quatre et cinq parties, par Anth. Boesset. *Paris, P. Ballard*, 1617, oblong, vél. fig. et musique.

330. Cinquante jeus divers d'honneste entretien, inuentés par Messer Innocent Rhingbier, gentilhomme Bolognoys, et fais françoys par Hubert Philippe de Villiers. *Lyon, Ch. Pesnot*, 1555, pet. in-4, mar. br. tr. dor. (*Aux armes.*)

Ouvrage rare, toujours vendu à un prix assez élevé dans les ventes tant anciennes que récentes.

331. Oppiani de veratione libri III, Joan Bodino interprete. *Lutetiæ, Mich. Vascosanus*, 1555, pet. in-4, mar. viol. fil. et comp. à fr. tr. dor. (*Thompson.*)

SCIENCES ET ARTS.

332. **Fébus de la Chace.** Pet. in-fol. oblong, v. br. comp. (*Reliure dans le genre de Grolier.*)

Beau mss. goth. sur vélin de 13 feuil. à 2 col. avec un très gr. nombre de miniatures, gr. lettres et ornements en or et couleur. Cet ouvrage a été imprimé plusieurs fois.

333. **La Chasse Royale**, composée par le Roy Charles IX. Paris, Nic. Rousset, 1625, in-8, mar. r. fil. tr. dor. (*Aux armes.*)

Exempl. provenant des doubles de la Bibl. roy. avec la vignette au titre.

BELLES-LETTRES.

I. LINGUISTIQUE. — ART ORATOIRE.

334. Traité du choix et de la méthode des études, par Cl. Fleury. *Paris, P. Aubouin*, 1687, in-12, mar. r. fil. tr. dor.

<small>Avec un *Ex libris* de F. de La Mennais.</small>

335. Cours d'études, par l'abbé de Condillac. *Aux Deux-Ponts*, 1782 (Parme Bodoni, 1775), 13 vol. gr. in-8, pap. fin, mar. vert, dent. comp. tr. dor., doubl. de soie rose, portr.

336. L'Harmonie étymologique des langues, par Estienne Guichard. *Paris, Guil. Pelé*, 1631, in-8.

<small>Volume curieux (*Cat. Leber*, n° 1500).</small>

337. La mécanique des langues, par Pluche. *Paris, V° Estienne*, 1751, in-12, mar. r. fil. tr. dor.—Des tropes, par Dumarsais. *Paris, David*, 1757, in-8, mar. r. fil. (*Derome*.)

338. Réflexions philosophiques sur l'origine des langues et la signification des mots (par de Maupertuis). *S. l. n. d.* (Berlin), in-12, v. br. fil. tr. dor.

<small>Vol. très rare, qu'on assure n'avoir été tiré qu'à 12 exempl.</small>

339. Traittez des langues estrangères, de leurs alphabets, et des chiffres, composez par le sieur Colletet. *Paris, Jean Prome*, 1660, in-4, bas. fil.

<small>Voici un livre d'une érudition bien étroite et bien vulgaire ; mais il renferme quelques notions singulières, quelques particularités curieuses qu'on ne trouverait pas facilement ailleurs, et il donne sur la vie du pauvre François Colletet des détails ingénus qui ont quelque chose de touchant. Le savant M. Weiss dit</small>

que cet ouvrage est le seul de Colletet qui ait été autrefois recherché ; il mérite de l'être encore. Il est d'ailleurs peu commun.

Ch. Nodier.

341. Grammaire générale et raisonnée (par Cl. Lancelot et Ant. Arnauld). *Paris, Delalain*, 1769, pet. in-8, mar. r. fil. tr. dor. *Aux armes*. (*Derome*.)

342. La declaration des abus que lon commet en escrivant, et le moyen de les eviter, et representer nayvement les paroles, par Honorat Rambaud, maître d'escole à Marseille. *Lyon, Jean de Tournes*, 1578, pet. in-8, mar. vert, fil. tr. dor. (*Bauzonnet*.)

Magnifique exempl. d'un livre fort rare et fort curieux pour l'étude de la linguistique. Il faudrait avoir recours aux précieuses tablettes de M. Ch. Nodier, pour en trouver un plus beau.

L'ouvrage de l'estimable pédagogue Marseillais ne tend rien moins qu'à changer tout le système de l'orthographe, à rendre les émissions de la voix avec le moins de signes possibles, et à substituer aux caractères romains des caractères bizarres, moitié grecs moitié barbares, inventés par l'auteur et qu'il avait fait fondre exprès pour son livre. Il y montre une érudition peu commune, même parmi les maîtres d'écoles sortant des institutions normales de notre temps. Le but qu'il veut atteindre est parfaitement exposé dans une préface où il soutient avec peu de raison que, *l'escriture est le double de la parolle, et que le double doit estre de tout semblable à l'original : tellement que tout ce qui se treuve en l'original se doit treuver en la coppie, et rien plus,.... Comme disent fort bien Quintilien, Nebrisse et plusieurs autres, lesquels se faschent de ce que ne representent pas les parolles comme les prononcons.* Or, ajoute notre auteur, *pour ce que Raison, dame et princesse des hommes, approve et nous commande de representer les parolles très nayvement et tout ainsi que la bouche les prononce, lui voulant obéir come humble et très obéissant serviteur, me suis efforcé, selon mon petit pouvoir, d'accomplir son commandement.* Hélas ! malgré la princesse Raison et les rhéteurs Nebrisse et Quintilien, ses contemporains et leur postérité ont dédaigné cette importante réformation de l'alphabet.

343. Les épithètes de M. de La Porte, Parisien. *Lyon, Pierre Rigaud*, 1602, in-16, v. br. dent.

344. Commentarii linguæ græcæ, auct. Gul. Budæo. *Paris, Robert Etienne*, 1548, in-fol., v. br. (*Bonne édit.*)

345. Dictionarium latino gallicum. *Parisiis, Jacq. Dupr.ys*, 1570, in-fol., v. m. fil. tr. dor.

346. Glossarium eroticum linguæ latinæ, auctore P. P. (Pierrugues). *Paris, Dondey-Dupré*, 1826, gr. in-8, br.

347. Nonii Marcelli de verborum proprietate Compendium.

Sexti Pompei fragmenta. Terentii Varronis de lingua latina libri tres. *Paris, Gilles de Gourmont*, 1511; 3 part. en 1 vol. in-4, goth. cart.

348. Recueil de l'origine de la langue et poésie française, hymnes et romans, par Cl. Fauchet. *Paris, Mamert Patisson*, 1581, pet. in-4, v. m.

<small>Bel exempl. d'une édit. peu commune, avec la signature de Ch. Nodier.</small>

349. Essai sur l'origine de la langue française, par Peignot. *Lyon*, 1835, in-8, br.

<small>Tiré à 150 exempl.</small>

350. De l'universalité de la langue françoise (par de Rivarol). 2e édit. *Berlin et Paris, Prault*, 1785, pap. fin, d. rel. mar. r. non rog.

351. Recherches sur les formes grammaticales de la langue française au XIIIe siècle, par Gust. Fallot, publ. par Ackermann. *Paris, Impr. roy.*, 1839, gr. in-8, v. f. fil. tr. dor. (*Bauzonnet*.)

352. *Les mêmes*, br.

353. Etude sur la langue françoise, à propos de l'ouvrage de Fallot, par Fr. Wey. *Paris, Crozet*, 1840, gr. in-8, br.

354. La deffence et illustration de la Langue Francoise. Avec l'olive augmentee. L'anterotique de la vieille et de la jeune Amye. Vers liriques. Le tout par J. D. B. A. (Joachim du Bellay). *Paris, Arnoul l'Angelier*, 1557, pet. in-8, v. f. fil. tr. dor. (*Niedrée*.)

<small>Rare imprimé séparément.</small>

355. Traité de la conformité du langage françois avec le grec, par Henri Estienne. *Paris, Robert Estienne*, 1569, in-8, mar. vert, fil. pet. fers, tr. dor. (*Bauzonnet*.)

<small>Bel exempl.</small>

356. Dictionnaire étymologique de la langue françoise, par Menage. Nouv. édit. *Paris, Briasson*, 1750, 2 vol. in-fol., bas.

357. Curiosités françoises, pour servir de supplément aux Dictionnaires, par Ant. Oudin. *Paris, Ant. de Sommaville*, 1640, in-8, vel.

<small>Livre curieux et peu commun. Voyez ce qu'en dit M. Nodier dans un opus-</small>

cule intitulé : *Des satires publiées à l'occasion de la première édition du Dictionnaire de l'Académie.* 1855, p. 11.

358. Dictionnaire francois-latin, contenant les motz et manières de parler francois, tournez en latin. *Paris, Rob. Estienne,* 1539, pet. in-fol.

359. Grand Dictionnaire français et latin, par l'abbé Danet. *Lyon, Deville,* 1739, in-4, v. f. fil.

360. Dictionnaire comique, satyrique, critique, burlesque et proverbial, par Le Roux. *Amst., Chastelain,* 1750, 2 tom. en 1 vol. in-8, gr. pap. mar. r. fil. tr. dor. (*Derome.*)

Rare en gr. pap.

361. *Le même.* Pampelune, 1786, 2 vol. in-8.

362. Glossaire de la langue romane, par Roquefort. *Paris, Warée,* 1808, 2 vol. in-8, br.

363. Lexique Roman, ou Dictionnaire de la langue des troubadours, par Raynouard. *Paris, Silvestre,* 1836-1840, 3 vol. gr. in-8, br.

364. Essai d'un glossaire Occitanien, pour servir à l'intelligence des poésies des troubadours (par de Rochegude). *Toulouse,* 1819. in-8, br.

365. Dictionnaire Walon-Français, par Cambresier. *Liége, Bassompiére,* 1787, in-8, br.

366. Dictionnaire Galibi-Francois, précédé d'un Essai de grammaire, par M. D. L. S. *Paris, Baucke,* 1763, in-8, dos et coins de v. f. non rog.

367. Jobi Ludolfi Lexicon Æthiopico-Latinum. Edit. sec. *Francofurti ad Mœnum, Joh. Zunnerus,* 1699. — Grammatica linguæ Amharicæ, ab eodem, 1698, in-fol., d. rel.

368. Matinées Sénonnoises, ou Proverbes français, suivis de leur origine (par Huet). *Paris, Nte. de La Rochelle,* 1789, in-8, dos et coins de v. f. non rog.

369. Fab. Quinctiliani, de Institutione oratoria, ex emendatione Petri Burmanni. *Patavii,* 1736, 2 vol. in-8.

370. Ciceron. De Oratore. Liber de claris oratoribus. Omnes qui ad rem oratoriam pertinent. Cum notis editionis ad usum Delphini. *Oxinii, e typogr. Clarendoniano,* 1614-1618, 3 vol. gr. in-8, v. gr. fil. et comp. a fr.

371. Conciones et orationes ex historicis latinis excerptæ. *Amstelodami, ex officina Elziviriana*, 1662, pet. in-12, mar. r. fil. tr. dor.(5 p.)

La plus recherchée des quatre édit. de ce recueil donnée par les Elzevirs. Voy. l'*Essai* de M. Bérard, p. 103.

372. M. Tullii Ciceronis sex orationum partes ante nostram ætatem ineditæ, cum antiquo interprete, ad codices Ambrosianos recensuit Aug. Maius. *Mediolani, regiis typis*, 1717, in-4, pap. vél. dos et coins de mar. r. non rogn. portr.

373. Les Offices de Cicéron, trad. en franç. avec des notes par M. Du Bois, avec le latin a costé. *Paris, Coignard*, 1714, in-12, v. br. fil. (*Aux armes.*)

374. Themistii orationes XXXIII gr. cum versione latina Dyonisii Petavii et notis Joann. Harduini. *Parisiis, e typogr. regia*, 1684, in-fol. mar. r. gr. pap.

Edit. la plus estimée. Plusieurs feuilles de cet exempl. sont en petit pap.

375. Les Conciones et Harengues de Tite-Live, trad. en franç. par I. de Amelin. *Paris, Vascosan*, 1567, in-8, v. rou. fil. comp. tr. dor.

376. Panegyrici veteres, cum notis Jac. de la Beaune, ad usum Delphini. *Parisiis, Sim. Bernard*, 1676, in-4, v. br. fil.

377. Oraisons funèbres de Bossuet, Fléchier et autres orateurs. *Paris, Janet*, 1820, 2 vol. in-8, pap. vél. br.

378. Dissertation sur la question de savoir si les inscriptions doivent être rédigées en latin ou en franç., par le prés. Rolland. *Paris, Simon*, 1784, in-4, cart.

II. LITTÉRATURE PATOISE.

Idiomes divers de la France.

379. Nouvelles recherches sur les patois de la France, et en particulier sur ceux du département de l'Isère, par Champollion-Figeac. *Paris*, 1809, in-12, d. rel. v. br. non rog. (*Bauzonnet.*)

380. *Les mêmes*, pap. vél. br.

Tiré à très pet. nombre sur ce pap.

381. Observations sur la langue et la littérature Provençales, par de Schlegel. *Paris*, 1818, in-8, gr. pap. vél. mar. r. fil. dent. tr. dor.

382. Dictionnaire Rouchi-Français, par Hécart. 3e édit. *Valenciennes*, 1833, in-8, br.

383. Buhez Santez Nonn, mystère composé en langue Bretonne antérieurement au XIIe siècle, publ. par l'abbé Sionnet, avec une trad. de M. Legonidec. *Paris, Merlin*, 1837, in-8, br. fac-simile.

384. Virgile virai en Borguignon. (Par Pierre Dumay et l'abbé Petit.) *Ai Dijon, Antoine de Fay*, 1718-1720, 3 part. en 1 vol. in-12, mar. vert. fil. comp. non rogn. (*Thompson*.)

_{Édit. originale que M. Brunet (*Nouv.-Rech.*) signale comme une curiosité bibliographique. Voy. encore *Les Mélanges tirés d'une petite bibliothèque*, p. 148.}

385. Virgile virai an Borguignon, publ. par Amanton, avec un Discours prélim. de G. P. (*Peignot*). *Dijon*, 1831, gr. in-18, br.

Réimpression à 250 exempl.

386. Noei B:reuignon de Gui Barozai. (La Monnoye). 5e édit. *Ai Dioni, chez Abranlyron de Modène*, 1776, pet. in-8, br.

387. L'.......... de lai peste, poëme Bourguignon, par Aimé Piron, avec une introduction et des notes par M. B***. *Châtillon-sur-Seine*, 1832, in-8, br.

Tiré à 200 exempl.

388. Ballet en langage Forésien, de trois bergers et trois bergères se gaussant des amoureux qui nomment leurs maîtresses leur doux souvenir, leur belle pensée, leur Lis, leur Rose, leur Oeillet (par Marcellin Allard.) *S. l.* 1605, pet. in-8, v. f. fil. tr. dor. (*Bauzonnet*.)

Livret parfait de conservation et de reliure. Rare.

389. Breyou et ses disciples, poëme burlesque en vers patois, par Guillaume Roquilli. *Girors*, 1836, in-12, br.

390. L'Embarras de la fieiro de Beaucaire, en vers burlesques et vulgaris, par Michel de Nismes. 3e édit. *Nismes, veuve Jean Plasses*, s. d. pet. in-8, v. br. fil. tr. dor.

391. La famille ridicule, comédie Messine. *Berlin*, s. d. v. f. fil. tr. dor. (*Thouvenin*.)

Rare. Exempl. de M. de Saint-Mauris.

392. La Ire, IIe et IIIe partie de la Muse Normande, ou Recueil de plusieurs ouvrages très facétieux en Langue Purinique, ou gros Normand. *Rouen, Besongne*, s. d. pet. in-8, v. f. fil. tr. dor. (*Niedrée*.)

Recueil peu commun.

393. Recueil de pouésiés Prouvençalos de M. F. T. Gros de Marseille. Nouvello edicien. *Marseille, Sibié*, 1763, in-8, v. rac.

394. Scatabronda, coumedio noubelo et histouriquo coumpousado per N. V. B. D. *A Rotredam, chez Pierre Marteau, rue du Bouc, à la grande corne d'abondance*, 1687, in-8, d. rel. mar. r. fil. non rogn. (*Bauzonnet*.)

Pièce devenue fort rare. Edit. de 51 pag.

395. Lou Novy para. Coumediou Prouvençalou, en tres acte, per J. B. C. A. *Cracouriou, enco d'Ocrart Przéndorouski*, 1743, in-8, d. rel. v. br. (*Closs*.)

396. Lou sieché dé Cadaroussa, pouèma patois, (par Fabre). Ségounda edition. *Mountpélié, Ricard*, s. d. in-8, pap. vél. fort, dos et coins de mar. r. non rogn. (*Purgold*.)

III. POÉTIQUE.

POÈTES GRECS ET LATINS, ANCIENS ET MODERNES.

398. Les Vies des poètes Grecs en abrégé, par Le Fèvre. *Basle, Jean Scheweighauser*, 1766, pet. in-8, v. br. fil. tr. dor.

398 bis. Florilegium diversorum epigrammatum in septem libros distinctam, græce. *Veneliis, Aldi filii*, 1550, petit in-8, mar. olive, fil. tr. dor.

399. Odes d'Anacréon et de Sappho. Edition polyglotte, pu-

bl. par M. Monfalcon. *Lyon et Paris, Crozet*, 1835, gr.
in-8, pap. vél. d. rel.

Édit. tirée à pet. nombre.

400. Anacréon grec, avec les notes de Bouthillier de Rancé.
Paris, Jacq. Dugast (Rob. Estienne), 1639, pet. in-8,
v. gr.

Édit. dont l'insigne rareté ne saurait être contestée. Voyez à ce sujet une notice de Chardon de la Rochette, insérée dans ses *Mélanges*.

401. Anacréon en grec. *Lyon, Perrin*, 1835, grand in-8,
pap. vel. collé, d. rel. v. non rog.

Édit. séparée du texte grec, tirée à 20 exempl. numérotés et signés par l'éditeur, M. Monfalcon. N° 17.

402. Les poésies d'Anacréon et de Sapho, trad. par madame
Dacier. *Amst., V° Paul Marret*, 1776, in-8, d. rel., mar.
r. non rog. (*Koehler.*)

403. Odes d'Anacréon, trad. nouvelle en vers (par Anson).
Paris, Du Pont, 1795, in-12, mar. r. fil. comp. tr. dor.

404. Apollonii Rhodii Argonauticorum libri quatuor, edidit
Joh. Schaw. *Oxonii, e typ. Clarendoniano*, 1777, 2 vol.
in-4, mar. citr. fil. tr. dor. (*Derome.*)

Belle édit.

405. Callimachi hymni, epigrammata et fragmenta, cum notis
variorum, ex recensione latina et cum versione latina Aug.
Ernesti. *Lugd-Batav. Luchtmans*, 1761, 2 vol. gr. in-8, pap.
fin. dos et coins de mar. br. fil. non rog. (*Bauzonnet.*)

405 *bis.* Homeri Ilias et Odyssea, gr. *Glasguæ Rob. et Andr.
Foulis*, 1756-1758, 4 vol. pet. in-folio, mar. r. fil. tr.
dor. (*Derome.*)

Bel exempl. parfait de conservation et de reliure.

405 *ter.* Les Idylles de Théocrite, trad. en vers franç. (par de
Longepierre). *Paris, Auboin*, 1688, in-12, mar. r. fil. tr.
dor.

406 Catvllvs. Tibvllus. Propertivs (sic). *Venetiis, Aldus*, 1502,
pet. in-8, v. f. fil.

Édit. rare et recherchée (*Man. de Brunet*).

407. Traduction des fables de Faerne, par Perrault. *Paris, Coignard*, 1699, pet. in-8, mar. r. dent. tr. dor. (*Bozerian*.)

Exempl. de M. de Pixerécourt.

409. Q. Horatii Flacci opera. *Parisiis, e typogr. Reg.* 1733, in-16, pap. fin, mar. r. fil. à fr. tr. dor. (*Duseuille*.)

Édit. remarquable par la finesse et la netteté des caractères.

410. Les Œuvres de Q. Horace Flacce, Venusin, prince des lyriques, mises en vers francois, (sur la traduction de F. Habert), par Luc de la Porte, Parisien. *Paris, Cl. Micard*, 1584, pet. in-8, v. ec.

411. Juvenalis et Persii Flacci satyræ. *Amst., Dan Elzevir*, 1671, pet. in-12, non rogn. mar. r. fil. dent. à fr. (*Thourenin*.)

412. Junii Juvenalis et Persii Flacci satiræ, cum notis Lud Pratei, in usum Delphini. *Parisiis, F. Léonard*, 1684, in-4, gr. pap. mar. r. dent. comp. tr. dor.

413. La Pharsale de Lucain, en vers francois, par de Brébeuf. *Leyde, Jean Elsevier*, 1658, pet. in-12, vél.

Vol. recherché à cause de sa belle exécution : les Elzévirs ne l'ayant imprimé qu'une fois, il est devenu rare. (*Essai de Bérard*, p. 100).

414. La Pharsale de Lucain, trad. en vers franç. par Brébeuf, publ. par Billecocq. *Paris, Crapelet*, 1796, 2 vol. gr. in-8, pap. de Holl. v. m. fil. dent. tr. dor.

415. M. Val. Martialis Epigrammata, cum adnotationibus Theod. Marcilii. *Lutetiæ, Ægidius Beysius*. — Aul. Persius Flaccus, avec une trad. en vers francois par Guil. Durand. *Paris, Denys du Pré*, 1586, 2 part. en 1 vol. in-8, vél.

416. Epigrammes de Martial, latines et françaises (par Volland). *A Paphos, de l'impr. du Dieu des amours* (Paris, Volland, 1806), 3 vol. in-8, dos et coins de mar. r. non rogn. (*Purgold*.)

417. Ovidii Metamorphoseon, libri quindecim. *Venetiis, Aldus*, 1502, pet. in-8, v. f. fil.

418. Ovide. De arte Amandi, translaté de Latin en Francoys, imprimé nouvellement. *Genève*, s. d. gr. in-16, goth. mar. r. fil. comp. tr. dor. (*Koehler*.)

419. Les XXI Epistres Douide, translatees de latin en francoys, par Reverend père en Dieu Monseigneur Levesque Dangoulesme. (Octavien de Saint-Gelais.) *Paris, Galliot Du Pré*, 1528. — Les contre-pistres d'Ovide, nouvellement inventées et composées par Michel d'Amboyse, dict l'esclave Fortuné. *Paris, Denys Janot*, 1541; 2 part. en 1 vol. gr. in-16, mar. br. fil. tr. dor. *(Duseuille.)*

Jolie édit. en lettres rondes.

420. Persius cum tribus commentariis Cornuti, Joa. Brixiani et Bart. Foncii. *S. l.* 1503. — Sidonii apollinaris poema Aureum eiusdemque epistole. *Mediolani, Uldericus Scizenzeler*, 1498. In-fol. peau de truie, ferm. (*Prem. édit. avec date.*)

421. Auli Persii Flacci Satirarum liber, recensuit Isaac Casaubonus. *Parisiis, Hierony. Drovart*, 1615, in-8, cart.

422. Phædri Fabulæ et Publii Syri sententiæ. *Parisiis, ex typogr. Regia*, 1729, in-24, pap. fin, mar. r. fil. à fr. tr. dor. *(Duseuille.)*

Jolie édit. en très petits caractères.

423. Phædri fabulæ. Annæi Senecæ ac Publii Syri sententiæ. *Aureliæ, Couret de Villeneuve*, 1773, in-24, encadr. mar. r. fil. tr. dor.

424. Elégies de Properce, trad. par Delongchamps. *Paris, Duprat*, 1802, 2 vol. in-8, d. rel. v. f. fig. de Marillier. *(Bauzonnet.)*

425. Caii Silii Italici Punicorum libri septemdecim, curante Drakemborch. *Trajecti ad Rhenum, Van de Water*, 1717, in-4, gr. pap. mar. r. fil. tr. dor.

Édit. la meilleure pour les notes; très rare sur gr. pap., vendue 147 fr. *Caillard.*

426. Valerii Flacci Argonavticon libri octo, à Phil. Engentino emendati. *Parisiis, Simon de Colines*, 1532, pet. in-8, mar. citr. fil. tr. dor.

427. P. Virgilii Maronis Opera (ex recensione Dan. Heinsii). *Lugd.-Batav., ex officina Elzeviriana*, 1636, pet. in-12, mar. bleu, fil. pet. fers, tr. dor. *(Niedrée.)*

L'un des vol. les plus rares et les mieux imprimés des Elzevirs. (Voy. l'*Essai* de Bérard, p. 70). Édit. originale avec le passage à l'encre rouge et la carte.

BELLES-LETTRES.

428. Virgilii Maronis Bucolica, Georgica et Æneis. *Birminghamiæ, Baskerville*, 1757, in-4, mar. r. tr. dor.
<small>Edit. regardée comme le chef-d'œuvre de Baskerville.</small>

429. Les Œuvres de Virgile, trad. en prose par l'abbé de Marolles. *Paris, Toussainct Quinet*, 1649, in-fol. mar. r. fil. tr. dor. fig. de Cleyn. (*Derome.*)
<small>Superbe exempl. Belles épreuves.</small>

430. Œuvres de Virgile, trad. en vers français, avec le texte en regard, par l'abbé Des Fontaines. *Paris, Quillau*, 1743, 4 vol. in-8, mar. r. fil. tr. dor. fig. de Cochin. (*Derome.*)

431. Didon, poëme en vers métriques, trad. de Virgile, avec le texte latin. *s. l.* 1778, in-4. v. f. fil. tr. dor.
<small>Cet essai bizarre de traduction métrique, dans une langue qui n'a point de mélopée et presque point de prosodie, est renouvelé de Baïf par le célèbre M. Turgot, savant économiste, grand ministre et médiocre écrivain. La plupart des vingt catalogues où cet opuscule est annoncé le disent imprimé à douze exemplaires seulement. Si cela est vrai, je les ai vus tous, au moins deux fois. Ch. Nodier.</small>

432. Joannis Aurelii Augurelli Jambicus. *Venetiis, Aldus*, 1505, pet. in-8, mar. olive, fil. comp. tr. dor. (*Thouvenin.*)

433. Joannis Vultei Remensis, Epigrammatum libri IIII. *Lugduni, Mich. Parmentier*, 1537, petit in-8, v. br.

435. Hug. Grotii, poemata omnia. Edit. quarta. *Lugd.-Batav., Jérome de Vogel.* (*Elzev.*), 1645, pet. in-12, mar. r. fil. tr. dor. (*Derome.*)

436. Epigrammatum Joan. Oweni. *Amst. Lud. Elzevir*, 1647, pet. in-12, v. viol. fil. comp. à fr.

437. Georg. Buchani Scoti Poemata. *Amstel. Dan. Elzevir*, 1676, pet. in-12, mar. r. fil. non rog. (*Thouvenin.*)

438. Ægidii Menagii Poemata. Septima editio. *Parisiis, Pierre le-Petit*, 1680, in-12, v. br.—L'Anti-Lucrèce, poëme, par le prince de Polignac, trad. par de Bougainville. *Paris, Coignard*, 1749, 2 tom. en 1 vol. in-8, gr. pap. v. m. portr.

439. Castra compendiensia, sive Burgundiæ ducis institutio bellica. Carmen, auct. G. de Segaud. *Paris, Ant. Lambin*, 1698, petit in-8, mar. r. fil. dent. tr. dor. doubl. de mar. rou. (*Aux armes de Bourgogne.*)

440. Frid Ottonis Menkenii Carmina. *Lipsiæ, in officina Gleditschiana*, 1737, in-8, mar. citr. dent. tr. dor. — Petri

Dorvilli Poemata. *Amst. Adr. Wor*, 1740, gr. in-8, vél.

441. Titi Vespasiani Strozzæ poetæ illustris, Eroticon liber. Pet. in-4, vél. dent. et comp. riches, tr. dor.
<small>Mss. sur vélin de 73 feuil. d'une jolie écriture, avec une miniature et un frontispice orné.</small>

442. Flavii Junii Andriensis Centum Veneres sive lepores, edidit Mich. Richez. *Hamburgi, veuve Schiller*, 1714, pet. in-8, d. rel. v. f.

443. Erotopægnion, sive Priapeia veterum et recentiorum (edente Noel). *Lutetiæ, Patris*, 1798, petit in-8, d. rel. pap. fin, fig.

444. Antonius Arena Provençalis, de bragardissima villa de Soleriis. Ad suos compagnones studiantes, qui sunt de persona friantes, bassas dansas et brarlos practicantes... *Stampatus in Stampatura Stampatorum*, 1670, pet. in-12, mout. fil. (*Quelques feuil. mouillés.*)
<small>Edit. recherchée.</small>

POÈTES FRANÇAIS.

Collections et Extraits.

445. Hist. de la poésie francoise, par l'abbé de Massieu. *Paris, Prault*, 1739, in-12, v. f.
<small>Exempl. de Guyon de Sardière avec sa signature.</small>

446. Essais hist. sur les Bardes, les jongleurs et les trouvères Normands et Anglo-Normands, par l'abbé de la Rue. *Caen*, 1834, 3 vol. gr. in-8, pap. de holl. br.

447. Le Parnasse Occitanien, ou Choix de poésies originales des troubadours.—Essai d'un Glossaire Occitanien (par de Rochegude). *Toulouse*, 1819, 2 vol. in-8, br. pap. vél.

447 bis. Le même, pap. ord. br.

448. Fabliaux et contes des poëtes français des XI° XII° XIII° XIV° et XV° siècles, publ. par Barbazan. Nouv. édit., publ. par Méon. *Paris, Warée*, 1808.—Nouveau Recueil. *Paris, Chasseriau*, 1823; 6 vol. gr. in-8, pap. de Holl. dos et coins de mar. r. non rog. tête dor. *Triples fig.* (*Bauzonnet.*)
<small>Tiré à 10 exempl. sur ce pap.</small>

449. Nouveau Recueil de fabliaux et contes inédits des poëtes français des XII°, XIII°, XIV° et XV° siècles, publ. par Méon.

Paris, Chasseriau, 1823, 2 vol. in-8, gr. pap. vél. fort, dos et coins de mar. r. non rog. Triples fig. (Purgold.)

450. Le même, pap. ord. br.

451. Fabliaux ou Contes, Fables et Romans du XII° et XIII° siècles, trad. ou extraits par Legrand d'Aussy. 3° édit. Paris, Renouard, 1829, 5 vol. in-8, pap. vél. v. f. fil. tr. dor. fig. av. la lettre de Moreau. (Bauzonnet.)

452. Les mêmes, br.

453. Extraits de quelques poésies du XII°, XIII° et XIV° siècles (publ. par de Sinner). Lausanne, Fr. Grasset, 1759, pet. in-8, d. rel. v. br. non rog. (Bauzonnet.)

454. Les mêmes, br.

455. Extraits de plusieurs petits poëmes, écrits à la fin du XIV° siècle, par un prieur du Mont-Saint-Michel. Caen, Mancel, 1837, in-8, gr. pap. vél. cart. non rog.

Publié à 150 exempl.

456. La Dance aux aveugles (par Michault) et autres poésies du XV° siècle extraites de la Bibl. des Ducs de Bourgogne (publ. par Lambert Doux fils). Lille, Panckoucke, 1748, pet. in-8, dem. rel. dos et coins de mar. r. fil. pet. fers, non rog. tête dor. (Bauzonnet.)

457. La même. Amst. 1749, pet. in-8, v. m.

458. Collection de Poésies, Romans, Chroniques, publiée d'après d'anciens mss., et d'après des édit. des XV° et XVI° siècles. Paris, Silvestre, 1838-1840, 10 pièces gr. in-16, br. fig. sur bois.

Réimpressions fac-simile en caract. goth., contenant :
1° Les sept Marchands de Naples.
2° Maistre aliborum qui de tout se mesle.
3° Sensuyvent plusieurs belles chansons.
4° Sensuyt le Romant de Richart filz de Robert le diable.
5° Moralité tres excellente à l'honneur de la glorieuse assumption nostre Dame.
6° Les Proverbes communs.
7° Nativité de nostre seigneur Jhesuchrist.
8° Miracle de nostre dame de Berthe femme du roy Pepin.
9° Mirouer des femmes vertueuses.
10° Bigorgne qui mange tous les hommes qui font le commandement de leurs femmes.

459. Les Muses ralliées, par Despinelle. *Lyon, Thibaud Ancelin*, 1 vol. en 2 tomes in-16, mar. fil. tr. dor.
460. Recueil de pièces. 1 vol. in-16, mar. r. fil. tr. dor. (*Derome.*)

Le Sénèque mourant, poëme héroïque. *Paris, Est. Loyson*, 1632. — Poëme à la sérénissime Reyne de Suède, par Gilbert. *Paris, Guill. de Luyne*, 1655. — L'Escole de l'intérêt et l'Université d'amour, trad. de l'espagnol, par C. Le Petit. *Paris, Nic. Pepingue*, 1662. — Le Pays d'Amour, nouvelle allégorique (par Louis Moréry). *Lyon, Barth. Rivière*, 1665. — L'Amour amant. *Paris, Olivier de Varennes*, 1664. — Juvenal burlesque, par Collelet le fils. *Paris, Pierre David*, 1656.

Poëtes des XIIe*, XIII*[e]*, XIV*[e] *et XV*[e] *siècles.*

461. Le Roman du Rou et des ducs de Normandie, par Robert Wace, poète Normand du XIIe siècle, publ. par Fr. Pluquet. *Rouen, Frère*, 1827, 2 vol. in-8, br. — Observations philosoph. et grammaticales sur le Roman du Rou, par Raynouard. *Id.* 1829, in-8, br.

462. Le Roman de Brut, par Wace, poète du XIIe siècle, publ. avec un Comm. et des notes, par Leroux de Lincy. *Rouen, Frère*, 1836, 2 vol. in-8, br.; plus un *Appendice* contenant la *Description des mss.*, avec fac-simile.

463. L'Histoire du Chatelain de Coucy et de la Dame de Fayel, publ. par Crapelet. *Paris, Crapelet*, 1829, in-8, gr. pap. jés. vél. cart. non rog. fac-simile.

464. Partonopeus de Blois, publ. par Crapelet. *Paris, Crapelet*, 1834, 2 vol. in-8, gr. pap. jés. vél. cart. non rogn. fac-simile.

465. Li Roman de Berte aus grans piés, avec une Dissertation sur les romans des douze Pairs, par Paulin Paris. *Paris, Techener*, 1836, pet. in-8, pap. de Holl, cart. non rog.
Tiré à 200 exempl.

466. Li Roman de Garin le Loherain, publ. par P. Paris. *Paris, Techener*, 1835, 2 vol. gr. in-12, pap. de Holl. cart. non rogn.

467. Le Rommant de la Rose (par Guil. de Lorris et Jean de

Meung, revu et corrigé par Clém. Marot). *Paris, Galliot du pré*, 1529, pet. in-8, mar. br. tr. dor. (*Mouillé, le 1ᵉʳ feuil. raccommodé.*)

<small>Édit. en lettres rondes fort rare. Voy. la note du *Cat. d'un amateur*, t. III, p. 4.</small>

468. Le Roman de la Rose, par Guil. de Lorris et Jehan de Meung, nouv. édit. publ. par Méon. *Paris, Didot l'aîné*, 1813, 4 vol. gr. in-8, pap. de Holl. dos et coins de m. r. non rog. tête dor. *Triples fig.* (*Très rare de ce papier.*) (*Bauzonnet.*)

<small>On a ajouté en tête du 1ᵉʳ vol. l'*Extrait du Journal des savants*, de M. Raynouard, concernant cet ouvrage, qui a été tiré à très pet. nombre.</small>

468 bis. *Le même. Paris, Didot*, 1814, 4 vol. in-8, pap. vél. dos et coins de v. f. non rogn. tête dor. (*Bauzonnet.*)

469. Le Roman du Renart, publ. d'après les mss. de la Bibl. roy. par M. Méon. *Paris, Treuttel et Wurtz*, 1826, 4 vol. in-8, gr. pap. de Holl. dos et coins de mar. r. non rog. eaux fortes et fig. av. la lettre. (*Purgold.*)

469 bis. *Le même*, pap. ord. br.

470. Le Castoiement ou l'Instruction d'un père à son fils, ouvrage moral en vers, composé dans le XIIIᵉ siècle..., publ. par Barbazan. *Lauzanne et Paris, Chaubert*, 1760, pet. in-8, v. gr. dent.

471. Poésies de Marie de France, poète Anglo-Normand du XIIIᵉ siècle, publ. par de Roquefort. *Paris, Chasseriau*, 1820, 2 vol. gr. in-8, pap. vél. dos et coins de mar. r. fil. non rogn. tête dor. portr. (*Bauzonnet.*)

472. *Le même*, pap. vél. br.

473. Roman de la Violette, en vers, du XIIIᵉ siècle, par Gibert de Montreuil, publ. par Fr. Michel. *Paris, Silvestre*, 1834, gr. in-8, pap. vél. cuir de Russie, fil. tr. dor. fac-simile illustré en or et couleur. (*Bauzonnet.*)

<small>Tiré à 200 exempl.</small>

473 bis. *Le même*, pap. vél. br.

474. Vers sur la mort, par Thibaud de Marly (Helynand), sec. édit. publ. par Meon. *Paris, Crapelet*, 1835, in-8, gr. pap. vél. cart. non rogn.

475. Roman du Meunier d'Arleux, en vers, du xiii⁰ siècle, par Enguerrand d'Oisy, publ. par Fr. Michel. *Paris, Silvestre*, 1833, in-8, pap. vél. br.

Tiré à 100 exempl.

476. De l'Oustillement au villain, xiii⁰ siècle. *Paris, Silvestre*, 1833, in-8, pap. vél. br.

Publication à 100 exempl. faite par M. Monmerqué.

477. Des XXIII manières des villains, xiii⁰ siècle. *Paris, Silvestre*, 1833, in-8, pap. vél.

Public. de M. Fr. Michel à 100 exempl.

478. Lai d'Havelok le Danois, xiii⁰ siècle, publ. par Fr. Michel. *Paris, Silvestre*, 1833, gr. in-8, pap. vél. br.

Tiré à 100 exempl. numérotés.

479. Le Dict de droit, pièce en vers, du xiii⁰ siècle, publ. d'après un mss. de la Bibl. de Chartres. *Chartres*, 1834, in-8, pap. de Holl. br.

Publication à 48 exempl. faite par les soins de M. Duplessis. L'un des 8 sur pap. de Holl.

480. *Le même*, pap. ord. br.

481. Les Tournois de Chauvency, donnés vers la fin du xiii⁰ siècle, décrits par Jacques Brétex. 1285. Annotés par Phil. Delmotte. *Valenciennes, Prignet*, 1835, in-8, gr. pap. vél. fort, dos et coins de v. f. non rogn. fig. (*Bauzonnet.*)

Impression en caract. goth. faite d'après un mss. de la Bibl. de Mons.

482. Le Roman de Robert le Diable, en vers, du xiii⁰ siècle, publ. par Trebutien. *Paris, Silvestre*, 1837, in-4, br.

Réimpr. goth. à 130 exempl. numérotés.

483. Poésies morales et historiques d'Eustache Deschamps, poète du xiv⁰ siècle, publ. par Crapelet. *Paris, Crapelet*, 1832, in-8, gr. pap. jésus vél. cart. non rogn.

484. Le romant des trois pelerinaiges... fait et compose par frere guillaume de deguileville en son vivant moyne de chaaliz de lordre de cisteaux. *Paris, maistre Barthole et*

Jehan petit, s. d. in-4, goth. à 2 colon. avec titre encadré, mar. viol. fil. à fr. tr. dor. (Bauzonnet.)

485. Le Blason des couleurs en armes et livrees et devises (par Sicille, herault d'armes du roi d'Aragon.) *Lyon, Olivier Arnoullet*, s. d. goth. in-16, v. f. fil. tr. dor. (Bauzonnet.)

486. Le Combat de trente Bretons contre trente Anglois, publié d'après le mss. de la Bibl. roy., par Crapelet. *Paris, Crapelet*, 1837, gr. in-8, br. fig., fac-simile et blasons.

487. Le Pas d'armes de la bergère, maintenu au Tournoi de Tarascon, publ. par Crapelet. Sec. édit. *Paris, Crapelet*, 1835, in-8, gr. pap. jésus vél. cart. non rog. fac-simile.

488. Les fais maistre alain chartier notaire et secretaire du Roy Charles VI*. *Paris, pierre le caron*, 1489, in-4, goth. à 2 col., mar. bleu, fil. tr. dor. fig. sur bois. (Beauzonnet.)

Edit. rare. (Man. de Brunet.)

489. La Belle Dame sans mercy, et autres Œuvres d'Alain Chartier. In-fol. mar. pistache, fil. à fr.(*Closs.*)

Mss. du 15e siècle sur pap. fort, de 305 feuil. très bien conservé.

490. Poésies françaises de J. G. Alione d'Asti, composées de 1494 à 1520, publ. avec une Notice biogr. et bibliogr. par Brunet. *Paris, Silvestre*, 1836, pet. in-8, br.

Réimpression goth. fac-simile à 108 exempl.

491. Le Dialogue du fol et du sage. *Paris, Silvestre*, 1833, pet. in-8, br.

Réimpression fac-simile en caract. goth. à 42 exempl. numérotés.

492. Le Vergier donneur nouvellement imprime à Paris. De lentreprinse et voyage de Naples.... Ensemble plusieurs austres choses faictes et composees par reverend pere en dieu monsieur Octovien de sainct Gelais evesque dangoulesme et par maistre andry de la vigne, secraitere de la Royne. *Paris, Jehan trepperel*, s. d. in-4 goth. mar. citr. fil. tr. dor. fig. sur bois. (Bauzonnet.)

Exempl. parfait de conservation d'une édit. rare que Panzer fait remonter à l'année 1495.

493. Les menus propos (par Gringore). *Paris, Jehan treperel*, s. d. pet. in-4, goth. mar. r. fil. comp. pet. fers, tr. dor.

Exempl. parfait de conservation et de reliure. On en trouverait difficilement un plus beau. Édit. antérieure à l'an 1500.

494. Le grant testament. Maistre Francoys Villon et le petit codicille. Avec le jargon et les Ballades. *Paris, veufve de feu Guil. Nycerd et Jacq. Nycerd*, s. d. (vers 1520) — Le recueil des repues franches de francoys villon et de ses compaignons. s. l. n. d. 2 pièces goth. en 1 vol. in-16, mar. rou. fil. pet. fers, tr. dor. fig. sur bois. *(Bauzonnet.)*

Bel Exempl. Reliure exquise dans le genre de Derome.

495. Poésies de Charles d'Orléans, père de Louis XII (publiées par P. V. Chalvet). *Paris, Warée*, 1809, in-12, v. m. dent.

496. Cy commance l'acte de confort en francois. In-4, rel. anc. sur bois.

Mss. goth. en vers français du 15e siècle.

497. Histoire de Palamon et Archita, par Madame Anne de Graville. In-4, mar. vert, fil. à nerfs, riche dentelle, tr. dor. *(Superbe reliure de Bauzonnet.)*

Beau mss. goth. en vers sur vélin, avec une miniature et grandes lettres ornées en or et couleur. 96 feuil.

Poëtes du XVIe siècle.

498. Le debat des deux bons seruiteurs. S. l. n. d. pet. in-4, goth. de 12 f. mar. noir, fil. à fr. tr. dor. *(Niedrée.)*

Bel exempl. très gr. de marge d'un livret inconnu aux bibliographes.

499. La contenance de la table. Pet. in-4, goth. s. l. n. d. (vers 1500) mar. vert, fil. tr. dor. *(Bauzonnet.)*

Même remarque que pour le vol. qui précède.

499 *bis*. La lotienge et beaulté des dames. Pet. in-4, goth. s. l. n. d. (vers 1500), mar. bleu, fil. tr. dor. fig. sur bois *(Bel ex. rel. par Bauzonnet.)*

Dix feuillets signés A-5. avec une fig. en bois au recto du frontispice, qui est répétée au verso.

Il ne faut pas confondre cette pièce très rare avec une autre *Louange des Dames*, 1551, in-8, qui ne l'est guères moins, et dont l'auteur s'est caché sous le nom de Misogyne (ennemi des femmes). Le titre de cette dernière est, comme ce nom l'indique, une contre-vérité ironique. Le poème dont il est question ici mérite d'être distingué dans la foule des productions de cette époque féconde, par le charme de la pensée. Il en coûterait peu pour en faire aujourd'hui même une composition délicieuse. La partie de ce livret qui est intitulée *La beauté des femmes* n'est point en vers ; c'est une simple traduction de cette petite pièce de vieille poésie latine, si connue et si souvent citée, où les diverses beautés de la femme sont énumérées et rangées successivement sous le nombre *trois*. L'auteur latin a usé largement du privilège de braver *l'honnêteté dans les mots*, et l'auteur français n'a pas voulu lui laisser cet avantage. Il a même un peu enchéri. M. Brunet connaît et décrit deux éditions du poème de a *Louenge des Dames*, commençant par ce vers :

Dames sont le jardin fertile,

qui n'est dans notre édition que le premier de la seconde octave. Nous ne trouvons cette édition précieuse mentionnée dans aucun catalogue. Ch. Nodier.

500. **Le giroufilier aux dames ensemble le dict. des sibiles. Epistre de seneque a lucille consolatoire de liberal leur amy qui estoit triste pour ce que la cite de lyon dont il estoit, estoit arse et brulee**...... Pet. in-4, goth. *s. l. n. d.* mar. bleu, fil. tr. dor. fig. sur bois. (*Bauzonnet.*)

Édit. sortie des presses lyonnaises vers le comm. du XVIe siècle. C'est la seule où se trouve l'Épitre de Sénèque qui est en prose ; les deux autres parties sont en vers.

501. **Cy sensuit le Bancquet du boys nouvellement imprime.** In-8, goth. br.

Réimpression à 25 exempl. publiée à Chartres en 1838, par les soins de M. G. D. (Duplessis).

502. **Le chasteau de labour auec aucunes balades et addicions nouvellement composees** (par Pierre Gringore). *Paris, Simon Vostre*, 1500 (1499), in-8, goth. mar. bleu, fil. à fr. tr. dor. fig. sur bois color. (*Bauzonnet.*)

503. **La chasse du cerf des cerfz compose par pierre Gringore.** In-16, br. fig. sur bois, pap. holl.

Réimpression fac-simile en caract. goth. à 42 exempl., sortie des presses de Pinard en 1839.

504. **Les folles entreprises** (par Pierre Gringore).

Au pellican rue sainct jacques ce livre
Intitule les folles entreprises
Ou les faultes de plusieurs sont comprises
A tous venans on les vent et delivre.

Paris, 1506, gr. in-16, goth. mar. r. fil. tr. dor. fig. sur bois. (*Thouvenin.*)

Joli exempl. à belles marges.

505. **Sensuyvent les menus propos mere sote nouvellement composee par Pierre Gringore.** *Paris, Philippe le Noir,*

1528, pet. in-8, mar. r. fil. comp. pet. fers, tr. dor. fig.
Riche et élégante reliure de Niédrée.

506. Vigilles de mors en francoys (attribué à P. Gringore). *Paris, Jehan treperel*, s. d. pet. in-4, goth. mar. viol. fil. à fr. tr. dor. (*Koehler.*)

507. Sensuyuent les troys cens cinquante Rondeaulx moult singuliers a tous propos nouuellement imprimes (attribués à P. Gringore). *Lyon, cheulx Oliuier Arnoullet, 1533*, in-16, goth. mar. bleu, large dent. tr. dor. (*Bauzonnet.*)

508. Les loups rauissans (par Robert Gobin). *Paris, Anth. Verard*, s. d. (vers 1505), pet. in-4, goth. mar. bleu, fil. coins dentel. tr. dor. fig. sur bois. (*Bauzonnet.*)
Superbe exempl. en tous points, d'un livre très singulier et rare.

509. Les regnards traversant les perilleuses voyes des folles fiances du monde. Composees par Sebastien brand (Jehan Bouchet) lequel composa la nef des folz derrenierement imprimee a Paris. Et autres plusieurs choses composees par autres facteurs. *Paris, Anth. Verard*, in-fol. goth. à 2 col. mar. r. fil. tr. dor. fig. sur bois. (*Derome.*)
Belle édit. et bel exempl.; mais le premier feuil. a été refait à la main.

510. Opuscules du trauerseur des voyes perilleuses (Jean Bouchet). *Paris, refue de Jehan ianot*, s. d. pet. in-4, goth. mar. vert, fil. tr. dor. (*Bauzonnet.*)
Exempl. parfait de conservation.

511. Les lunettes des princes avec aulcunes balades et additions nouuellement composees par Jehan Meschinot escuier en son viuant grant maistre dhostel de la royne de france. *Paris, Michel le Noir, 1505*, pet. in-4, goth. mar. r. fil. comp. pet. fers, tr. dor. fig. sur bois et gr. lett. ornées. (*Bauzonnet.*)
Bel exempl., exquisement relié.

512. Le liure de la deablerie. *Paris, Michel le Noir, 1508*, in-4, goth. à 2 col. mar. r. fil. à fr. tr. dor. front. orné. (*Bauzonnet.*)
Superbe exempl., parfait de conservation, d'un livre rare, inconnu à M. Brunet.

513. Les dictz des bestes et aussi des oyseaulx. (*Paris, 1530*), in-16, goth. app. de Chine, fig. sur bois. br.
Fac-simile lithogr. à 40 exempl.

514. Les faictz et dictz de feu de bone memoire maistre Jehan Molinet contenans plusieurs beaulx traictez, oraisons et champs royaulx. *Paris, Jehan petit*, 1537, pet. in-8. goth. mar. r. fil. à fr. tr. dor. (*Niedrée.*)

Exempl. gr. de marges, mais elles sont surchargées de notes mss.

514 bis. Les mêmes. *Paris, en la rue saint Jacques*, 1540, pet. in-8, mar. r. fil. à fr. tr. dor. (*Niedrée.*)

515. Les œuvres de Clément Marot. *Paris, Jehan Bignon*, 1542, 6 part. en 1 vol. in-16, mar. chocol. pet. fers, fil. tr. dor. (*Niedrée.*)

Édit. rare.

516. Les mêmes. *Paris, Pierre Gaultier*, 1548, in-16, mar br. doubl. de mar. cerise, fil. tr. dor. (*Derome.*)

517. Les mêmes. *Lyon, Jean de Tournes*, 1549, 2 part. en 1 vol. pet. in-12, mar. r. fil. tr. dorée. (*Bauzonnet.*)

Bel exempl.; charmant de reliure.

518. Les mêmes. *Paris, reufce Fr. Reynault*, 1551, in-16, mar. bleu, fil. doubl. de mar. cerise, tr. dor. (*Derome.*)

519. Les mêmes. *Lyon, Guil. Rouille*, 1553, 2 part. en 1 vol. in-16, mar. r. doubl. de mar. fil. tr. dor. (*Dusseuille.*)

520. Les mêmes. *La Haie, Adr. Moetjens (A la Sphère)*, 1700, 2 vol. pet. in-12, d. rel. dos et coins de mar. viol. fil. non rog.

Jolie édit. la plus recherchée, et du bon tirage. Voy. la note du *Catal. d'un amateur de livres*, t. III, p. 10.

521. La suite de l'adolescence Clémentine, par Clément Marot. *Lyon, Guill. Boulle*, 1534, pet. in-16, goth. mar. r. fil. tr. dor.

522. Plusieurs traictez par aucuns nouveaulx poetes, du different de Marot, Sagon et la Hueterie. Avec le Dieu Gard du dict Marot, *Paris*, 1539, pet. in-16, mar. vert, fil. coins dentel. tr. dor. (*Bauzonnet.*)

Vol. peucommun.

523. Traductions de latin en Francoys, imitations et inventions nouvelles, tant de Clément Marot, que d'autres des plus excellents poëtes de ce temps. *Paris, Est. Groulleau*, 1550, pet. in-8, fil. et comp. à fr. riche dent. pet. fers, tr. dor. (*Bauzonnet.*)

524. La Poesie Francoise de Charles de saincte Marthe......
Plus un Liure de ses Amys. *Lyon le Prince,* 1540, pet.
in-8, mar. r. fil. tr. dor. (*Bauzonnet.*)

525. Les Premieres Poësies de Iaques Tabureau. *Paris, par les de Marnefz et Bouchetz freres,* 1554, pet. in-8, v. f. fil. tr. dor. (*Niédrée.*)

526. Sonnetz, odes, et mignardises amoureuses de l'Admirée, par le mesme Autheur (J. Tabureau). *Poitiers, chez les de Marnefz et Bouchetz freres,* 1554, pet. in-8, mar. r. fil. comp. pet. fers, tr. dor. (*Niédrée.*)
Rare.

527. Les Poésies de Jacques Tabureau, du Mans. *Paris, Abel L'Angelier,* 1574, pet. in-8, v. br. dent. à fr. tr. dor.
Bonne édition.

528. Œuvres poétiques de Mellin de S. Gelais. *Lyon, Ant. de Harsy,* 1574, petit in-8, v. m.
Édit. originale.

529. *Les mêmes. Paris,* 1719, pet. in-12, v. m. fil. tr. dor.

530. La norvelle Pallas, par Fr. Habert natif d'Issouldun en Berry. Item, la naissance de Monseigneur le Duc de Bretaigne. *Lyon, Jean de Tournes,* 1545.—La norvelle Jvno, avec l'Estrene donnee à ma Dame la Daulphine le premier iour de l'an, par le même. *Lyon, le même,* 1547, 2 part. en 1 vol. pet. in-8, v. f. fil. tr. dor. (*Niédrée.*)

531. Poésies de Pernette du Guillet Lyonnaise. *Lyon, Perrin,* 1830, in-8, pap. vél. cart. nou roga.
Réimpression à 100 exempl. de l'édit. originale de Lyon, 1545, faite par les soins de MM. Breghot du Lut et Pericaud.

532. Euvres de Lovize Labé Lionnoize. *Lion, Durand et Perrin,* 1824, in-8, pap. vél. d. rel. mar. r.
Édit. exécutée aux frais d'amateurs lyonnais, par les soins de MM. Breghot du Lut et Cochard, et tirée à pet. nombre.

533. *Les mêmes,* pap. vél. br.

534. *Les mêmes. Brest,* 1815, in-8, pap. vél. v. br. fil. dent. à fr. tr. dor.
Réimpression à 140 exempl.

535. Les Œuvres poétiques de Jacques Peletier du Mans. *Paris, Mich. de Vascosan*, 1547, pet. in-8, vél.

536. Les Œvvres de Francoises Joachim dv Bellay. *Paris, Abel, l'Angelier*, 1584, pet. in-12, mar. r. fil. comp. tr. dor. (*Bauzonnet.*)

Bel exempl.

537. Le Siecle d'or. Et autres vers diuers (par Berenger de la Tour d'Albenas). *Lyon, Jean de Tovrnes*, 1551, pet. in-8, mar. viol. fil. large dent. tr. dor. (*Bauzonnet.*)

Rare (*Cat. Pixérécourt*, n° 627).

538. Les Œuvres de Ma Dame Helisenne de Crenne. Ascavoir les angoisses douloureuses qui procèdent d'amours... *Paris, Est. Groulleau*, 1553, in-16, mar. bleu, large dent. pet. fers, tr. dor. (*Charmante reliure de Niedrée.*)

539. Les Amours d'Olivier de Magny Quercinois, et quelques Odes de luy. Ensemble un recueil d'aucunes œuvres de Monsieur Salel, abbé de Saint-Cheron. *Paris, Est. Groulleau*, 1553, pet. in-8, mar. vert, fil. pet fers, tr. dor. (*Bauzonnet.*)

540. La Poesie de Loys le Caron Parisien. *Paris, Gilles Robinot*, 1544, pet. in-8, mar. r. fil. tr. dor.

Ce recueil est un des rares volumes de la classe de poésie françoise, et il est fort difficile d'en trouver des exemplaires en bon état. L'auteur est le fameux jurisconsulte Loys Charondas, qui avoit commencé par être poète, comme Guy Coquille et Forcadel. La plupart de ses vers sont composés sous l'invocation d'une belle et divine dame qu'il appelle *la Claire*. C'est un nom qui ne convient guère à sa muse. Ch. Nodier.

541. Le moys de May de Guilelme Deshaultelz de Monteenis en Bourgoigne. *S. l. n. d.* in-16, goth. mar. vert. fil. pet. fers, tr. dor. (*Bauzonnet.*)

Édit. originale, parfaite de marges, de conservation et de reliure. Le plus ancien et un des plus rares des ouvrages de cet auteur dont le nom est écrit ici autrement que dans ses autres livres.

542. Le Bocage de P. de Ronsard Vandomoys. *Paris, veuve Maurice de la Porte*, 1554, pet. in-8, v. f. fil. tr. dor. portr. (*Bauzonnet.*)

Bel exempl. gr. de marges.

543. Response de P. De Ronsard gentilhomme Vandomois,

avx inivres et calomnies, de ie ne scay quels predicans et Ministres de Geneue. *Lyon*, 1563, in-8, mar. viol. fil. tr. dor. *(Bauzonnet.) Même vol.* : — Discovrs des miseres de ce temps. *Lyon*, 1563. — Le Proces, à tres illustre Prince Charles, cardinal de Lorraine. *S. l. par Jean Gerard*, 1565.

544. Delie, object de plus haulte vertu (par Maurice Scève). *Paris, Nic. du Chemin*, 1564, in-16, fig. v. br. *(Padeloup.)*

545. La complainte de France. *Imprimé nouvellement*, 1568, pet. in-8, br.

<small>Réimpression à 48 exempl. publ. à Chartres en 1834, par les soins de M. G. D. (*Duplessis.*)</small>

546. Les Amours de Jan Ant. de Baif. — Le Ravissement d'Europe, par le même. *Paris, v^e Maurice de la porte*, 1552, 2 part. en 1 vol. pet. in-8, v. gr.

547. Les Jeux de Jean Ant. de Baif. — Le Passe-Temps du même. *Paris, Lucas Breyer*, 1573, 2 part. en 1 vol. in-8, mar. r. fil. tr. dor. *(Bauzonnet.)*

<small>Bel exempl. reglé. Jolie imitation des anciennes reliures.</small>

548. Le Faict du Procès de Baif, contre Frontenay et Monguibert. *S. l.* 1609, pet. in-8, v. f. fil, tr. dor. *(Niedrée.)*

549. Les mimes, enseignemens et proverbes de J. A. de Baif. *Tolose, Jean Jagouri*, 1612, pet. in-12, mar. r. fil. tr. dor. *(Niedrée.)*

<small>La plus rare des édit. de cet ouvrage, avec un frontispice sur lequel se trouve le portrait de Baif.</small>

550. Les Poemes de Pierre de Brach Bovrdelois. *Bovrdeavx, Simon Millanges*, 1576, in-4, vél. portr.

<small>Il y a dans ce recueil des poésies en dialecte gascon, mais il n'y en a pas assez pour faire pardonner aux rédacteurs du *Catalogue Falconnet* et du *Catalogue de la Bibliothèque du Roi* d'avoir placé P. de Brach parmi les poëtes patois.</small>

551. Les OEvvres poetiqves de Clovis Hestav sievr de Nvysement. *Paris, Abel l'Angelier*, 1578, in-4, vél. tr. dor.

552. OEuvres et Meslanges poetiques d'Estienne Jodelle, sieur du Lymodin. *Paris, Robert le Fizelier*, 1583, pet. in-12, mar. bleu, fil. à fr. tr. dor. *(Bauzonnet.)*

553. La Puce de Madame Des Roches, qui est un Recueil de divers poëmes grecs, latins et francois. *Paris, Abel l'Angelier*, 1583, pet. in-4, v. br. fil.

554. Les loyalles et pudicques amours de Scalion de Virbluneau. *Paris, Jamet Mettayer*, 1599, pet. in-12, v. gr. fig.

<small>Poëte fort peu connu auquel M. Théophile Gautier a consacré un article des plus piquants dans la *France littéraire*.</small>

555. Les premières Œuvres de Ph. Des-Portes. *Paris, Mamert Patisson*, 1600, in-8, mar. r. fil. comp. tr. dor.
556. Recueil des Œuvres poétiques de Jean Passerat. — Kalendæ Januariæ et varia quædam Poematia. *Paris, Abel l'Angelier*, 1606, 2 part. en 1 vol. in-8, v. m.

<small>Recueils recherchés lorsqu'ils se trouvent réunis.</small>

557. Poésies de Malherbe, avec les Observations de Ménage. *Paris, Cl. Barbin*, 1689, in-12, v. br. tr. dor.
558. Poésies et Lettres de Malherbe, nouv. édit. dédiée à la ville de Caen. *Paris, Blaise*, 1822, 2 vol. gr. in-8, br. portr. et fac-sim.

Poëtes du XVIIe siècle.

559. La Semaine, ou Création du monde du Sr Christofle de Gamon, contre celle du Sr du Bartas. *Lyon, Cl. Morillon*, 1609, pet. in-12, v. f. dent. tr. dor.
559 *bis.* L'Amour victorieus de Cl. Garnier Parisien. *Paris, Gilles Robinot*, 1609, pet. in-12, mar. r. fil. à fr. tr. dor. (*Niedrée.*)
560. Les Œuvres poétiques de Bertaut, evesque de Sees. *Paris, Toussainct du Bray*, 1620, in-8, mout. rou. dent. tr. dor.
561. Les Œuvres de Jacq. Poille, sieur de Saint-Gratien. *Paris, Thom. Blaise*, 1623, in-8, mar. br. fil. comp.
562. Poésies diverses de madame de Sainctonge. *Dijon, Ant. de Fay*, 2 tom. en 1 vol. in-12, v. f. (*Aux armes de Brienne.*)
563. Recueil des vers de M. de Marbœuf. *Rouen, David du Petit Val*, 1628, pet. in-8, v. br. fil. dent. à fr. tr. dor.
564. Le Villebrequin de Me Adam, menuisier de Nevers. *Paris, Guil. de Luyne*, 1663, pet. in-12, mar. vert, fil. à fr. tr. dor. (*Bauzonnet.*)

565. *Le même*, d. rel. v. f
566. Les Chevilles de Me Adam, menuisier de Nevers. 2e édit. *Rouen, Jacq. Cailloué*, 1654, pet. in-8, vél.
567. Œuvres de Maitre Adam Billaut, menuisier de Nevers. *Paris, Hubert*, 1806, pet. in-8, pap. vél. d. rel. dos et coins de mar. r. fil. non rog. tr. dor. portr. (*Bauzonnet*.)
568. Les Œuvres de Théophile. *Paris, Nic. Pepingué*, 1662, pet. in-12, mar. bleu, fil. à fr. tr. dor. (*Niedrée*.)
569. Poésies diverses du sieur Furetière. Sec. edit. *Paris, Louys Billaine*, 1664, petit in-12, v. f. fil. tr. dor. (*Bauzonnet*.)
570. Œuvres de Mme et Mlle Deshoulières. *Paris, libr. associez*, 1764, 2 vol. pet. in-12, v. f. fil. portr.

Poëtes des XVIIIe et XIXe siècles.

571. Recueil de pièces en vers adressées au duc de Vendosme. *Paris, Pierre Ribou*, 1711, in-12, mar. r. tr. dor.
572. Poésies de Bonnecorse. *Leide, Theod. Haak*, 1720, pet. in-8, d. rel. v. f. non rog. (*Bauzonnet*.)
573. *Les mêmes*, br.
574. Poésies diverses de Société, par M. de L**. (de Launay.) *Londres*, 1767, pet. in-8, mar. r. fil. tr. dor. (*Aux armes*.)

Recueil rare.

575. Œuvres de Gresset. *Paris, Renouard*, 1811.—Le Parrain magnifique, poëme, par le même. *Paris, Renouard*, 1810; 3 vol. in-8, gr. pap. vél. eaux fortes et fig. avant la lettre, de Moreau le j^e, mar. viol. fil. dent. comp. tr. dor. (*Lefebvre*.)

Exempl. de M. de Pixérécourt.
Deux exempl. seulement ont été tirés de ce format. Voy. le *Cat. d'un amateur de livres*, t. III, p. 56.

576. Œuvres choisies de Gresset. *Paris, Didot*, an 2, fig. de Moreau. — Œuvres choisies de Malherbe. *Paris, le même*, 1796, fig. de Ponce et Regnault; 2 vol. in-18, pap. vél. br.

577. Recueil de pièces fugitives en prose et en vers, par J. C. Lavallery. 1781, in-4, cart.

Mss. de 319 p.

578. Tributs offerts à l'Académie de Marseille, par M. de Pastoret. *Paris, Jombert*, 1782, in-18, pap. fin. mar. vert, fil. tr. dor. (*Derome.*)

Tiré à très pet. nombre.

579. Recueil des opuscules posthumes de Lormeau de la Croix (publié par Vial). *Paris, impr. de Monsieur*, 1787, in-18, v. m. fil. tr. dor.

Tiré à très pet. nombre. On lit dans l'avis de l'éditeur : « Cette édition n'a point été faite pour le public, on n'a consulté que le plaisir qu'elle doit faire à la famille de l'auteur. »

580. Les Étrennes de Félicité (Mme Bayard; par Bayard de Plainville). *Cithère* (Paris), 1792, in-12.

M. Bayard de Plainville, député de la Somme au Conseil des Cinq-Cents, fut un des membres du Conseil atteints par la proscription du 18 fructidor. Je sais de lui-même que ce petit volume n'a été tiré qu'à un très petit nombre d'exemplaires, et seulement pour sa famille. Il n'a malheureusement guère d'autre mérite.   Ch. Nodier.

581. Mérard de St-Just. — Les Hautes-Pyrénées en miniature. Épitre rimée. *Paris*, 1790. — Lettre en prose et en vers à Madame Julie D. Ch... M... de R. 1794, pap. vél. — Le petit Jehan de Saintré et la dame des Belles Cousines, romance. *Paris;* an VI, pap. vél. — Contes et autres bagatelles en vers. *Paris*, 1800; 4 vol. in-18, br.

Ouvrages tirés à 25 exempl. seulement.

582. Chénier. — Les Nouveaux saints. *Paris, Dabin*, 1802. — Les Miracles, conte dévot. *Paris, Dabin*, 1802. — Le Cimetière de campagne, élégie, trad. de Gray. *Paris, Dabin*, 1805, pap. vél. — Discours sur les progrès des connaissances en Europe. *Paris, Didot*, an IX; 1 vol. in-8, mar. r. dent. tr. dor.

583. Poésies fugitives de Chénier. 1 vol. in-18, mar. r. dent. tr. dor. pap. vél.

Épître sur la calomnie. *Paris, Laran*, an VI. — Discours en vers sur la calomnie. *Paris, Didot*, an VI. — Pie VI et Louis XVIII. *Paris, Laran*, an VI. — Le docteur Pancrace, satyre. *Paris, Laran*, an V. — La Retraite. *Paris, Dabin*, 1809. — Hommage à une belle action. *Paris, Dabin*, 1809. — Petite épître à Delille. *Paris*, 1802.

584. Recueil d'opuscules en vers et en prose (par M. de Cramayel). *Paris, Didot,* 1804, in-18, pap. vél. cart. non rog.

Première édit. rare.

585. Souvenirs de M. L*** (Ledhuy). *Paris, Didot l'aîné,* 1806, in-18, cart. pap. vél.

Tiré à pet. nombre.

586. Poésies fugitives diverses. Lot de 9 broch.

Nouveaux contes, par un arrière neveu de Guill. Vadé (François de Neufchâteau). 1781. Fig.—Épître aux Français, aux Anglais et aux Républicains de Saint-Marin. 1789. — Le bonhomme Misère, et le Bouquet proverbial, par A. Boutroue de Montargis, s. d.—Quelques vers (par Labaume), 1787. (*Tiré à pet. nombre.*) — Les Droits de l'homme, en vers français, an III. — Le Législateur tel qu'il devrait être, poëme, 1797.—La Galeide, ou le Chat de la nature, poëme, par Moutonnet, 1798. — Folliculus, poëme (par Luce de Lancival). 1812. — L'Art de parvenir, par Viollet le Duc. 1817, pap. vél.

Poëmes divers.

587. La Franciade de Pierre Delaudun, sieur d'Aigaliers. *Paris, Anth. du Brueil,* 1613, pet. in-12, d rel. mar. r.

588. La Pucelle, poëme, par Chapelain. *Leyden, Jean Sambix* (Holl. Elzév.), 1656, pet. in-12, v. fil. tr. dor.

589. *La même. Paris, Aug. Courbé,* 1657, pet. in-8, v. gauf. dent.

590. Charlemagne, ou le Rétablissement de l'Empire Romain, poëme héroïque, par Courtin. *Paris, Th. Jolly,* 1666, pet. in-12, v. gr.

591. Adonis, poëme, par La Fontaine. *Paris, Didot,* 1793, in-18, pap. vél. br.

592. La Henriade, avec les variantes (par Voltaire). 1746, 2 vol. pet. in-12, mar. r. fil. tr. dor. (*Derome.*)

593. *La même,* avec des dessins de Vernet et des portraits de Mauzaisse et Grevedon. *Paris, Dubois,* 1825, gr. in-fol. pap. vél. mar. bleu, fil. large dent. doubl. de mar. avec comp. tab. en vél. tr. dor. fig. sur pap. de Chine.

Belle édit. richement reliée par Hering et Muller.

594. La Dunciade, poëme (par Palissot). *Paris, Lepetit,* in-12, pap. vél. d. rel. mar. r. non rog.

595. Poème macaronique en forme de déclaration de guerre, à tous méchants payeurs et gens de mauvaise foi, par Margueri. *Paris, v° Vallat-la-Chapelle*, 1783, in-8, cart. non rog.

596. La Confédération, poème en 5 chants, trouvé dans le porte-feuille du philosophe sans-soucy, et publ. par M. Hugon de Bassville. *Hall*, 1789, in-8, pap. vél. mar. vert, dent. tr. dor.

597. La Jacobineide, poème héroï-comi-civique (par Marchant). *Paris, au bureau des Sabats Jacobites*, 1792, 2 part. en 1 vol. in-18, pap. vél. d. rel. mar. r. non rog. (*Bauzonnet.*)

598. Le Vengeur des rois, poème en six chants, et autres pièces relatives à la Révolution française, par Clemenceau. *Londres, Dulau*, 1081 (1801). — Assassinat du duc d'Enghien, par Bonaparte, poème (par le même). *Londres*, 1804. — Assassinat de Georges Cadoudal. L'Apothéose, le couronnement et la robe impériale de Bonaparte (par le même). *Londres*, 1804; 3 part. en 1 vol. in-8, mar. r. fil. tr. dor.

Poésies sacrées et morales.

599. La Muse chrestienne, ou Recueil des poésies chrestiennes tirées des principaux poëtes francois. *Paris, Gervais Malot*, 1582, in-12, v. f. fil. pet. fers, tr. dor. (*Bauzonnet.*)

600. Vers sur la mort, par Thibaud de Marly (Hélinand), publ. par Meon. *Paris, Crapelet*, gr. in-8, pap. de Holl. cart. non rogn.

601. La vie sainct harenc glorieux martir et comment il fut pesche en la mer et porte a Dieppe. In-16, goth. pap. de Chine, fig. sur bois.

Fac-simile à 40 exempl.

602. Cy commence la vie de madame sainte marguerite. Pet. in-4, mar. bleu, fil. à fr. tr. dor. (*Koehler.*)

Joli mss. goth. du XV° siècle, sur vélin, avec illustrations en or et couleur, grandes lettres et bouts de lignes ornés. 56 feuill.

603. La vie de madame saincte Marguerite vierge et martyre, auec son antienne et oraison. Pet. in-8, goth. de 12 f. S. l. n. d. (xvi° siècle) d.-rel. v. f.
604. Le cymetiere des Malheureux fait par maistre laurens Desmoulins. S. l. n. d. pet. in-16, goth. mar. viol. fil. à fr. tr. dor.
605. Le blazon des hérétiques (par Pierre Gringore). In-8, br. fig. sur bois.

<small>Réimpression à 66 exempl., publiée à Chartres en 1832, par les soins de M. H. (Hérisson.)</small>

606. La doctrine du pere au filz. Paris, s. d. pet. in-16, goth. mar. vert, fil. comp. tr. dor. (Koehler.)
607. Petitz fatras dvng apprentis, svrnomme lesperonnier de discipline (par Ant. du Saix). S. l. n. d. pet. in-8, mar. bleu, fil. comp. tr. dor. (Bauzonnet.)
608. Le Respit de la mort, fait par feu maistre Jehan le febure en son vivant aduocat en la court de Parlement. Paris, 1533, pet. in-8, goth. mar. noir, fil. à fr. tr. dor. (Bauzonnet.)
609. Le philosophe parfaict. — Le temple de vertu (par Fr. Habert). Paris, Ponce Roffet, 1542, 2 pièces en 1 vol. in-16, mar. olive, fil. à fr. tr. dor. fig. sur bois (Koehler.)
610. Les Combatz du fidelle Papiste pelerin Rommain, contre l'Apostat Antipapiste, tirant à la sinagogue de Genève, maison Babilonique des Lutheriens; par Artus désiré. Rouen, Robert et Jehan Dugort, 1552, in-16, mar. viol. fil. comp. tr. dor. (Bauzonnet-Purgold.)
611. Antithèse des faicts de Jésus-Christ et du Pape : mise en vers Franc.... Item la description de la vraye Image de de l'Antechrist, avec la généalogie, la nativité et le Baptesme magnifique d'iceluy (par Fr. Lancluse). Imprimé l'an de grâce, 1578, pet. in-8, mar. r. fil. pet. fers, tr. dor. fig. sur bois (Niédrée.)

<small>Ouvrage rare, vendu 91 fr. Mac-Carthy.</small>

612. Ode sacrée de l'église Francoise sur les miseres de ces

troubles huictièmes depuis vingt-cinq ans en ça. *Imprimé nouvellement*, 1586, pet. in-8, br.

Réimpression à 48 exempl. publiée à Chartres en 1831, par les soins de M. G. D. (*Duplessis.*)

613. *La même*, pap. de Holl.

L'un des 8 sur ce pap.

614. Le Grand Miroir du monde, par Joseph du Chesne sieur de la Violette. *Lyon, Barth. Honorat*, 1587, in-4, mar. r. fil. comp. tr. dor.

Bel exempl. rel. par Thompson.

615. Le Contr'empire des sciences, et le Mystère des Asnes. P. P. P. P. Avec un Paysage poetic sur autres divers subjects. *Lyon, Fr. Aubry*, 1599, in-16, v. br. (*qq. mouillures.*)

616. La Magdeleine de F. Remi de Beauvais, capucin. *Tournay, Ch. Martin*, 1617, in-8, vél.

Poème singulier dont les exempl. sont rares. Voy. la note du *Cat. Pixérécourt*, n° 725.

617. La Madeleine dans les rochers, poème chretien. In-4, mar. r. fil. comp. tr. dor. fig. (*Aux armes.*)

Poëme mss. et authographe de 154 pag. La dédicace, adressée à la Reine, est signée Du Maistre de la Cour des Bois.

618. Les promenades de Richelieu, ou les vertus chrétiennes, par Desmarest. *Paris, Henry le Gras*, 1653, pet. in-8, vél.

619. Saint Paul, poëme chrétien, par Ant. Godeau. *Paris, Pierre le Petit*, 1655, pet. in-8, mar. r. fil. tr. dor.

620. Hélie, poëme héroïque (par Jacquelin). *Paris, Ch. de Sercy*, 1661, pet. in-12, d. rel. v.

621. Fragments d'un poëme moral sur Dieu (par Sylv. Maréchal). *Athéopolis, l'An premier du règne de la Raison*, 1781, in-8, br.

622. La Lyre protestante, consacrée aux partisans de la bonne cause. Sec. et dernière édition. *Aux dépens de l'auteur, par qui chaque exemplaire sera signé. Ramier.* Pet. in-8, s. d. v. f. fil. tr. dor. pap. de Holl. (*Hering.*)

Poésies érotiques, facétieuses et gaillardes.

623. Pièces faisant partie de la collection de poésies et facéties réimprimées par les soins de P. S. Caron (*Paris*, 1798-1806). 6 pièces pet. in-8, br.

La Farce de la querelle de Gaultier Garguille et de Perine, sa femme. *Vaugirard, à l'enseigne des trois raves.* (n° 3.)
Le jeu du Prince des sotz et mère sotte, joué aux Halles de Paris, le mardi gras, l'an 1511. (n° 4.)
Le Mystère du chevalier qui donna sa femme au dyable, à dix personnages. (n° 5.)
Chûte de la médecine et chirurgie. *A Emelvogna, la présente année 000000000.* (n° 9.)
Traduction des Noels Bourguignons de La Monnoye. 1725. (n° 10.)
Les chansons dlâtres des comédiens. *Paris, Guillot, Gorieu*, 1637. (Avec la suite, pr. par M. de Montardan. (n° 11.)

On sait que ces édit. renouvelées n'ont été tirées qu'à 56 exempl. On a joint à ce lot les deux pièces suivantes qui s'ajoutent d'habitude à la collection Caron.

Ænigma. In-8 de 4 p. (*Rare.*)
Sermon pour la consolation des Cocus. *Ambroise Jean Coucou*, 1751. — Le Cocu consolateur (par Caron). *L'an du cocuage*, 5310. — Sermon d'un Cordelier à des voleurs. 1752. In-12, br. (*Edit. renouvelée, publ. vers 1810 par le libraire Crozet père.*)

624. Pièces de la même collection sur pap. de couleur rose. (Tirées à 4 ex. sur ce pap.)

Traduction des Noëls de La Monnoye. — Chûte de la médecine et chirurgie.

225. Facéties, raretés et curiosités littéraires, tirées à 76 exem. *Paris, Techener*, 1829-1834, 22 vol. gr. in-16, cart. à la Brad. y compris *Les quinze joies de mariage*, publ. en 1837.

Exempl. sur peau vélin. On sait que l'un des deux exempl. tirés sur vélin a été détruit accidentellement à Londres.

626. Facéties. Fac-simile lithogr. à 40 exempl. exécutés vers 1830. 6 pièces in-16, goth. sur pap. de Chine, fig.

Sensuyt un sermon fort joyeulx pour l'entrée de table. *S. l. n. d.*

Sermon joyeulx de la pacience des femmes obstinées contre leurs marys. S. l. n. d.

Apologie des Chamberieres qui ont perdu leur mariage à la Blancque. *Paris, Alain Lotrian*, s. d.

Le Banquet des Chamberieres faict aux Estuues. S. l., 1541.

La Vie sainct Harenc glorieux martir et comment il fol pesché en la mer et porté à Dieppe. S. l. n. d.

La Fontaine damours et la description nouuellement imprimée. S. l. n. d.

627. **Pièces facétieuses.** Réimpressions, copie figurée à 42 exempl. publ. par les soins de MM. Giraud et Venant. (*Paris*, 1830), 6 pièces pet. in-8, pap. de Holl. fig. sur bois.

Chambrière à louer à tout faire. *Rouen, Abrah. Cousturier*, s. d.

Le débat des lauendieres de Paris auec leur caquet. *Rouen, Abrah. Cousturier*, s. d.

Varlet à louer à tout faire. *Rouen, Abrah. Cousturier*, s. d.

Les Présomptions des femmes. *Rouen, Abrah. Cousturier*, s. d.

Discours facécieux des hommes qui font saler leurs femmes, à cause qu'elles sont trop douces. *Rouen, Abrah. Cousturier*, s. d.

Les ditz et ventes damours. S. l. n. d. goth.

628. *Les mêmes*, sur pap. de Chine jaune paille et bleu azuré.

Tirées à 4 exempl. sur ce papier.

629. Pièces facétieuses réimprimées en caractère goth. et à 60 exempl. chez Pinard. 8 pièces, pet. in-8, goth. br.

Sermon joyeulx dung fiancé qui emprunte ung pain sur la fournee a rabattre sur le temps advenir.

La vraye medecine de Maistre Grimache qui guarit de tous maulx et plusieurs aultres.

Monologue nouveau et fort joyeulx de la Chambriere despourueue du mal damours.

Le Banquet des chambrieres faict aux estuves le jeudy gras.

Le plaisant discours et advertissement aux nouvelles mariees pour ce bien comporter la première nuict de leurs nopces.

Sensuit le sermon des frappe culz nouueau et fort joyeulx. Avec la responce de la dame.

Le Tracas de la foire du pre. Dialogue burlesque. *Rouen, L. Maurry*, s. d. pap. vél. anglois.

Le blason des basquines et vertugalles. *Lyon, Benoist Rigaud*, 1563.

630. Les Muses gaillardes, recueillies des plus beaux esprits de ce temps, par A. D. B. (Ant. du Breuil) Parisien. *Paris, Anth. du Brueil*, 1609, pet. in-12, mar. bleu. dent. fers, fr. tr. dor.

On ne trouve que difficilement ce recueil, surtout en bon état. (*Man. de Brunet.*)

BELLES-LETTRES. 77

631. Recueil de nouvelles poésies galantes, critiques, latines et françaises. *Londres, cette présente année*, 2 part. en 1 vol. pet. in-8, mar. vert, fil. large dent. tr. dor.

Livre piquant d'un fort mauvais genre, dont les exemplaires deviennent rares. Je me serais bien gardé d'en parler deux fois en ma vie, si je ne m'étais trompé la première. J'ai dit dans le *catalogue* de M. de Pixérécourt que les pièces patoises qui font partie de ce recueil étaient attribuées en Bourgogne au père de Piron, et j'avais en effet recueilli cette notion de la bouche d'un Bourguignon mal instruit. Mon savant ami, M. Peignot, a prouvé qu'elle était fausse, et je devais lui en donner acte.   Ch. Nodier.

632. Espiegleries, joyeusetez, bons-mots, folies des vérités (par Mérard de St. Just). *S. l. n. d.* (Kelb, 1789), 3 vol. gr. in-18. dem. rel. v. f. (*Bauzonnet*.)

Exempl. sur pap. vél. fort, non rogn. Tiré à pet. nombre.

Ce recueil licencieux, dans lequel Mérard de Saint-Just a mis trop du sien pour qu'il soit bon, avait d'abord paru sous le nom de la marquise de Palmareze. Il n'est rare que sous son dernier titre et en pap. vél. fort.   Ch. Nodier.

633. *Le même*, pap. vél. fort, d. rel. mar. citr. non rogn.

Exempl. de M. de Pixérécourt.

634. Sensuyt le testament de taste vin roy des pions. In-8, dos et coins de v. r, non rog. (*Purgold*.)

Fac-simile exécuté en 1829.

635. *Le même*, br.

636. Le débat du vieulx et du jeune nouvellement fait. *S. l. n. d.* (Paris, J. Trepperel vers 1500.) Pet. in-4, goth. mar. viol. tr. dor.

Pièce et édit. rares.

637. Le debat du vin et de leaue. *Paris, Lenoir, s. d.*, pet. in-4, goth. mar. vert. fil. comp. tr. dor. (*Belex. rel. par Koehler*.)

638. Le depucellage de la ville de Tournay. Avec les pleurs et lamentations obstant la defloration.—La complainte de Venise.—Le doctrinal des filles à marier. Pet. in-4, mar. vert, fil. tr. dor. pet. fers, fig. sur bois. (*Bauzonnet*.)

Réimpression sur vélin, renouvelée par Jouy.

639. La Complainte et lamentation des plus belles et illustres dames et belles pucelles filles de Romme adroyssant au tres chrestien Roy de France et à Madame la Régente ensemble a tous messigneurs les princes, prelatz du Royaulme de France. Pet. in-16, goth. de 7 fol. s. l. n. d. mar. r. fil.

640. Dyalogue dung Tavernier et dung pyon en francoys et en latin. In-16, mar. r. fil. comp. doubl. de soie bleu, tr. dor.

Copie manuscrite sur vélin.

641. Maistre aliborum qui de tout se mesle. Et scait faire tous mestiers et de tout rien. *S. l. n. d.*, in-16, goth. mar. chocol. fil. à fr. tr. dor. fig. sur bois. (*Bauzonnet.*)

Pièce excessivement rare, attribuée à Pierre Gringore.

641 bis. *Le même*, in-16, goth. br.

Réimpr. Copie figurée, éditée en 1858 par M. Silvestre, d'après les soins de M. Venant.

642. Bigorgne qui mange tous les hommes qui font le commandement de leurs femmes. In-16, goth. br.

Pièce de la même collection.

643. Les dictz de Salomon Avecques les responces de marcon fort joyeuses. Pet. in-8, goth. *s. l. n. d.* mar. vert, fil. à à fr. non rog. fig. sur bois. (*Koehler.*)

Réimpr. fac-simile, lithogr. par Jouy en 1829, à 15 exempl. seulement, n° 14.

644. Le Banquet des Chambrieres faict aux Estuves. 1541, in-16, goth. pap. de Chine, fig. sur bois, br.

Réimpr. fac-simile à 40 exempl.

645. Le Blason des Basqvines et des Vertvgalles. *Lyon, Benoist Rigaud,* 1563, in-8, dos et coins de v. f. non rog. (*Bauzonnet.*)

Réimpr. à 50 exempl. sortie en 1833 des presses de Pinard.

646. L'Enfer de la mere Cardine, traitant de la crvelle et terrible bataille qui fut aux enfers entre les diables et les maquerelles de Paris..... Outre plus est adioustée vne chanson de certaines Bourgeoises de Paris, qui faignant d'aller en voyage furent surprinses au logis d'vne maquerelle a S. G. des Prez. 1597, gr. in-8, pap. vél. mar. bleu, fil. comp. tr. dor.

Réimpr. à très pet. nombre.

647. Le bon-jour de R. de B. en reponce avx Nihil. Nemo.

Qvelqve chose. Tovt. Le moyen. Si pev qve rien. On. Il.
Paris, Estienne Preuosteau, 1599. — Nihil, per Joan.
Passeratium. Qvelqve chose, par Phil. Girard Vandomois.
Paris, 1587.—Rien, trad. du lat. de J. Passerat. Qvelqve
Chose. Tovt. *Paris,* s. d. — Le Moyen. *S. l. n. d.* — Si
pev qve rien. On. Il. *S. l. n. d.* — Theod. Marcilii Lvsvs
de nemine. *Parisiis, Dyon. a Prato,* 1596.—Personne, par
J. de F. (Jacq. de Fonteny). Parisien. *Paris, P. Hvry,* 1587.
7 pièces en 1 vol. p. in-4, mar. bleu, fil. à fr. tr. dor. (*Bauzonnet.*)

Quand une idée nouvelle apparaît en France, le troupeau des imitateurs s'en empare aussitôt, et ne l'abandonne plus qu'elle ne soit épuisée. C'est ainsi qu'un ingénieux badinage de Passerat enfanta cette multitude de bluettes dont la collection complète est devenue aujourd'hui une piquante curiosité bibliographique. Pannard s'en souvint près de deux cents ans plus tard, et sa muse se joua, comme d'ordinaire, avec beaucoup de verve et d'agrément, sur les mêmes particules. Le brillant poète anglais Rochester n'a pas dédaigné de voler le *Rien* au vieux Passerat, et nous avons entendu citer ce plagiat presque littéral comme un chef-d'œuvre d'imaginative. Qui se rappelle dans notre littérature que Passerat ait existé?—Ce petit volume se rencontre fort rarement.

Ch. Nodier.

648. Les Etrennes de Peu, par Jac. de Fonteny (Fr. Andreini.) *Paris, Fr. Jacquin,* 1602, pet. in-8, d. rel. v. f.
649. Sermon du Cordelier aux soldats ensemble la responsedes soldats au Cordelier. *Paris Nic. Lefranc,* 1612, in-16, br.
   Réimpr. à 40 exempl. publ. à Chartres en 1833.
650. La mort de Procez, avec sa descente aux Enfers, par M. P. *Paris, Anth. Robinot,* 1634, pet. in-8, d. rel. v. f.
651. Le Pet éventé, par Bouchart, avocat. *Caen, veuve de Gabr. Briard,* 1731, pet. in-8, v. f. fil. tr. dor. (*Niedrée.*)
652. Œuvres poissardes de Vadé et de Lecluse. *Paris, Didot,* 1796, in-18, pap. vél. cart. non rog.
653. Parapilla, et autres œuvres libres et galantes de M. Bordes. *Paris,* an IV, gr. in-18, cart. non rog. — La Guerre des Dieux, par Parny. *Paris, Didot l'aîné,* an VII, in-12, pap. vél. br.
654. Narcisse dans l'isle de Venus, poème, par Malfilatre. *Paris,* 1795, in-12, pap. vél. mar. r. fil. tr. dor. (*Bozérian.*)
   Exempl. de M. de Pixérécourt.

655. L'Occasion et le moment, ou les petits riens, par un amateur sans prétention (par Mérard de St.-Just). *La Haye et Paris*, Jombert. 1782, 2 tom. en 1 vol. in-18, pap. fin. d. rel. mar. bleu, non rog. (*Thouvenin.*)

656. La Bazocheïde, poëme (en prose), burlesco-patriotico-héroïque, en 3 chants, par M. R. *Paris de l'impr. élevée sur les débris de la chicane*, 1790, in-8, cart.

657. Le Soupé de Julie, poëme eroti-satirique. *Paris*, 1795, in-18, v. m. fil.

658. La Capucinière, ou le Bijou enlevé à la Course, poëme (par Nogaret). *Paris*, 1809, gr. in-16, br.

Ce petit poëme avait déjà paru vers 1780 et procura à l'auteur un logement à la Bastille.

Poésies concernant l'Amour, les Femmes et le Mariage.

659. Le messagier d'amours (par Pilvelin). S. l. n. d. pet. in-4, goth. mar. r. fil. pet. fers, tr. dor. fig. sur bois. (*Bauzonnet.*)

Pièce de toute rareté. Exempl. parfait de condition et de reliure.

660. Le grant blason des faulses amours, fait et composé par frere Guillaume Alexis. *Paris, Barnabé Chaussart*, s. d. pet. in-4, goth. mar. r. fil. pet. fers, tr. dor.

Bel exempl. d'une édit. précieuse. Charmante reliure de Bauzonnet.

661. Le grant blason de faulses amours. S. l. n. d., in-16, goth. mar. vert, fil. comp. tr. dor. (*Koehler.*)

662. Le Faulcon damours. S. l. n. d., pet. in-4, goth. mar. br. fil. à fr. tr. dor. doubl. de mar. r. avec large dent. fig. sur bois. (*Koehler.*)

Un des livres les plus rares de l'ancienne poésie. Exempl. d'une condition parfaite et d'une reliure remarquable.

663. La Fontaine damours et la description. Nouvellement imprimée. In-16, goth. pap. de Chine, fig. sur bois, br.

Réimpr. à 40 exempl.

664. Les Ventes d'Amour. Pet. in-16, goth., br.

Réimpr. à 50 exempl. publ. par Techener.

665. Les epistres veneriennes de Lesclave fortune prise de la

court Damours nouvellement faictes et composees par luy. Avecques toutes ses œuvres (par Michel d'Amboise). *Paris, Denis Janot*, 1532, pet. in-8, mar. r. fil. tr. dor. (*Derome.*)

666. Le Testament d'un amoureux qui mourut par amour. In-16, pap. de Holl. br.

Réimpr. publ. à Chartres en 1832, à 50 exempl. par les soins de M. H. (*Hérisson.*)

667. Monologue nouueau fort joyeux de la chambrière despourueue du mal damours. *Nouuellement imprime a Paris. s. d.* — Le Kalendrier mis par petis vers compose par Maistre Jehan Mollinet. *Paris, Nicolas Buffet, s. d.* 2 pieces goth. en 1 vol. pet. in-16, mar. oliv. fil. tr. dor. fig. sur bois. (*Koehler.*)

668. La Recreation, devis et mignardise amoureuse, contenant plusieurs blasons, menues pensees, vergez, ventes et demandes de l'Amant à l'Amye. *Paris, Vefue Jean Bonfons, s. d.* pet. in-16, mar. oliv., fil. pet. fers, tr. dor. (*Bauzonnet.*)

669. La Fontaine d'amovr, contenant Elegies, Epistres et Epigrammes (par Ch. Fontaine). *Paris, impr. de Jeanne de Marnef*, 1547, in-16, mar. bleu, fil. tr. dor. (*Bauzonnet.*)

670. Livre de la Fontaine perilleuse, avec la Chartre d'amours : autrement intitulé le Songe du verger (avec commentaire de Jacq. Gohory). *Paris, Jean Ruelle*, 1572, pet. in-8, mar. r. fil. tr. dor. (*Derome.*)

671. Le Passe-Temps de tout homme et de toute femme nouuellement corrige (par Guil. Alexis). *Et imprime nouuellement a Paris, Jehan sainct denis*, 1505, pet. in-8, goth., mar. vert, fil. tr. dor. (*Bauzonnet.*)

672. La complaincte de trop tard marie, par Gringore. *Chartres, s. d.* in-16, goth., mar. r. fil. comp. tr. dor., fig. sur bois. (*Koelher.*)

673. La Complainte douloureuse du nouveau marié. *Paris, Didot*, 1830, in-8, pap. de Holl. br.

Réimpr. en caract. goth. à 70 exempl.

674. Le Doctrinal des nouveaulx mariez et des nouvelles mariées. Gr. in-16, dem. rel. mar. r. non rogn. (*Thouvenin.*)

<small>Réimpr. à 50 exempl., exécutée à Chartres en 1832, par les soins de M. G. D. (*Duplessis.*) L'un des 10 sur pap. de Holl.</small>

674 *bis. Le même*, br.

675. Le Doctrinal des filles. S. l. n. d., pet. in-4, goth. mar. r. dent. tr. dor. (*Le 1er feuil. raccommodé.*)

<small>Jolie rel. anglaise.</small>

676. Le Doctrinal des filles a marier. S. l. n. d, in-16, goth. br., fig. sur bois.

<small>Réimpr. à 40 exempl., publ. par Techener.</small>

677. Sermon d'un Fiance qui emprunta un pain sur la fournee, a rabatre sur le temps a venir. — Sermon joyeux pour advertir la nouvelle mariee de ce qu'elle doit faire la premiere nuict. — S'ensuit le sermon fort joyeux de saint Raisin. — Le Sermon saint Billouart. *Rouen*, *Nic. Lescuyer*, s. d. 4 pieces en 1 vol. pet. in-16, mar. vert, fil. a fr., tr. dor. (*Bauzonnet.*)

678. Sermon joyeulx de la patience des femmes obstinées contre leurs marys. Fort joyeulx et recreatif a toutes gens. In-16, goth., pap. de Chine, br., fig. sur bois.

<small>Réimpr. fac-simile à 40 exempl.</small>

679. L'Advocat des Dames de Paris, touchant les pardons Saint Trotet (par Maximien). *Paris*, s. d. gr. in-16, d. rel. mar. r. non rogn. (*Thouvenin.*)

<small>Réimpr. à 50 exempl. exécutée à Chartres en 1832, par les soins de M. G. D. (*Duplessis.*) L'un des 10 sur pap. de Holl.</small>

679 *bis. Le même*, pap. de Holl., br.

Poésies satiriques et burlesques.

680. Le Parnasse satyrique du sieur Théophile. (Holl. Elzevir). S. l. n. d., 1660, pet. in-12, mar. vert, fil. tr. dor.

681. Le Cabinet satyrique, ou Recueil de vers piquans et gaillards de ce temps, tirés des cabinets de Sigognes, Regnier, Motin..... *Au Mont Parnasse, de l'impr. de Messer Apollon*, s. d. (Holl. vers 1720), 2 vol. pet. in-8, mar. vert, fil. tr. dor. (*Derome*.)

682. Le nouveau Juvenal satyrique pour la réformation des mœurs et des abus de notre siècle, par Ant. Ch. *Utrecht, Ant. Schouten*, 1716, pet. in-12, v. f. fil. tr. dor. (*Niedrée*.)

683. Recueil de pièces satyriques. 1 vol. pet. in-8, mar. vert, fil. tr. dor. (*Bauzonnet*.)

L'Esvantail satyrique, 1625. — *Le même*, autre édit. *Paris*, s. d. — La Promenade du Cours, *Paris*, 1630. — La Sérénade des Dames aux Tuileries. *Paris*, 1630. — Estranges prophéties sur les mondanitez des femmes et des filles de ce temps, 1632. — Le poète yvrongne. *Paris*, 1631. — Les Espices, par le sieur du Laurens. — L'Adieu de plaideur à son argent.

684. Pièces satyriques en vers. In-4, mar. r. fil. comp. (*Aux armes*.)

Recueil factice contenant : Le talisman de saint François, conte. — Le tabac en poudre. — Astaroth et Guillain, l'un d'iable et l'autre moine, (pièce susp. par La Monnoye). — L'apologie des femmes, par M. P. (Perrault). *Paris*, 1694. — Satyre contre les maris, par le sieur R. T. D. F. *Paris* 1694. — Les Petits-Maîtres, satyre. *Paris*, 1694. — Le cabaretier trompé dans son attente, satyre nouvelle. *Paris*, 1711.

La *Satyre contre les maris* est du fameux poëte comique Regnard (trésorier de France). C'est certainement une pièce rare en édition originale.
Ch. Nodier.

685. Poésies satyriques du 18ᵉ siècle. (publ. par Sautereau). 1788, in-16, 2 tom. en 1 vol. mar. r. fil. tr. dor. *Londres*. (*Koehler*.)

686. Un dit d'aventures, pièce burlesque et satyrique du xiiiᵉ siècle, publ. par Trebutien. *Paris, Silvestre*, 1835, gr. in-8, pap. de Holl. br.

Fac-simile goth. à pet. nombre.

687. Les ballieux des ordures du monde. *Rouen, Abrah. Cousturier*, s. d., in-8, br.

Réimpr. à 52 exempl. d'une pièce de la fin du XVIᵉ siècle, publ. à Chartres en 1833.

688. Les Satyres du sieur de Courval Soncet, gentilhomme Virois. — Satyre Menipee sur les poignantes traverses du Mariage, par le même. *Paris, Rolet Boutonné*, 1621, 2 part. en 1 vol. pet. in-8, v. f. fil. tr. dor. portr. (*Niedrée.*)

689. Les Satyres du sieur de Courval contre les abus et désordres de la France. Plus est adiousté les Exercices de ce temps. *Rouen, Guil. de la Haye*, 1627, 3 part. en 1 vol. pet. in-8, mar. bleu, fil. pet. fers, tr. dor. (*Niedrée.*)

690. Les exercices de ce temps, contenant plusieurs Satyres contre les mauvaises mœurs. Quatriesme édit. *Rouen, Guil. de la Haye*, 1626, pet. in-8, mar. bleu, fil. tr. dor. (*Niedrée.*)

Ces satyres dont toutes les éditions sont rares, méritent d'être distinguées parmi les poésies de la même époque. Robert Angot, leur auteur, qui s'est nommé dans les éditions postérieures, était un de ces écrivains qu'il serait injuste de laisser en oubli. L'abbé Goujet le place à côté de Vauquelin de la Fresnaye. M. Weiss (*Biog. Univ.*) n'a connu que ses *Préludes*.

Ch. Nodier.

691. Le Banquet des muses, ou les divers satires du S' Auvray; ensemble l'Innocence descouverte, tragi-comédie du même. *Rouen, David Ferrand*, 1628, pet. in-8, v. f. fil. tr. dor.

On a ajouté à la fin 14 feuil, mss. contenant : *Les verriers et autres poésies facétieuses*.

692. Les Satyres et autres Œuvres du sieur Regnier. *Leiden, Jean et Dan. Elzevier*, 1652, pet. in-12, mar. r. tr. dor.
Edit. rare et complète. Voyez l'*Essai de M. Bérard sur les Elzevirs*, p. 91.

693. Description d'Amsterdam, en vers burlesques, par Pierre Le Jolle. *Amst. Jacques le Curieux*, (Elzév.) 1666, pet. in-12, v. r. fil. dent. à fr.

694. L'Espadon satyrique; par le Sieur d'Esternod. *Cologne, Jean D'escrimerie*, 1680, pet. in-12, mar. r. fil. pet. fers, tr. dor. (*Bauzonnet.*)

Volume qu'il est rare de trouver complet. Jolie reliure dans le genre de Derome.

695. Satyres nouvelles de M. Benech de Cantenac, chanoine de l'église de Bourdeaux. *Amst. v° Chayer*, s. d. (vers 1700), pet. in-8, v. br. fil.

696. Les rues de Madrid, avec plusieurs satires, par l'auteur des Titans. *Liége, Broncart*, 1731, in-8. — Le Catholicon de la basse Germanie, satire. *Cologne, P. Marteau*, 1731, in-8, v. f.

697. Plumitif de la science extraordinaire de la juridiction consulaire, tenue le 24 juin 1782, à Sèvres, aux Caves du Roi. — Le Bouquet de famille, opéra-comique-bourgeois, exécuté au grand Mont-Rouge, chez M. Ch. Pierre B. les 29 et 30 juin 1782. Paroles d'un Diablotin. — Chanson patriotique sur la naissance de Mgr le Dauphin, le 22 octobre 1781. — Les deux Marguerites; 4 pièces en 1 vol. in-8, cart.

Recueil de pièces rares.

Épitres, Odes, Madrigaux et autres poésies légères.

698. Epistre de fauste audrelin de forly royal poete lauree : en laquelle Anne tres glorieuse royne de France exhorte le trespuissant et tres victorieux roy des francoys Loys douziesme de ce nom son mary : ace que luy tant desire et attendu veuille avancer son retour en france... La dicte epistre translatee de latin en francoys : par maistre Guilemme cretin tresorier du boys de Vincennes. *S. l. n. d.* pet. in-4, goth. mar. r. fil. à fr. tr. dor. (*Koehler.*)

Pièce de toute rareté.

699. Elegie delectable et fructueuse de la guerre et victoire de Vertu contre fortune, contenant la mort et Epitaphe de la dicte fortune par Guillaume deberis de Bourges en Berri. *Anvers, Jehan Loe*, 1544, pet. in-4, goth. avec titre encadré, mar. r. fil. comp. tr. dor. (*Koehler.*)

700. Elegie de feu Vatable, lecteur en Hébreu, pour le Roy en l'Université de Paris. Avecq l'epitaphe d'iceluy, par Medard Bardin, chanoyne d'Oyssery en Brie. *Paris, Estienne Groulleau*, 1547, in-16, mar. r. fil. riche dentelle. (*Élégante reliure anglaise.*)

Pièce rare, inconnue aux bibliographes, ainsi que la suivante.

701. Le Convoy funebre de feu maistre Jaques Tusanus, lecteur en grec pour le Roy, en l'Université de Paris; par Medard Bardin, natif de Blezé en Touraine. *Paris, Est. Groulleau*, 1547, in-16, mar. br. riche dent. tr. dor.

702. Saulsaye. Eglogve de la vie solitaire (par Maurice de Scève). *Lyon, Jean de Tournes*, 1547, pet. in-8, br.

<small>Réimpr. à 50 exempl. publ. à Aix en 1839, par M. Pontier.</small>

702 *bis*. La même, pap. vél. br.

<small>L'un des 20 sur ce pap.</small>

703. Moyse sauvé, idyle héroique du sieur de St-Amant. *Leyde, Jean Sambix* (Elzév.), 1654, pet. in-12, mar. r. fil. à fr. tr. dor. (*Bauzonnet.*)

704. Les Epigrammes de Gombauld. *Paris, Aug. Courbé*, 1657, pet. in-12, mar. r. fil. comp. tr. dor.

705. Les Quatrains des sieurs Pybrac, Favre et Mathieu: ensemble les Plaisirs de la Vie rustique. *Paris, J. B. Loyson*, 1667, pet. in-4, v. f. fil. non rog. tête dor. (*Koehler.*)

706. Églogues, printemps, et autres poésies, par de La Bucaille de la Groudière. *Paris, Olivier de Varennes*, 1668, pet. in-12, v. m.

707. Madrigaux, par M. de la Sablière. *Amst. H. Schelte*, 1705, pet. in-12, mar. r. fil. à fr. tr. dor. (*Niedrée.*)

707 *bis*. Les mêmes. *Paris, Duchesne*, 1758, in-16, d. rel. dos et coins de mar. r. (*Édit. encadrée.*)

708. Odes Philippiques, avec des notes instructives (par de Lagrange-Chancel). Pet. in-12, br.

<small>Seconde édit. s. l. n. d. renfermant quatre odes. On sait que la première, imprimée à Amsterdam en 1723, n'en contenait que trois.</small>

709. Les Philippiques, odes, par Lagrange-Chancel, avec des notes historiques crit. et littér. *Paris*, 1795, in-12, pap. vél. br.

<small>Jolie édit. tirée à 200 exempl.</small>

Fables et Contes.

710. Antonini Liberalis Metamorphoses, interprete Xylandro, Th. Munckerus recensuit. *Amstelodami, Jansonnius Waesbergius*, 1676, pet. in-12, mar. r. fil. tr. dor. (*Derome.*)
711. Fables inédites des XIIe, XIIIe et XIVe siècles, et Fables de La Fontaine, avec une Notice sur les fabulistes, par Robert. *Paris, Cabin*, 1825, 2 vol. in-8, dos et coins de v. f. non rog. port. grav. et fac-simile. (*Bauzonnet.*)

711 bis. *Les mêmes*, br.

712. Fables en vers du XIIIe siècle, publ. d'après un mss. de la Bibl. de Chartres. *Chartres*, 1834, in-8, pap. vél.

Réimpr. à 48 exempl. publ. par M. Duplessis.

712 bis. *Les mêmes*, pap. de Holl. br.

L'un des 8 sur ce pap.

713. Douze fables de fleuves ou fontaines, avec la description pour la peinture et les épigrammes; par P. D. T. *Paris, Jean Richer*, 1586, pet. in-12, v. m.

Ces fables sont de Ponthus de Thyard, et méritent d'être recherchées, parce qu'elles n'ont pas été imprimées dans ses œuvres.

Ch. Nodier.

714. Fables de La Fontaine. *Paris, Didot l'aîné*, 1813, 2 vol. in-8, pap. vél. d. rel. v. non rog.
715. Recherches sur les Fables de La Fontaine, par Guillaume. *Besançon*, 1822, in-8, br.

Tiré à 25 exempl.

716. Fables nouvelles par M. De La Motte. 3e édit. *Paris, Greg. Dupuis*, 1719, 2 vol. pet. in-8, v. br. fil. tr. dor. grav. de *Gillot*.

Édit. moins cor nue que celle de Hollande, et qui devrait être préférée.

717. *Les mêmes*, 4e édit. *Amst. Wetstein*, 1727, gr. in-12, dos et coins mar. r. pet. fers, fil. non rog. tête dor. fig.
718. Fables de Boisard. Sec. édit. *S. l.* 1777, 2 vol. gr. in-8, pap. de Holl. mar. r. fil. tr. dor. (*Derome.*)

719. Fables de Florian. *Paris, Remoissenet*, 1806, 2 tom. en 1 vol. in-1, pap. vél. mar. bleu, fil. large dent. comp. tr. dor. fig.

<small>On a ajouté des imitations des figures au lavis.</small>

720. Fables mises en vers, par de Merard-St-Just. *Paris, l'auteur*, 1787, in-8, pap. vél. cart. non rog.

<small>Tiré à 15 exempl. seulement, s'il fallait en croire une note imprimée au bas du titre.</small>

721. Fables nouvelles, par Richaud Martelli. *Bordeaux, Philippot*, 1788, pet. in-8, mar. r. tr. dor.

722. Recueil de Fables diverses, par M. (de Clavières). *Paris Didot l'aîné*, 1792, in-18, v. f. dent. tr. dor.

<small>Tiré à 12 ou 15 ex. (Cat. Pixerécourt).</small>

723. Fables et autres poésies, par Guichard. *Paris*, 1802, 2 vol. in-12, mar. r. tr. dor. portr.

724. Fables nouvelles en vers, par Mme A. Joliveau. Sec. édit. *Paris*, 1807, 2 tom. en 1 vol. in-18, fig. mar. r. fil. tr. dor. (*Homm. de l'auteur.*)

725. Le Fablier anglais, trad. en français avec le texte en regard, par Amar du Rivier. *Paris, Debray*, 1802, pet. in-8, mar. r. dent. tr. dor.

726. Recueil des contes du sieur de la Fontaine, les Satyres de Boileau, et autres pièces curieuses. *Amst. J. Verhoeven*, 1668, pet in-12, mar. v. fil. tr. dor. (*Niedrée.*)

<small>Recueil rare que l'on joint à la collection des Elzévirs.</small>

727. Contes et nouvelles de La Fontaine. *Amst. Henry Desbordes*, 1685, 2 tom. en 1 vol. pet. in-8, mar. vert, fil. dent. tr. dor. fig. de *Romain de Hooge*. (*Simier.*)

<small>Exempl. de premier tirage.</small>

728. Contes nouveaux et Nouvelles nouvelles en vers (par Pajon). *Anvers, à l'Ane rouge lyrique (Paris)*, s. d. in-8. mar. vert, fil. tr. dor. (*Derome.*)

<small>Exempl. de M. de Pixerécourt.</small>

729. L'Age d'or, recueil de contes pastoraux, par le Berger Sylvain (Marechal). *Mitylene, et Paris, Guillot*, 1782, v. f. fil. tr. dor.

730. Contes en vers, par M. D*** (Daillant de la Touche). Amst. et Paris 1783, pet. in-8, v. porph. fil. — Amusements d'un septuagénaire, ou contes en vers (par M. de Bologne). Paris, 1786, in-12, mar. r. tr. dor.
731. Contes en vers (par Bertin). Paris, Gueffier, 1797, fig. — Œuvres diverses de Parny. Paris, 1802, 2 vol. in-12. cart. non rog. portr.

Cantiques. — Chansons.

732. Vaux-de-Vire d'Olivier Basselin, poëte Normand de la fin du xiv° siècle, publ. avec des dissertations et des notes, par Louis du Bois. Caen, Poisson, 1821, in-8, pap. vél. d. rel. mar. r. fil. non rog. tr. dor. (*Bauzonnet*.)
732 bis. Les mêmes pap. ord. d. rel. v. f. (*Bauzonnet*.)
732 ter. Les mêmes, br.
733. La Chanson de Rolland, ou de Ronceveaux, du xii° siècle, publ. par Fr. Michel. Paris, Silvestre, 1837, gr. in-8, pap. vél. br.
734. Mémoires hist. sur Raoul de Coucy, avec le recueil de ses chansons. Paris (par de La Borde). Pierres, 1781, 2 part. en 1 vol. in-18, tiré gr. in-12, portr. d. rel. mar. vert non rog. (*Thouvenin*.)
735. Les chansons de Namur. Pour la victoire eue contre les francois a Saint-Hubert dardenne. Composées par Jehan lemaire de belges. Anvers, Henri Heckerr, 1507, pet. in-4, goth. mar. r. riche dent. tr. dor.

Bel exempl. et jolie rel. anglaise.

736. Sensuyvent plusieurs belles chansons composées nouvellement. In-16, goth. br.

Réimpression éditée en 1840 par M. Silvestre.

737. Cantique d'Estienne Dolet, prisonnier à la Conciergerie de Paris, sur sa désolation et sur sa consolation en vers. Imprimé l'an 1546. In-8, goth. br.

Réimpression à pet. nombre faite à Paris en 1830, chez Guiraudet.

738. Noels nouveaulx, sur le chant de plusieurs belles chansons nouvelles de cette présente année, mil cinq cens L. IIII. *Au Mans, Denys Gaignot*, 1551, pet. in-8, pap. de Holl. d. rel. dos et coins de mar. viol. pet. fers, non rog. (*Bauzonnet*).

Réimpression à 29 exempl. numérotés faite par les soins de M. Charles Riebelet.

738 bis. *Les mêmes*, br.

738. Les cantiques saints, mis en vers françois, partie sus chants nouveaux, et partie sus ceux d'aucuns Psalmes ; par Ch. de Navieres. *Anvers, Christ. Plantin*, 1579, pet. in-8, v. f. fil. tr. dor. (*Koehler*.)

749. Recueil des plvs beavx airs accompagnés de Chansons a dancer, ballets, chansons folatres, et Bachanales, autrement dites Vaudevire, non encores imprimés. *Caen, Jaqres Mangeant*, 1615, pet. in-12, mar. r. fil. tr. dor. musique. (*Bauzonnet*.)

Joli exempl., gr. de marge, d'un recueil rare ; on y joint quelquefois un volume du même genre imprimé en 1608. Les 2 vol. se sont vendus 225 fr. chez Noel.

741. Chansons de Gaultier Garguille, (Hugues Gueru, dit Fléchelles). *Paris, Targa*, 1636, pet. in-12, d. rel. v. f.

Edit. rare, mais il manque le titre à cet exempl.

742. Recueil de vaudevilles gaillards. 2 vol. in-8, v. f. (*Aux armes*.)

Mss. avec musique notée.

743. Recueil de chansons nouvelles et vaudevilles. *Paris, Guil. Vallere*, 1737, in-12, v. f. fil. musique.

744. Choix de chansons mises en musique, par de La Borde, gravé par Moria et Mlle Vendome. *Paris, de Lormel*, 1773, 4 vol. pet. in-4, mar. r. dent. tr. dor. fig. de *Moreau*. (*Derome*.)

Recueil recherché à cause de ses jolies gravures. Rare sur ce format.

745. Le Pot-pourri de la Ville d'Avray (par Moreau). *Paris, impr. de Monsieur, aux dépens de l'auteur et pour ses seuls amis*, 1781, in-18, pap. fin. v. m. dent. tr. dor.

Rare. Tiré à très pet. nombre d'exempl. qui ont été offerts en présents. On lu dans l'avertissement : « Les seules personnes qui seront en droit de me demander un exempl. de ce petit recueil, sont celles qui pourront m'y montrer un vers fait pour elles. »

746. Recueil des plus anciennes chansons de l'Escalade. *S. l. n. d.* (Genève), in-12, d. rel. dos et coins de mar.

747. Christmas carols ancient and modern; with an Introduction and notes by William Sandys. *London, Beckley,* 1833, in-8, pap. vél. cart. non rog. musique.

Recueil de Noëls en anglais, en languedocien, en provençal, etc.; savantes et curieuses recherches de l'éditeur.

POÈTES ÉTRANGERS.

748. Racolta di poemetti italiani, di varie stanze, canzoni, storie, frottole, etc. Pet. in-4, caract. semi-goth., mar. vert, fil. et comp. large dent., tr. dor. (*Riche et élégante reliure de Bauzonnet, dans le goût italien du 16e siècle.*)

Réunion précieuse et accidentelle, dans un seul volume, d'environ cinquante petits poëmes italiens et opuscules en vers, imprimés de 1518 à 1524, la plupart à Venise, chez Fr. Bindoni. Dix voyages en Italie et une persévérance de bibliophile, égale à celle de Sir Richard Heber, parviendraient à peine à procurer le quart des opuscules qui composent cette collection, que nous osons dire unique, et que son extrême rareté recommanderait seule, quand même elle n'aurait pas des titres plus solides à faire valoir. Mais nous ajouterons, sans crainte d'être démenti par tous ceux auxquels il sera donné de parcourir quelques instants ce délicieux recueil, que la plupart des pièces qu'il renferme sont aussi dignes de l'attention de l'homme de lettres que de l'ardente curiosité du bibliophile.

Pour le commun des lecteurs, nous en aurions trop peu dit d'un volume qui nous semble si précieux; pour les véritables amis des livres, pour les adeptes, nous en avons dit plus qu'il ne faut pour les toucher; nous ajouterons cependant encore, et peut-être aurions-nous dû commencer par là, nous ajouterons cependant encore que La Monnoye a connu ce volume, qu'il l'a en probablement en sa possession, puisqu'il a pris la peine d'en écrire la table, et qu'on retrouve encore sa très fine et très lisible écriture dans deux courtes notules dont il a enrichi ce volume, auquel ne nuira pas sans doute une telle recommandation.

G. Depleissis.

Comme il n'est aucune de ces pièces qui ne soit de la plus excessive rareté, nous avons cru devoir relater ici le titre sommaire de chacune d'elles :

Historia motto faceta de uno Contadino molto povero. — Hystoria di Maria per Ravenna. — Hystoria de Senso il quale cercava di non morire. — Companella delle donne per piacere. — Historia della regina Stella et Mattabruna. — Historia bellissima laqual narra come el spirito de Domenego tala calza aperse a Zuan Polo narrando tutte le pene de l'inferno. — Historia della Badessa et del Bolognese. — Historia deli amanti Ludovico et Madona Beatrice. — Hystoria del Re de Paria. — Contrasto de la Bianca et de la Brunetta. — Historia de Hyppolito e Lionora. — Historia del Mercbante Almoro e del camelier Durante. — Hystoria de Liombruno. — Frotola bellissima de uno che andava a vendere salata. — Vanto di Paladini. — Fioretti di Paladini. — Hystoria de la Regina Oliva. — Le malicie de le Donne. — Tariteon tariteon Caco Dobro salizon. — Hystoria del geloso da Fiorenza. — Hystoria de Ollineto et Julia. — Hystoria delo Jua de Florio e Biancifiore. — Historia de Floriado e Chiarastella. — La gran battaglia de li Gatti e de li Sorzi. — La Sala di Malagigi. — Stramotti e fioretti damore. — El triompho et festa che fanno le Garzone. — Predica damore. — Mariazzo di donna Rada bratessa. — Hystoria del Mondo fallace. — Governo de fameglia. — Frottole nove. — Desperata. — Frottole nove. — Lamento de una giovenetta. — Strambotti nori. — Non espetto giamal. — Strambotti da diversi auttori. — Io sono il gran capitano della morte. — Strambotti del Pamphilo Sasso. — Strambotti de Misser Radoe Madona Margarita. — Amaistramenti di Senecha morale. — Opera del Savio Romano. — Mariazo di Padoa. — Strambetti di Leonardo Justiniano. — Sventurati Pellegrino. — El contrasto del matrimonio de Luogno e de la Tamia. — Historia de uno contrasto. — Predica di Carnevale. — El Viazo di cento Heremiti.

Plusieurs contes de ce recueil ont été mis en vers français par notre fabuliste La Fontaine. Nous citerons notamment l'*Hystoria deli doi nobilissimi amanti* qui lui a fourni le sujet de son conte du *Cocu battu et content*. Une réimpression du *Governo de fameglia* a été publiée à Douai en 1810, à 30 exempl., par les soins de M. Duplessis.

749. I Fiori delle rime de poeti illustri, raccolti de Girolamo Ruscelli. *Venetia, Marchio Sessa*, 1586, pet. in-12, mar. r. fil. tr. dor.

750. Il libro del Perché, la Pastorella del Marino, la Novella del' Angelo Gabriello, e la Puttana errante di Pietro Aretino. *Pe-King, regnante Kien-Long, nel XVIII secolo* (Paris, 1790), pet. in-8, cart. non rogn.

751. Il Vendemiatore, poemetto in ottava rima di Luigi Tansillo; e la Priapeia, sonetti Lussuriosi di Niccolo Franco. *A Pe-King, regnante Kien-Long, nel XVIII secolo* (Parigi, 1790), in-12, mar. vert, fil. dent. tr. dor.

752. Le cose volgari di Messer Francesco Petrarcha. S. l, n. d., pet. in-8, v. f. fil. tr. dor. (*Niedrée.*)

Jolie édit. imitée des Aldes, sortie des presses de Lyon.

BELLES-LETTRES.   93

753. Pétrarque. Mss., pet. in-fol., rel. en velours r.

Joli mss. sur vélin de 208 feuil. avec miniature, illustrations en or et en couleur, et grandes lettres ornées.

754. L'Amie des Amies. Imitation d'Arioste, par Berenger de la Tour d'Albenas en Viuarez. *Lyon, Robert Granson*, 1558, pet. in-8, mar. vert, fil. tr. dor. (*Niedrée*.)

Bel exempl. d'un livre rare, imprimé en caract. dit civilité.

754 bis. Jérusalem délivrée, poème du Tasse; trad. nouv. (par Lebrun). *Paris, Musier*, 1774, 2 vol. gr. in-8, pap. de Holl., mar. r., fil. tr. dor., fig. de *Gravelot*. (*Derome*.)

754 ter. La même. *Paris, Bossange*, 1803, 2 vol. gr. in-8, pap. vél., mar. citr., fil. dent. tr. dor., portr. fig. av. la lettre et eaux-fortes. (*Bozerian*.)

755. L'Arcadie de Messire Jacques Sannazar, translaté d'italien en francoys (par Jehan Martin). *Lyon, Sulpice Sabon*, 1544, in-16, mar. r. fil. tr. dor.

756. Le Rime di M. Agnolo Firenzuola Fiorentino. *Fiorenza, Bern. Giunti*, 1549, pet. in-8, mar. r. fil. tr. dor. (*Derome*.)

Bonne édit. Vendu en cette condition 17 fr. chez Gaignat.

757. Ciriffo calvaneo da Luca de' Pulci, restituto alla sua antica lezione, con osservazioni bibliografico-litterarie, di S. L. G. E. Audin. *Firenze*, 1834, gr. in-8, br..

758. *Le même*. pap. bleu, cart. non rog.

759. Stanze del poeta Sciarra Fiorentino sopra la rabbia di Macone. *Firenze, Audin*, 1822, in-8, br. en cart. non rog. pap. de coul.

L'un des dix exempl. tiré sur ce pap.

760. Le Terze rime piacevoli di Giovanni della Casa. *In Benevento*, 1727, pet. in-8, v. br. fil. tr. dor.

761. I Canarini. *Verona, Alberto Tumerman*, 1728, pet. in-4, broch. en cart., fig.

762. La Liberazione di Vienna assediata dalle armi Ottomane, poemetto giocoso, E la Banzuola, del dottore Lotto

Lotti, in lingua popolare Bolognese. *S. l. n. d.*, in-8, d. rel. v. br., fig.

763. Les Epistres dorées, morales, familières et discours salutaires d'Ant. de Guevare Espagnol, trad. en franc. par de Gutterry. *Paris, Jacq. Kerver*, 1565, 3 tom. en 1 vol. gr. in-16, mar. olive, fil. comp. tr. dor.

764. The conscious lovers, gli amanti interni, commedia Inglese del cavał. Riccardo Steele. *Londra*, 1724, in-12, gr. pap., mout. r. fil. tr. dor.

765. Musarion, ou la Philosophie des graces, trad. de Wielland, par de Laveaux. *Basle, Thurneysen*, 1780, pet. in-8, pap. de Holl., mar. r. fil. dent., doub. de soie, tr. dor., fig. av. la lettre.

766. Choix de poésies du roi Louis de Bavière, trad. en vers français, par P. Villiers. *Limoges*, 1830, in-4, br.

Tiré à 200 exempl. — Hommage du traducteur à M. de Pixérécourt.

767. Sophiowka, poëme Polonais, par Stan. Trembecki, trad. en vers franc., par le comte de Lagarde. *Vienne, Strauss*, 1815, in-4, pap. vél., cart., portr. et fig.

IV. ART DRAMATIQUE.

768. La Tragédie d'Euripide, nommée Hecuba; trad. de Grec en rhythme Francoise, par Laz. de Baïf. *Paris, Rob. Estienne*, 1550, in-8, mar. r. fil. tr. dor. (*Koehler.*)

769. M. Accii Plauti Menœchmi ad veterum exemplar fidem. *Parisiis, Dionisius à Prato*, 1595. — Jos. Scaligeri Epistola de vetustate et splendore gentis Scaligeræ et Jul. Cæs. Scaligeri vita. *Lugd.-Batav. ex officina Plantiniana*, 1594, 2 part. en 1 vol. pet. in-4, mar. vert, tr. dor. (*Derome.*)

Volume précieux : le premier ouvrage est surchargé de notes de la main de Passerat tant sur les feuillets de texte, que sur un grand nombre de feuillets ajoutés ; le second porte un envoi autographe de Jos. Scaliger à Jean Passerat.

770. Publii Terentii Comœdiæ. *Parisiis, typ. regia*, 1642, in-fol. mar. r. fil. tr. dor. (*Aux armes royales.*)

770 bis. Les mêmes, accurante Corn. Schrevelio. *Lugd.-Ba-*

BELLES-LETTRES. 93

lav., *Fr. Hackius*, 1662, in-8, mar. br. dent. tr. dor. (*Aux armes.*)

770 ter. Les mêmes. *Londini, J. Brindley*, 1744, in-18, v. f. tr. dor. — *1-50*

771. Georgii Holonii Leodiensis Lavrentias. Tragœdia de martyrio D. Laurentii.—Lambertias. Tragœdia de oppressione B. Lamberti martyris. — Catharina. Tragœdia de S. Catharinæ virginis certamine. *Antverpiæ, Joan. Bellerus*, 1556, 3 part. en 1 vol. pet. in-8, br. en cart. non rog. — *9-»*

772. Jephté, ou le vœu, trag. trad. du latin de George Buchanan, par Florent Chrestian. *Paris, Mamert Patisson*, 1587, pet. in-12, mar. vert, fil. tr. dor. (*Bauzonnet.*) — *30-»*

Joli exempl. gr. de marges.

773. Recueil de farces, moralités et sermons joyeux, publié d'après les mss. de la Bibl. Roy. par MM. Leroux de Lincy et Franc. Michel. *Paris, Techener*, 1837, 4 vol. in-8, pap. de Holl. d. rel. mar. vert, non rogné. (*Manque le t. I.*) — *30-»*

Réimpr. tirée à 76 exempl., n° 53.

COLLECTION DE MORALITÉS PUBLIÉE PAR CARON ET CONTINUÉE PAR M. PONTIER.

774. La Farce de la querelle de Gaultier-Garguille et de Perrine sa femme. Avec la sentence de séparation entre eux rendue. *A Vaugirard, par aciou, à l'enseigne des trois rares.* — Chute de la médecine et chirurgie, ou le monde revenu dans son premier âge, trad. du Chinois, par le Bonze Luc-Esiab. *A Emeluogna, la présente année 00000*, 1 vol. in-8, pap. rose, cart. — *3-»*

Collection *Caron*. Il n'a été tiré des pièces qui en font partie que 4 exempl. sur pap. de couleur.

775. Le Jeu du Prince des Sotz et Mere sotte. Joué aux Halles de Paris, le mardy gras. L'an mil cinq cens et unze, composé par Pierre Gringoire. In-8, pap. de coul. cart. non rog. — *4-50*

Collection *Caron*,

776. Le Mystère du Chevalier qui donna sa femme au Dyable. In-8, cart. non rog.

Collection *Caron*.

777. Nouvelle Moralité d'une pauvre fille villageoise, laquelle ayma mieux avoir la teste couppée par son père, que d'estre violée par son Seigneur. A quatre personnages. *Paris, Simon Calvarin.* — Farce joyeuse et recreative du galant qui a faict le coup, a quatre personnages. *Paris*, 1610; ensemble 1 vol. in-8, pap. rose, cart. non rog.

Collection *Caron*.

778. Le mistere de la saincte hostie nouvellement imprime à Paris. Gr. in-16, br.

Collection *Pontier*. (*Aix*, 1817, 40 exempl.)

778 *bis*. *Le même*, pap. vél.

779. Moralité nouvelle du mauvais Riche et du Ladre. A douze personnages. Pet. in-8, br.

Collection *Pontier*. (*Aix*, 1823, 67 exempl.)

779 *bis*. *La même*, pap. vél. bleu, br.

L'un des 6 sur ce papier.

779 *ter*. *La même*, pap. vél. br.

780. *La même. Paris, Silvestre*, 1833, pet. in-8, goth. br.

Réimpr. copie figurée, faite aux frais de M. le prince d'Essling, et tirée à 40 exempl. seulement.

781. Le mirouer et exemple moralle des enfans Ingratz pour lesquelz les peres et meres se destruisent pour les augmeter qui en la fin les descongnoissent, (par Tyron). Pet. in-8, br. avec 16 fig. sur bois.

Collection *Pontier*. (*Aix*, 1836, 66 exempl.)

Je n'examinerai pas ici jusqu'à quel point il est convenable et bien entendu de réimprimer des livres dont la rareté fait le seul mérite. Ces réimpressions ont l'aveu des amateurs, et il n'en faut pas davantage. Mais je remarquerai ici que la *Collection de Caron*, qui a donné l'idée de ce genre de recueils, tient le premier rang dans la bibliothèque des livres renouvelés, et qu'un exemplaire complet de cette collection compte au nombre des curiosités littéraires. Or, il convient, pour la rendre aussi complète que possible, de joindre aux quinze pièces qui la composent : 1° les complements donnés par M. de Montaran aux *Chansons des Comédiens* et aux *Noel Bourguignons*; 2° les dix-huit pièces publiées par cet amateur à l'instar des premières; 3° les cinq pièces publiées par M. Pontier d'Aix pour faire suite à Caron. Cette série qui demande peut-être une bonne notice forme un ensemble précieux.   Ch. Nodier.

781 bis. *Le même*, sur pap. bleu. br.
 Tiré à 6 exempl.

781 ter. *Le même*, sur pap. rose, br.
 Tiré à 6 exempl.

782. Sensuit le mistere de la Passion de nostre seigneur Jesuchrist iouee a Angiers et a Paris.—*Cy finist le mistere de la passion nostre seigneur iesucrist. Imprimee a Paris lan mil CCCC XCIX. pour Anthoine Verard libraire.* In-4, goth. à 2 col. régl. front. illustré en or et couleur, rel. en bois recouvert de velours roug. doubl. de satin jaune. (*Exempl. de Girardot de Préfond*, rendu 810 fr. chez Mac-Carthy.)

 Exemplaire infiniment précieux, orné de 10 beaux tableaux peints à la gouache, et qui représentent différents sujets de ce mystère. La conservation en est parfaite. Il renferme de plus une table manuscrite particulière, avec les additions pareillement manuscrites, très bien exécuté en caractères goth., données par Jehan Michel, et publiées dans les éditions postérieures de cet ouvrage. On peut voir dans la *Bibliogr. Instructive*, n° 3192, le détail des sujets représentés dans les tableaux. (*Note du Cat. Mac-Carthy*, n° 2910.)

783. Sensuyt le mistere de la passion nostre seigneur Jesucrist nouvellement corrigee. Auec les aditions faictes par M. Jehan Michel. *Paris, Alain Lotrian, s. d.*, pet. in-4, goth. à 2 col. mar. bleu, tr. dor. fig. sur bois.(*Bauzonnet.*)

 On connaît assez la rareté de ces précieux volumes, qui se recommandent d'eux-mêmes à l'attention des amateurs.   Ch. Nodier.

784. Nativité de nostre seigneur Jhesuchrist par personnages. Avec la digne accouchee. *Nouvellement imprime a Paris.* In-16, goth. br.
 Réimpr. faisant partie de la collection *Silvestre*, 1839.

785. Miracles de nostre dame de Berthe, femme du roy Pepin qui luy fut changee et puis la retrouva. Et est a XXXII personnages. In-16, goth. br.
 Même collection.

786. La Farce des Théologatres a six personnages. *Lyon, nouvellement imprime jouxte la copie*, 1830, gr. In-8, pap. de Holl. dos et coins de mar. r. fil. non rog. (*Bauzonnet.*)
 Réimpr. à 61 exempl. faite par les soins de M. Duplessis (dont 10 sur ce pap.)

sur le bel et probablement unique exempl. de l'édit. originale qui fait partie de la précieuse collection de M. Coste, à Lyon.

786 bis. *La même*, pap. vél. br.

787. Les sept Marchans de Naples : Cestassavoir Ladventurier. Le Religieux. Lescolier. Laveugle. Le Vilageois. Le Marchant Et le Dragart. *S. l. n. d.* pet. in-16, goth. mar. r. fil. à fr. doubl. de mar. r. avec dent. tr. dor. fig. sur bois. (*Bauzonnet.*)

Edit. originale. Exempl. d'une conservation parfaite.

787 bis. *Le même*, in-16, goth. br.

Réimpr. éditée en 1838, par M. Silvestre.

788. Moralité tres excellente a l'honneur de la glorieuse assomption nostre Dame, a dix personnages. In-16, goth. broch.

Même collection.

789. Moralité de la maladie de Chrestienté a viij personnages. In-16, non rel.

Copie msse de 96 p. faite sur l'édit. de *Paris*, 1533, provenant de chez M. Méon.

790. Moralité de Mundus, Caro, Demonia. Farce des deux Saveliers. *Paris, Didot*, 1827 (1830), format d'Agenda, pap. de Holl. d. rel. non rog.

Réimp. goth. fac-simile à 100 exempl. numérotés, faite par les soins de M. Durand de Laoçon.

791. Le mirouer et exemple Moralle des enfans Ingratz pour lesqlz les peres et meres se destruisent pour les augmeter qui en la fin les descongnoissent. Pet. in-8, goth. *s. l. n. d.* avec 16 grav. sur bois, mar. bleu, fil. non rog.

Exempt. scn vélus.
Réimpr. exécutée à Aix, en 1836, par les soins de M. Pontier fils, imprimeur. Tirée à 2 exempl. sur vélin. Prix de souscription : 200 fr.

792. Mister et jeux de monsieur sainct Estienne pape et martir patron de la noble ville de sainct Mihiel. Mss. in-fol. bas.

Poëme mss. goth. de 1548, comprenant environ 50,000 vers. L'auteur en est Nicolas Louprent, prieur de l'abbaye de Saint-Mihiel. Il est divisé en 3 journées. On lit à la fin de l'ouvrage, sur le dernier feuillet :

Finitur liber misterii personali dicti stephani pape et martiris patroni ecclesie parochialis sancteili finitur per Nicolaum Louprent priorem monasterii S. Michielis anno domini 1518.

On a joint à ce mss. une *Dissertation* le concernant, lue à la Société royale de Nancy le 27 mai 1830.

Mouillé. Les premiers feuillets rongés.

793. Le testament de carmentran a VIII personnaiges, par Abundance. In-16, br. pap. holl.

Réimpr.-copie fig. à 42 exempl., publiée en 1830, par les soins de MM. G. V. (*Giraud et Venant.*)

793 bis. *Le même*, pap. de Chine jaune paille.

L'un des 4 sur ce pap.

794. Comedie du Pape malade et tirant à la fin. Trad. de vulgaire Arabic en bon Roman et intelligible, par Thrasibule Phenice (Théod. de Bèze). S. l. 1561, in-16, mar. vert, fil. pet. fers, tr. dor. (*Bauzonnet.*)

Edit. la plus ancienne que l'on connaisse ; elle est fort rare.

795. Le Marchant converti. Tragedie excellente. En laquelle la vraye et fausse religion, au parangon l'une de l'autre, sont au vif representées......(trad. du lat. de Th. Naogeorg, par Jean Crespin). *Lyon, Gabr. Cartier*, 1582, in-16, mar. r. fil. pet. fers, tr. dor. (*Niedrée.*)

796. Tragédie Francoise, à huict personnages : traictant de l'amour d'un serviteur envers sa maistresse, et de tout ce qui en advint ; composée par M. Jean Bretog, de S. Sauveur de Dyve. *Lyon, Noel Gandon*, 1571, in-8, dem. rel. mar. r. non rogn. pap. de Holl. (*Thouvenin.*)

Réimpr. à 60 exempl. faite à Chartres en 1831, par les soins de M. G. D. (*Duplessis.*)

796 bis. *La même*, pap. jaune, d. rel. cuir de Russie, non rog.

796 ter. *La même*, br.

797. Œuvres de Jan et Jacq. de la Taille. *Paris, Fréd. Morel*, 1572, 6 part. en 1 vol. pet. in-8, mar. vert, fil. pet. fers, tr. dor. (*Bauzonnet.*)

Bel exempl. renfermant : — Saul le Furieux, tragédie. — La Famille, ou les Gabéonites, ensemble plusieurs autres œuvres poétiques. — Daire, tragédie. — Alexandre, tragédie. — La manière de faire des vers. — Ces diverses parties se trouvent rarement réunies. Vendu 55 fr. 50 chez M. Pixérécourt.

7.

798. Dauid combatant. Dauid triomphant. Dauid fugitif. Trag. sainctes, par Loys Des-Masures, Tournisien. *S. l. n. d.* pet. in-12, mar. r. fil. à fr. tr. dor. (*Bauzonnet.*)

Bel exempl. gr. de marges d'un livre rare.

799. Tragédie françoise du Sacrifice d'Abraham, par Théod. de Beze. (*Geneve*), *Jaques Chouët*, 1594, in-16, mar. r. fil. pet. fers, tr. dor. (*Bauzonnet.*)

Joli exempl.

800. Abrahamus sacrificans. Tragadia Gallice a Th. Beza, à Joa. Jacomoto latine conversa. (*Genevæ*), *Jac. Stœr*, 1599, pet. in-12, d. rel. v. f.

801. La Farce joyeuse de Martin Baton, qui rabbat le caquet des femmes. *Rouen, Jean Oursel, à l'Impr. du Levant, s. d.* in-8, pap. de Holl. br.

Réimpr. fac-simile, à 50 exempl., faite à Chartres en 1832.

801 bis. La même, pap. vél.

801 ter. La même, pap. vél. rou.

802. Les Tragédies et autres Œuvres poëtiques de Jean Prevost, advocat en la Basse Marche. *Poictiers, Julian Thoreau*, 1614. — Les secondes Œuvres poëtiques, du même. *Poictiers, Julian Thoreau*, 1613, 2 part. en 1 vol. pet. in-12, v. f. fil. tr. dor. (*Niedrée.*)

Bel exempl.

803. Les Tragédies de Robert Garnier. *Rouen, Raphael du Petit Val*, 1616, pet. in-12, v. f. fil. tr. dor. (*Bauzonnet.*)

Exempl. d'une condition parfaite et d'une reliure charmante.

803 bis. Les mêmes. *Paris, Auth. du Brueil, s. d.*, pet. in-12, d. rel. v. f.

804. Le Théâtre francois, contenant le Trébuchement de Phaëton...... *Paris, Paul Mausan*, 1624, in-8, v. m.

805. Ballet du grand Demorgon, qui se dansera au Jeu du petit Louvre, aux Marests du Temple. *Paris, Pierre Chenault*, 1633, pet. in-8, d. rel. v. f.

806. La Comédie des Proverbes (par Adrien de Montluc,

comte de Cramail). Troisiesme édition. *Troyes, Nic. Oudot,* 1654, pet. in-8, dos et coins de mar. vert, tr. dor. (*Niedrée.*)

806 bis. La même. *Troyes, P. Garnier, s. d.*(1735), pet. in-8, d. rel.

807. Amphytrion, comedie, par J. B. P. de Molière. *Paris, Jean Ribou,* 1668, pet. in-12, vél.—Le Nouveau Pathelin (ou la Farce de Pathelin attribuée à Villon, publ. par Gueullette). 1748, pet. in-8, cart.

808. Athalie, tragédie, par Racine. *Paris,* 1691, pet. in-12, d. rel. mar. vert, dent. tr. dor.

Édit. originale.

809. Œuvres de Jean Racine *Paris, Didot l'aîné,* 1784, 5 vol. in-18, pap. vél. mar. cit. fil. tr. dor. (*Derome.*)

Fait partie de la collection des classiques pour l'éducation du Dauphin.

810. La guerre du théâtre, ou les débris du théâtre d'Harlequin. *Paris, Jean Moreau,* 1709, pet. in-8. v. m. fil.

811. Œuvres dramatiques de Destouches. Nouv. édit. publ. par Crapelet. *Paris, Crapelet,* 1822, 6 vol. in-8, pap. gr. raisin vél. d. rel. mar. r. non rog. portr.

812. Les Philosophes, comédie en vers, par Palissot de Montenoy. *Paris, Duchesne,* 1760, in-12, v. m. fil.

Avec quelques pièces critiques concernant cette comédie, dont *Les Quand*, notes utiles, imprimées en caract. rouges.

813. Pyrame et Thisbé, scène lyrique, par Delarive. *Paris, Didot l'aîné,* 1784, in-18, pap. vél. mar. bleu, fil. dent. à fr. tr. dor. (*Purgold.*)

814. Émilie ou les joueurs, com. *Paris, Didot l'aîné,* 1787, in-18, pap. vél. mar. vert d'eau, fil. dent. à fr. tr. dor. (*Thouvenin.*)

Cette pièce, imprimée à 50 exempl. seulement qui ne se sont pas vendus, est de M. le comte de Montesquiou Fezensac, premier écuyer de M. le comte de Provence (Louis XVIII).

Exempl. de M. le comte de La Bédoyère, vendu 22 fr. 50 c. à la vente de ses livres.

815. Arlequin-Joseph, comédie parade en un acte, par Demautort. *Paris,* an II, in-8, dem. rel. v. f. non rog. (*Thouvenin.*)

815 bis. Le mariage du capucin, com. en 3 actes, par Pelletier Volméranges, *Paris*, 1803, in-8, dem. rel. v. f. non rog. (*Thouvenin.*)

816. La mort de Henri IV, tr. par Legouvé. *Paris, Renouard,* 1806, in-8, pap. vél. mar. r. fil. dent. tr. dor. doub. de soie blanc.

817. Œuvres dramatiques de M. A. F. (le comte Ferrand). *Paris, impr. roy.* 1817, in-8, cart. non rog.

Vol. tiré à petit nombre pour présents.

818. Le duc d'Alençon, ou les frères ennemis, tragédie inédite de Voltaire, publ. par Louis du Bois. *Paris*, 1821, in-8, br. pap. vél.

819. Pièces (onze) de théâtre, de Collot d'Herbois. (1775-1792.)

Dont : le Bon Angevin, ou l'hommage du cœur, composé en l'honneur de Monsieur, frère du Roi. *Angers*, 1115. — Les Français à Grenade, ou l'impromptu de la guerre et de l'amour, joué sur les théâtres de Lille et Douay. *Douay*, 1779. — La Famille patriote, ou la Fédération, pièce nationale. 1790, etc., etc.

820. Pièces de théâtre, br.

Le Tremblement de terre de Lisbonne, trag. de M. André, M^e perruquier (par Marchand). *Lisbonne, impr. du public*, 1755.— Charles II, roi d'Angleterre en certain lieu, com. très morale, par un disciple de Pythagore (par Mercier). *Venise (Paris)*, 1789.— La Journée des dupes, pièce tragi-politi-comique (par Bergasse). 1790. — Les Thermopyles, trag. de circonstance (par le comte d'Estaing). *Paris, Didot*, 1791. — Charlotte Corday, ou la Judith moderne, trag. en 3 actes. *Caen*, 1797, portr. — Paparge, ballet comique, par Parfait. *Paris, Debin*, 1803.

821. Celestina. Tragicomedia de Calisto y Melibea. *(Antuerpiæ.) En la officina Plantiniana*, 1595, pet in-8, bas.

Édit. peu commune (*Manuel de Brunet*).

822. La Comedie des supposez de M. Louys Arioste, en Italien et Francoys (par J. P. de Mesmes.) *Paris, Est. Groulleau*, 1552, pet. in-8, mar. vert, fil. tr. dor. (*Niedrée.*)

823. Quattro Comedie del divino Pietro Aretino. 1588, in-16, v. f. fil. dent. à fr. tr. dor.

824. Sophonisbe tragédie tres excellente, tant pour l'argument, que pour le poly langage et graues sentences dont elle est ornee : representée et prononcee deuant le Roy, en

sa ville de Bloys, trad. de l'Ital. de Trissin, par Mellin de St Gelais. *Paris, Phil. Danfrie,* 1559, gr. in-16, mar. vert, fil. à fr. tr. dor. (*Niedrée*.)

Impress. en caract. dit Civilité.

825. Le jeu d'Esmorée, fils du roi de Sicile, drame du xiiie siècle, trad. du flamand, par Serrure. *Gand,* 1835, in-8, br.

V. ROMANS.

Romans français et étrangers.

826. Les amours de Theagènes et Chariclée (trad. du grec d'Héliodore). *Paris, Couslelier,* 1743, 2 vol. in-12, v. m. fil. tr. dor.

827. Les Amours du bon vieux temps (par Lacurne de Sainte-Palaye). *Vaucluse et Paris, Duchesne,* 1756, pet. in-8, dos et coins de mar. r.

828. Cest lhystoire du sainct Greaal qui est le premier liure de la Table ronde. Lequel traicte de plusieurs matieres recreatiues. Ensemble la queste dudict sainct Greaal, faicte par Lancelot, Galaad, Boors et Perceual. Qui est le dernier liure de la Table ronde (trad. du lat. en franc. par Robert de Borron). *Paris, Philippe le Noir,* 1523, in-fol. goth. à 2 col. mar. r. fil. comp. tr. dor. fig. sur bois, front. et gr. lett. ornés. (*Bauzonnet*.)

La rareté de ce roman de chevalerie et de ceux qui figurent sous les sept numéros suivants est trop connue des amateurs pour qu'il soit nécessaire de la constater. Nous nous contenterons de leur signaler l'état parfait de conservation et de reliure de ces volumes dû au merveilleux talent de MM. Bauzonnet et Simonnin.

829. Les grandes prouesses du tres vaillant noble et excellent chevalier Tristan filz du noble roy Meliadus de leonnoys et chevalier de la table ronde (mis de lat de Rusticien de Pise en franc. par messire Luc de Gua ou du Gast). *Nouvellement imprime a Paris (par Denis Janot).* Lan 1533. In-fol. goth. à 2 col. mar. r. fil. comp. tr. dor. front. et gr-lett. ornés. (*Bauzonnet*.)

Voy. sur ce précieux volume une savante dissertation insérée dans l'*Analectabiblion,* t. I, p. 107. Je crois seulement que M. du Roure a fait erreur en donnant à cette édit. la date de 1532.

830. Tresplaisante et Recreatiue Hystoire du Trespreulx et vaillant cheuallier Perceual le galloys jadis cheuallier de la Table ronde. Lequel acheua les aduentures du sainct Graal. Auec aulchuns faictz belliqueulx du noble cheuallier Gauuain (par Gauchier de Doudain et Menessier).... *Paris, en la boutique de Jehan longis Jehan sainct Denis et Galliot du pré,* 1530, in-fol. goth. à deux col. mar. r. fil. comp. tr. dor. fig. sur bois, front. et gr. lett. ornés. (*Bauzonnet.*)

L'un des plus rares de la classe des romans de cheualerie. Edit. unique.

831. Lhystoire de Giglan fils de Messire Gauvain qui fut roy de Galles, et de Geoffroy de Maience son compaignon tous deux chevaliers de la table ronde.... Lequel a este nouvellement translate de langaige Espaignol en nostre langaige Françoys (par F. Cl. Platin, de l'ordre de S. Anthoyne). *Lyon, cheu Gilles et Jacques Huguetan freres,* 1539, pet. in-4, goth. mar. v. fil. a fr. doubl. de mar. citr. avec larg. dent. et comp. tr. dor. fig. sur bois. (*Bauzonnet.*)

Exempl. de *Guyon de Sardière*, avec sa signature. Richement relié.

832 Lhistoire du preux et vaillant Cheualier Galien Rethore, filz du Conte Oliuier de Vienne, Pair de France. *Paris, Nicolas Bonfons,* s. d. pet. in-4, goth. à 2 col. mar. bleu, fil. et comp. à fr. large dent. tr. dor. fig. sur bois et gr. lett. ornées. (*Bauzonnet.*)

833. Lhystoire des nobles et vaillans cheualliers Milles et Amys, lesquelz en leur viuant furent pleins de grandes proesses et vaillances. *Paris, Nic. Bonfons,* s. d. (vers 1530), pet. in-4, goth. à 2 col. mar. bleu, fil. comp. tr. dor. fig. sur bois et gr. lett. ornées. (*Bauzonnet.*)

Cité comme très rare dans l'*Analectabiblion*, t. I, p. 120.

834. Lhistoire du noble preux et vaillant cheualier Guillaume de Palerne. Et de la belle Melior.... *Paris, Nic. Bonfons,* s. d. pet. in-4, mar. bleu, fil. coins dentel. tr. dor. fig. sur bois et gr. lett. ornées. (*Bauzonnet.*)

835. Florent et Lyon : Enfans de Lempereur de Rome. *Paris, Nic. Bonfons,* s. d. (vers 1535), pet. in-4, goth. à 2 col.

mar. bleu, fil. comp. tr. dor. fig. sur bois et gr. lett. ornées. (*Bauzonnet*.)

<small>Vol. rare, avec une jolie reliure dans le genre de Grolier.</small>

835. L'Histoire de Palanus, comte de Lyon, mise en lumière, par M. de Terrebasse. *Lyon, Perrin*, 1833, gr. in-8, pap. de Holl. dos et coins de m. r. non rog. fac-simile (*Koehler*.)

<small>Tirée à 120 exempl. numérotés.</small>

836 *bis*. — *Le même*, rel. en percal. non rogn.

837. Histoire merveilleuse et notable de trois excellens et tres renommez filz de Roys, a scauoir de France, d'Angleterre et d'Écosse. *Lyon, Benoist Rigaud*, 1579, in-8, mar. bleu, fil. tr. dor. (*Niedrée*.)

837 *bis*. — *Le même*, mar. vert, fil. comp. tr. dor. (*Niedrée*.)

838. Histoire pitoyable du Prince Erastvs, fils de Dioclétien, Empereur de Rome. Trad. d'Italien en Franc. *Paris, Robert le Maugnier*, 1570, in-16, mar. vert, fil. pet. fers, tr. dor. reglé. (*Niedrée*.)

839. L'histoire et ancienne cronique de Gerard d'Euphrate, duc de Bourgongne. *Lyon, Benoist Rigaud*, 1580, in-16, mar. bleu, fil. à fr. tr. dor. (*Niedrée*.)

840. Histoire de Hvon de Bovrdeavx, pair de France et duc de Guyenne. *Lyon, Pierre Rigard*, 1606, in-8, mar. chocolat. fil. pet. fers, tr. dor. (*Bauzonnet*.)

841. Histoire de Gérard, comte de Nevers, et de la très vertueuse et sage princesse Euriant de Savoye, sa mye (trad. de rime de Gibert de Montreuil, en prose). *Paris, Seb. Ravenel*, s. d., pet. in-8, v. gr. dent. à fr.

842. L'Histoire de Pierre de Provence et de la belle Maguelonne, galante héroique, *Troyes, Vve Oudot*, 1715, pet. in-8, d. rel. v. f.

843. Le Romant de la belle Heleine de Constantinople, mere de Saint Martin de Tours. *Troyes, Jacq. Oudot*, s. d., pet. in-8, v. olive, dent. à fr. tr. dor.

844. Les infortunes et chastes amours de Filiris et Isolia, par le Sieur des Escuteaux gentil-homme Loudunois. *Saumur*,

Thom. Portau, 1601, pet. in-12, mar. bleu, fil. (*Aux armes.*)

845. Histoire des amans volages de ce temps; par Fr. de Rosset. *Paris, Denis Moreau*, 1623, in-8, v. br.

846. Le Romant comique, par Scarron. *Leiden, Jean Sambix* (Elzev.), 1655, pet. in-12, mar. r. fil. tr. dor.

Edit. elzevirienne peu commune. Elle ne contient que la première partie du livre.

847. Le même. *Paris, Didot jeune*, an IV, 3 vol. gr. in-8, pap. vél., mar. v. fil. dent. tr. dor., fig. av. la lettr. et eaux fortes, par *Le Barbier*. (*Bozérian*.)

Exempl. de M. de Pixerécourt.

848. L'Amant raisonnable, par Bonnecorse. *Paris, Cl. Barbin*, 1676, pet. in-12, v. f. fil. tr. dor. (*Koehler*.)

849. La Princesse de Clèves (par Mme de La Fayette). *Holl. Elzev.*, 1678, pet. in-12, d. rel. v. f.

850. L'heureux esclave Nouvelle (par Bremond). *Cologne, Pierre Marteau* (Holl. à la Sph.), 1692, 3 part. en 1 vol. pet. in-12, fig., v. gr. fil.

851. Les Amours d'une belle Angloise, ou la Vie et les avantures de la jeune Olinde. *Cologne, chez *****, 1695, pet. in-12, mar. bleu, fil. tr. dor. (*Derome*.)

Exempl. de M. de Pixerécourt.

852. L'Amour en fureur, ou les excès de la jalousie italienne. *Cologne, Pierre le jeune*, 1698, pet. in-12, d. rel. v. (*Thouvenin*.)

853. Histoire de Mme la Comtesse des Barres (de l'abbé de Choisy, par lui-même). *Anvers, Vender Hey*, 1735, pet. in-12, v. gr. fil.

854. Avantures de Dona Inès de Las Cisternas, qui d'esclave à Alger, en devint la souveraine. *Utrecht, Et. Neaulme*, 1737, pet. in-8, v. m. (*Aux armes.*)

855. Les Veillées de Thessalie, par Mlle de Lussan. *Paris, Vve Pissot*, 1741, 4 vol. in-12, v. f., fil. tr. dor.

856. Le Cousin de Mahomet. Histoire plus que galante (par Fromaget). *Leide, Vamberk*, 1742, 2 part. en 1 vol. in-12,

v. gr. tr. dor.—Histoire du prince Titi (par de Saint-Hyacinthe). *Bruxelles, Foppens*, 1736, 2 vol. in-12, v. f.

857. Le Diable boiteux de Le Sage. Nouv. édit. augm. d'une Journée des Parques; des Entretiens sérieux et comiques des Cheminées de Madrid..... *Paris, Damonevílle*, 1756, 3 vol. pet. in-12, pap. de Holl., mar. vert, fil. à fr. tr. dor., fig. av. la lettre. (*Bauzonnet.*)

Rare et recherché sur ce pap.

858. Histoire de Manon Lescaut, par l'abbé Prévot. *Paris, Didot l'aîné*, 1797, 2 vol. in-18, gr. pap. vél. d. rel. v. f. non rog., fig. av. la lettre et eaux fortes. (*Bauzonnet.*)

859. Mémoires de Cécile, écrits par elle-même, revus par M. de La Place. *Paris, Rollin*, 1752, 4 vol. in-12, mar. r. fil. tr. dor. (*Aux armes.*)

860. Galatée, par Florian. *Paris, Didot l'aîné*, 1783, pap. fin, fig., mar. vert, fil. tr. dor. (*Derome le jeune.*)

861. Victorine, par l'auteur de Blancay (Gorgy). *Paris, Guillot*, 1789, 2 vol. in-18, pap. vél. mar. vert, fil. tr. dor.

Aux armes du comte d'Artois.

862. Lettres de deux amans habitans de Lyon, par Léonard. *Paris, Didot jeune*, 1798, in-8, pap. de Holl., mar. vert, fil. comp. tr. dor.

Exempl. de M. de Pixerécourt, l'un des deux tirés sur ce pap.

863. Zelomir, par Morel de Vindé. *Paris, Didot l'aîné*, 1801. — Primerose, par le même. *Paris, le même*, 1797, 2 vol. gr. in-18, pap. vél., fig. avant la lettre et eaux fortes, cart. non rogn.

864. Lord Ruthwen, ou les Vampires, (par Cyprien Bérard). —Thérèse Aubert. — Adèle, par Ch. Nodier. *Paris*, 1820, 4 tom. en 2 vol. in-12, v. f. fil.

Lord Ruthwen a été mal à propos attribué à M. Nodier par MM. Barbier et Quérard.

865. Bianca Capello, roman imité de l'allemand (de Meissner), par Rauquil-Lieutaud, publ. par de La Borde. *Paris, Didot*, 1790, 2 vol. gr. in-18, pap. vél. br.

866. La Vie et les Avantures de Robinson Crusoé, par Dan.

de Foé, trad. par Themiseul de Saint Hyacintse. *Paris, Verdière*, an VIII, 3 vol. in-8, gr. pap. vél., d. rel. mar. viol., non rogn., doubl. fig. avant la lettre grav. par Delignon, d'après les dessins origin. de Hothart. (*Thourenin.*)

Les exemplaires avec fig. avant la lettre sont rares et fort recherchés.

867. Mariane, ou la nouvelle Pamela, trad. de l'angl. *Amst., Henri Beman*, 1765, in-12, mar. vert, fil. tr. dor. (*Aux armes.*)

868. Histoire de François Wills, ou le triomphe de la bienfaisance, par l'auteur du Ministre de Wakefield (Goldsmith), trad. de l'angl. *Amst., Changuion*, 1773, 2 part. en 1 vol. in-12, mar. r. fil. tr. dor. (*Aux armes.*)

Romans historico-satiriques et galants (1).

869. Nouveau Recueil contenant la vie, les amours, les infortunes et les lettres d'Abeilard et d'Héloise. *Anvers, Sam. le Noir*, 1731, 2 tom. en 1 vol. in-12, v. f. fil.

870. Abélard et Héloise, leurs malheurs et leurs ouvrages, par Villenave. *Paris*, 1834, gr. in-8, d. rel. v. f. (*Bauzonnet.*)

Exempl. imprimé sur pap. de quatre couleurs. Tiré à 50.

871. Les Amours de Charles de Gonzague, duc de Mantoue, et de Marguerite, comtesse de Roverre, trad. de l'italien de Giulio Capocoda. *S. l.* (Holl. à la Sph.), 1666, pet. in-12, d. rel. v.

872. La Vie et les amours de Charles Louis, électeur Palatin. *Cologne, Jérémie Plantie*, 1692, pet. in-12, vél. cord. portr.

---

(1) Tous les romans relatifs à l'histoire de France ont été renvoyés à cette classe.

BELLES-LETTRES.

873. Germaine de Foix, reine d'Espagne. Nouvelle hist. (par Baudot de Juilly). *Paris, Guil. de Luyne*, 1701, in-12. mar. r. fil. tr. dor.
874. Les Partisans demasquez, nouvelle plus que galante (par l'auteur de la Nouvelle Ecole publique des Finances). *Cologne, chez Adrien l'Enclume*, 1710, pet. in-12, mar. r. fil. tr. dor.
875. Les Avantures du baron de Fœneste, par Th. Agrippa d'Aubigné. *Cologne, les Héritiers de P. Marteau*, 1729, 2 vol. pet. in-8, v. f. fil. tr. dor. (*Niedrée.*)
876. Le Convent (*sic*) aboly des frères pacifiques, nouvelle galante véritable. *Cologne, Pierre le Blanc* (Elzev.), 1685, pet. in-12, non relié.
877. Le Moine galant, ou la Vie de Don F.... Bernardin, ecrite par lui-même. *S. l.* 1256 (sic), pet. in-8, cart. non rog.
878. Les Amours de Sainfroid jésuite et d'Eulalie fille dévote (le P. Girard et la Cadière). Histoire véritable. *La Haye, Isaac Vander Kloot*, 1729, pet. in-12, mar. r. fil. tr. dor. (*Derome.*)

Roman rare (*Cat. Pixerécourt*).

879. Histoire de la Tourière des Carmélites. *Avignon*, 1748, in-16, mar. r. fil. tr. dor. (*Derome.*)
880. La Tourrière des Carmelites, servant de Pendant au P. des C. *Constantinople, chez l'Impr. du Moufti*, 1750, pet. in-12, v. f. fil. tr. dor. (*Koehler.*)
881. Les amours du chev. de Faublas (par Louvet de Couvray). *Paris, A. Tardieu*, 1811, 2 vol. in-8, d. rel. v. f. fig. de Collin. (*Bauzonnet.*)
882. Le Compère Matthieu (par Dulaurens). *Paris, Patris,* 1796, 3 vol. in-8, v. rac. dent. tr. dor. fig.
883. Mon Journal d'un an, ou Mémoires de Mme de Rozadelle-Saint-Ophelle, par M. A. J. F. D. M. S. J. N. D. O (Madame Anne Jeanne Félicité de Mérard St Just, née d'Ormoy); suivis de poésies fugitives. *Parme et Paris* (vers 1788), in-18, br. — Demance de Mme de Panor, en son nom Rozadelle Saint Ophèle (par la même). *Paris*, 1796, in-18, pap. vél.

Ce dernier ouvrage n'a été tiré qu'à 25 exempl.

884. Avantures amoureuses de Luzman chevalier Espagnol, et d'Arbolea sa maîtresse mis d'Espagnol en François. *Rouen, Theod. Reinsart*, 1598, pet. in-12, v. br. fil.

Romans épiques, ou poëmes en prose

885. Les Aventures de Télémaque, par Fénélon. *Bruxelles, Fr. Foppens*, 1700, 2 vol. in-12, mar. r. fil. tr. dor.
886. *Les mêmes. Londres, Dodsley*, 1738, 2 vol. pet. in-8, pap. de Holl. fig. mar. vert, fil. comp. doubl. de soie avec dent. *(Bradel l'aîné.)*

Jolie édit. ornée de fig., par Bernard Picart.
887. *Les mêmes. Paris, Didot l'aîné*, 1796, 4 vol. in-18, gr. pap. vél. fig. de *Quererdo*, av. la lettre, cart. non rog.
888. Critique du premier tome des Aventures de Télémaque, (par Gueudeville). *Cologne, les Héritiers de Pierre Marteau*, 1701, 2 vol., pet. in-12, mar. r. fil. *(Aux armes.)*
889. Le Rhinocéros, poëme en prose et en six chants, par Mlle de *** (Guiard de Sévigné). 1750, in-8, cart. non rog.
890. Le Temple de Cnide, par Montesquieu. *Paris, Didot l'aîné*, 1795, gr. in-18, pap. vél. d. rel. v. non rog.
891. Hymne au soleil, par l'abbé de Reyrac. *Paris, Lacombe*, 1778, pet. in-12, mar. r. fil. tr. dor. *(Aux armes.)*
892. *La même. Paris, impr. roy.* 1783, in-8, pap. de holl. mar. r. fil. doub. de soie bleue, tr. dor. *(Derome.)*

Exempl. avec le chiffre de l'impr. roy. sur le plat.
893. Ollivier, poëme, par Cazotte. *Paris, Didot l'aîné*, 1798, 2 vol. gr. in-18, pap. vél. mar. r. fil. dent. tr. dor. doub. de satin moiré, fig. av. la lettre et eaux fortes.
894. *Le même*, d. rel. v. f. non rogn. *(Bauzonnet.)*

CONTES ET NOUVELLES.

895. Le Parangon des Nouvelles honnestes et delectables a tous ceulx qui désirent veoir et ouyr choses nouvelles et recreatives..... *Lyon, Romain Morin*, 1531, in-16, mar. br. fil. comp. tr. dor. fig. sur bois. *(Koehler.)*

<small>Édit. en lettres rondes, ornée de jolies gravures en bois, que l'on ne trouve que difficilement. (*Man. de Brunet.*)</small>

896. L'Heptameron, ou histoires des amans fortunez, de Marguerite de Valois, Royne de Navarre, réuni en son vrai ordre, par Cl. Gruget. *Sur l'impr. de Paris, Jacq. Bessin* (Holl.), 1698, 2 vol. pet. in-18, v. f. fil. tr. dor. *(Niedrée).*

897. Le Monophile, par Estienne Pasquier, Parisien. *Paris, Jean Longis*, 1554, pet. in-8, v. f. fil. pet. fers, tr. dor. *(Bauzonnet.)*

898. Nouveaux récits ou Comptes moralisez; par Du Rocfort Manne. *Paris, Nic. Bonfons*, 1574, in-16, v. br.

899. Les neuf matinées du seigneur de Cholieres. *Paris, Jean Richer*, 1586, pet. in-12, mar. r. fil. pet. fers, tr. dor. *(Niedrée.)*

900. Les Apresdinees du seigneur de Cholieres. *Paris, Jean Richer*, 1588, pet. in-12, mar. r. fil. pet. fers, tr. dor. *(Niedrée.)*

901. Les Heures perdues de R. D. M. cavalier francois. *Rouen, Jean Berthelin*, 1629, pet. in-12, vél.

<small>Recueil rare, contenant 39 nouvelles. (*Cat. Saint-Mauris*, n° 1344.)</small>

902. Idée d'un regne doux et heureux, ou Relation du voyage du prince de Montberaud dans l'ile de Naudely, (pre Lesconvel), premier (sic) partie (et uni-

que). *Castres* (Paris), 1703, in-12, v. br. fig. de *Har-*
rewyn.

Rare. Voyez la note du *Cat. Pixerécourt*, n° 1368.

903. Voyage merveilleux du prince Fan-Férédin dans la Romancie (par le P. Bougeant). *Paris, Le Mercier*, 1735, in-12, v. g. (*Aux armes.*)

904. Nocrion, conte Allobroge (par le comte de Caylus). 1747, pet. in-8, v. f. fil. tr. dor.

905. Nouveaux contes orientaux, par le comte de Caylus. *Amst. Merkus*, 1780, 2 vol. in-12, v. ec. fil. tr. dor.

906. Candide, ou l'Optimisme, par Voltaire. *Aux délices*, 1763, 2 part. en 1 vol. pet. in-8, mar. r. fil. tr. dor.

907. Contes moraux, par Marmontel. *Londres*, 1780, 3 vol. in-18, pap. fin, mar. vert, dent. tr. dor.

908. Le Czarewitz Chlore, conte moral de main impériale et de maîtresse (par Catherine II, publ. par Formey). *Berlin, Fréd. Nicolai*, 1782, pet. in-8, cart.

Extrêmement rare. Voyez la note du *Cat. Pixerécourt*.

909. Histoire d'un père. 1815, gr. in-18, br.

Opuscule sans frontispice, tiré à très pet. nombre et inconnu aux bibliographes.

910. Laberinto d'amore di M. Giovanni Boccaccio. *S. l. n. d.* pet. in-8, v. f. tr. dor. (*Koehler.*)

911. Il Decamerone di messer Boccacci. *Amsterodami* (Elzévir), 1665, pet. in-12, mar. bleu, fil. pet. fers, tr. dor. (5 p. 6 l.)

Superbe exempl. relié par Bauzonnet, d'une édit. dont les exempl. bien conditionnés sont fort recherchés des amateurs. Je doute fort qu'il en ait jamais passé dans les ventes un plus parfait sous tous les rapports.

912. Le livre Cameron autrement surnommé le prince Galliot qui contient cent Nouvelles racomptées en dix jours par sept femmes et trois jouvenceaulx. Lequel livre compila et escript Jehan Bocace de Certalo (*sic*) et depuis translate de latin en francoys par maistre Laurens du premier faict.

Nouvellement imprime a Paris en la grant rue Sainct-Jacques. Paris, Michel Lenoir, 1521, pet. in-fol. goth. à 2 colon. mar. r. fil. comp. tr. dor. (*Koehler.*)

Édit. d'une conservation parfaite, avec de jolies figures sur bois et grandes lettres ornées.

913. Le Décaméron de Jean Bocace. trad. par Ant. Le Maçon. *Lyon, Guil. Rorille*, 1558, in-18, vél.

914. *Le même. Rouen et Paris, Cl. Barbin*, 1670, 2 vol. pet. in-12, v. br.

915. Contes et nouvelles de Boccace, trad. libre, avec fig. de *Romain de Hooge. Amst. George Gallet*, 1697, 2 vol. in-8, mar. vert, tr. dor. (*Thompson.*)

Édit. originale et la plus recherchée des curieux.

916. Le Cinq vanta novelle di Massucio Salernitano, intitolato il Novellino. *Vinegia, Marchio Sessa*, 1541, pet. in-8, mar. r. fil. tr. dor. (*Niedrée.*)

Joli vol. rare.

917. Rodéric, ou le Démon marié. Nouvelle hist. (trad. de Machiavel.) *A Baratropolis*, D D D 200 XLV. — Mitra, ou la démone mariée, nouvelle hébraïque et morale. (par madem!. Patin). *A Démonopolis*, 2 part. en 1 vol. pet. in-12, v. br. (*Aux armes.*)

918. Les contes de Pogge Florentin, avec des réflexions (trad. en franc. par David Durand.) *Amst. J. F. Bernard*, 1712, pet. in-12, v. f. fil. tr. dor. (*Bauzonnet.*)

M. Paul Lacroix pense que les réflexions qui accompagnent cette traduction ne sont pas du ministre David Durand, mais bien de Lenglet Dufresnoy. Voyez la note du *Cat. Pixerécourt*, n° 1480.

919. Songe de Poliphile, trad. libre de l'italien (de Fr. Columra), par J. G. Legrand. *Paris, Didot l'ainé*, 1804, 2 vol. in-12, gr. pap. vél. br.

920. La Fovyne de Seville, ou l'Hameçon des bourses, trad. de l'espagnol de D. Alouço de Castillo Sovorçano (par Le Metel d'Ouville). *Paris, L. Bilaine*, 1661, in-8, vél.

921. Les Aventures du docteur Faust et la descente aux Enfers, trad. de l'allemand (de Fréd. Klinger). *Amst.* 1798, in-12, demi-rel. v. br. non rog. fig. (*Bauzonnet.*)

VI. FACÉTIES.

Histoires, Anecdotes et Aventures comiques.

922. Apuleii Metamorphoseon sive de Asino aureo libri XI, et alia Opera. *Florentiæ, hæredes Phil. Juntæ*, 1522, pet., in-12, vél.

923. Luc. Apulee de l'Asne doré, trad. en Franc. par Jean Louveau d'Orleans. *Lyon, Jean Temporal*, 1553, in 16, v. f. fil. tr. dor. fig. sur bois. *(Niedrée)*.

924. Marottes à vendre, ou Triboulet tabletier. *Au Parnasse burlesque, ex officina de la Banque du Bel Esprit, à l'enseigne de la Facétiosité. L'an premier de la nouvelle ère*, pet. in-8, pap. vél. rose, d. rel. dos et coins de mar. vert, pet. fers, non rog. *(Bauzonnet.)*

<small>Recueil renfermant des extraits d'ouvrages rares, publ. à Londres en 1817, chez Harding et Wrigth. L'un des 6 exempl. sur ce pap. Vendu 56 fr. (Nodier.) pap. ord.</small>

925. Les joyeusetez Facecies et folastres Imaginacions de Caresme prenant, Gauthier Garguille, Guillot Gorju, Roger Bontemps, Turlupin, Tabarin, Arlequin, Moulinet, etc. *Paris, Techener*, 1831, 2 vol. gr. in-16, pap. de holl. cart. non rog.

<small>Réimpr. à 76 exempl. publiée sous la direction de M. Aimé Martin. N° 15.</small>

926. Œuvres de Fr. Rabelais. *Londres et Paris, Bastien*, 1783, 2 vol. in-8, pap. de Holl. v. rac. dent. portr.

927. *Les mêmes*, édition *Variorum*, avec un Commentaire hist. et philologique, par MM. Esmangart et Eloy Johanneau. *Paris, Dalibon*, 1823, 9 vol. in-8, d. rel. v. non rog. fig. av. la lettre et sur pap. de Chine. *(Héring.)*

928. Histoire macaronique de Merlin Coccaie (Th. Folengo) prototype de Rablais. *Paris, Gilles Robinot*, 1606, pet. in-12, mar. r. dent. tr. dor.

929. *La même. Paris, Toussaincts du Bray*, 1606, 2 vol. pet. in-12, d. rel. dos et coins de mar. viol. pet. fers, non rog. tête dor. *(Bauzonnet.)*

930. Demandes joyeuses en manière de Quolibetz. — La grande Confrarie des saouls d'ouvrer et enragez de rien

faire. Avec les pardons et statutz d'icelle. — Les jours heureux et périlleux de l'année : revélez par l'Ange au bon sainct Job. — Les quinze signes descendus en Angleterre. Avec la lettre d'Escorniflerie. *Rouen, Nic. Lescuyer, s. d.* 4 pièces en 1 vol. pet. in-16, mar. olive, fil. à fr. (*Koehler.*)

Recueil de pièces très rares, ainsi que le suivant.

931. Le Caquet des bonnes chambrières, declarant aucunes finesses dont elles usent vers leurs maistres et maistresses. — Le Banquet des chambrieres : fait aux estuves le jeudy gras. — Les presomptions des femmes. *Rouen, Nic. Lescuyer, s. d.* 3 pièces en 1 vol. in-16, mar. vert, fil. comp. tr. dor. (*Bauzonnet.*)

932. Bringuenarilles cousin germain de Fessepinte. *Rouen, Robert et Jehan Dugort*, 1544, in-16, mar. vert. fil. comp. tr. dor. fig. sur bois. (*Bauzonnet.*)

Facétie de toute rareté.

933. Baliverneries, ou Contes nouveaux d'Eutrapel, autrement dit Leon Ladulphy (Noel du Fail). *Paris, Nic. Buffet,* 1548, pet. in-16, mar. vert, fil. comp. tr. dor. fig. sur bois. (*Bauzonnet.*)

Première édit. excessivement rare. L'édit. de 1549 qui est bien loin de la valoir a été vendue 158 fr. Pixerécourt. On connaît deux édit. sous la date de 1548, celle-ci, et une copie sans fig. qui aurait probablement moins de valeur. L'édit. que nous annonçons ne s'est pas encore présentée à notre connaissance dans une vente publique. L'éditeur de Chiswick regardait comme unique l'exempl. dont il s'est servi pour sa réimpression. Je n'en ai jamais vu que deux.
Ch. Nodier.

933 *bis.* Discours d'aucuns propos rustiques, facécieux et de singulière récréation; ou les ruses et finesses de Ragot, par Leon Ladulfi (Noel du Fail). *S. l.,* 1732, pet. in-12, v. gr.

934. Les Fascétieux devitz des cent nouvelles nouvelles, très recreatives et fort exemplaires pour resueiller les bons espritz Francoys, veuz et remis en leur naturel; par le seigneur de la Motte Roullant Lyonnois. *Paris, Jehan Réal,* 1549, pet. in-8, mar. bleu, fil. tr. dor. (*Bauzonnet.*)

Ces nouvelles sont, à quelques-unes près, comme on l'a remarqué, le même livre que les *Cent Nouvelles Nouvelles* du roi Louis XI, avec beaucoup de changements dans le style, et, ainsi que le dit le privilège, *reveues, corrigées et adjoustées.* D'après l'aveu sincère qu'en fait l'auteur, on doit les considérer comme une

8.

imitation en nouveau style, suggérée par cette impatience d'innover dans la langue qui a toujours caractérisé l'esprit françois, et non comme un plagiat. Les *Facétieux Devitz* de La Motte-Roullant sont un des plus rares volumes de la collection de nos *Nouvelliers*. Je ne me souviens pas de les avoir vu paroître dans les ventes depuis l'exemplaire payé 50 fr. Mac-Carthy. Ch. Nodier.

934 bis. Les Contes ou les nouvelles récréations et joyeux devis de Bonaventure des Periers (et autres), édit. de La Monnaye. *Amst. Z. Chatelain*, 1735. — Cymbalum mundi, ou dialogues satyriques, par le même, avec une Lettre de Prosper Marchand. *Amst. Prosp. Marchand*, 1732, 4 vol. in-12, v. br. dent à fr. tr. dor. (*Thouvenin.*)

935. Le Printemps d'Yver, contenant cinq histoires discourues par cinq journées…; par Jacq. Yver, gentilhome Poictevin. *Lyon, Ben. Rigaud*, 1582, in-16, mar. r. fil. tr. dor. (*Derome.*)

936. La description de la superbe et imaginaire entrée faicte à la Royne Gijllette passant à Venise, en faveur du Roy de la Malachie son futur espoux le 1er jour de septembre 1582. Trad. de langue caractérée en langue franc. *Paris, à l'Olivier*, 1582, pet. in-8, mar. citr. dent. à fr. tr. dor.

937. Les Nouvelles et plaisantes imaginations de Bruscambille, en suite de ses Fantaisies, par le S. D. L. (des Lauriers.) *Paris, Fr. Huby*, 1613, pet. in-12, v. f. fil. tr. dor. (*Bauzonnet.*)

938. Les Œuvres de Bruscambille (des Lauriers), contenant ses Fantaisies, Imaginations et Paradoxes, et autres discours comiques. *Rouen, Jacq. Caillouè*, 1622, pet. in-12, mar. v. fil. à fr. tr. dor. (*Niedrée.*)

939. Les pensées facécieuses et les bons mots du fameux Bruscambille, comédien original (par des Lauriers). *Cologne, Charles Savoret*, 1741, in-12, v. f. fil. tr. dor. (*Koehler.*)

940. Original sans copie, ouvrage comique, par M. B. C. R. (Des Lauriers). *Paris, de l'impr. de l'hôtel de Bourgogne*, 1741, in-12, v. m.

Même ouvrage que le précédent. On n'a fait que changer le titre de l'édit. de 1741.

941. Thrésor des récréations contenant histoires facétieuses et honnestes, propos plaisants et pleins de gaillardises…

Douay, *Balth. Bellere*, 1616, pet. in-12, v. f. fil. tr. dor. (*Bauzonnet.*)

Voyez sur ce petit volume curieux et assez rare une note de la *Bibliographie Duessienne*, p. 60.

942. La Descente de Tabarin aux enfers. 1621, pet. in 8, pap. de Holl. br.

Réimpr. faite en 1830.

943. Plaisantes recherches d'un homme grave sur un farceur. Prologue Tabarinique pour servir à l'hist. littéraire et bouffonne de Tabarin, par M. C. L. (Leber). *Paris*, 1833, gr. in-16, pap. Jésus de Holl. br.

Tiré à 51 exempl.

944. Recueil général des caquets de l'accouchée. *Imprimé au temps de ne se plus fascher*, 1624, pet. in-8, mar. vert, fil. à fr. tr. dor. (*Thouvenin.*)

Une des bonnes édit. de cet ouvrage. La date de 1624 est celle du frontispice; on trouve celle de 1623 sur le titre.

945. Histoire de Fanfreluche et Gaudichon, par des Autelz. In-16, non rel.

Copie mss de 96 p. provenant de chez M. Méon.

946. Les divertissements curieux, ou le Thrésor des meilleures rencontres et mots subtils de ce temps. *Lyon, Jean Huguetan*, 1650, pet. in-8, mar. noir, fil. à fr. tr. dor.

Exempl. avec le frontisp. gravé qui manque quelquefois.

947. Agréables (les) divertissements francois, contenant plusieurs rencontres facétieuses de ce temps. *Paris, Jacq. le Gras*, 1654, gr. in-16, v. f. fil. tr. dor.

948. Le Tombeau de la melancholie, ou le vray moyen de vivre joyeux. 5ᵉ édit. *Rouen, Jacq. Besongne*, 1650, pet. in-12, mar. bleu, fil. tr. dor. (*Thouvenin.*)

949. *Le même. Paris, Ant. de Rafle*, s. d. pet. in-8, d. rel. mar. r.

950. Le Donnez-vous garde du temps qui court. S. l. n. d. pet. in-8, d. rel. v. f.

951. Histoires facétieuses et morales assemblées et mises au jour par J. N. D. P. (de Parival). *Leiden, Salomon Vagnenaer*

(Elzév.), 1669, pet. in-12, mar. bleu, fil. tr. dor. (*Niedrée.*)

Rare et curieux. *Cat. Pixerécourt*, n° 1184.

952. La vraye histoire comique de Francion, par Nic. de Moulinet, sieur du Parc, gentil homme Lorrain. *Leyde, Hackes,* 1668, 2 vol. pet. in-12, v. br. fil.

Édit. que l'on annexe à la collection des Elzevirs.

952 *bis.* La même. *Leyde, Henri Drumond,* 1721, 2 vol. in-12, v. f. fig.

953. Le Vagabond ou l'istoire et le caractère de la malice et des fourberies de ceux qui courent le monde aux despens d'autruy. *Troyes et Paris, Ant. de Raffle.* — Entretien des bonnes compagnies. 2 pièces en 1 vol. pet. in-8, v. f. fil. *(Koehler.)*

954. Roger Bontemps en belle humeur. *Cologne, P. Marteau* (A la sphère), 1670, pet. in-12, mar. bleu, fil. tr. dor. (*Bauzonnet.*)

955. Hexaméron rustique, ou les six journées passées à la campagne entre des personnes rustiques (par La Mothe Le Vayer). *Amst. Jacq. le Jeune,* 1671, pet. in-12, mar. bleu, fil. comp. (*Simier.*)

Édit. la plus recherchée, qui s'annexe à la collection des Elzevirs.

956. Le même *Cologne, Pierre Brenussen,* 1671, in-12, mar. olive, dent. tr. dor.(*Duseuille.*)

957. Le Divan ridicule, ou les conseils comiques donnés par la princesse Ottomane au grand vizir, son époux. S. l., 1684, pet. in-12, v. f. fil. tr. dor. (*Koehler.*)

958. Le secrétaire Turc, contenant l'art d'exprimer ses pensées, sans se voir, sans se parler et sans s'écrire, par Du Vignau. *Lyon, Thomas Amaulry,* 1688, in-12, v. br. fil. tr. dor. (*Aux armes.*)

959. L'enfant sans souci, divertissant son Père Roger Bontemps, et sa Mère Boute Tout Cuire. *Cologne, P. Marteau,* 1712, pet. in-12, mar. bl. fil. tr. dor. (*Bauzonnet.*)

960. La Vie de Tiel Ulespiegle, de ses faits merveilleux. *Troyes, v° Oudot,* 1714, pet. in-8, cart.

961. La vengeance du trépas funeste du fameux Michel Morin, conspirée par les amis du défunt contre la mort, pièce

nouvelle en vers. *Troyes, Pierre Garnier,* s. d. — Récit véritable de l'honnête réception d'un maistre savetier.... 2 part. en 1 vol. pet. in-8, cart. dent.

962. Facetieuse adventure de deux Bourgeois de Paris. Nouuellement arriuée dans les Marais du Temple de ladite ville.... Le tout pour passer Caresme-prenant. *Paris*, 1733, pet. in-8. v. f. fil. tr. dor. (*Niedrée.*)

963. Le Roué vertueux, poeme en prose en 4 chants, propre a faire, en cas de besoin, un Drame a jouer deux fois par semaine (par Coquelcy de Chaussepierre). *Lausanne*, 1770, gr. in-8, cart. non rog. grav.

964. Le docteur Gelaon, ou les Ridiculités anciennes et modernes. *Londres, Innys et Tonson*, 1738, in-12, v. f. fil.

965. Les Frimaçons. Hyperdrame (par Clément). *Londres, chez J... T...* 1740, in-12, bas. rac.

966. L'Académie militaire, ou les Héros subalternes. Par Parisien, auteur qui suit l'armée. *Lausanne, Bousquet,* 1747, in-12, fig. mar. vert, dent. (*Les 4 derniers feuil. piqués.*)

Exempl. de Jamet avec sa signature et des notes de sa main. Les véritables noms d'une partie des acteurs sont écrits sur les marges en forme de clef.

Cet ouvrage est de M. d'Aucourt, fermier général, dont le véritable nom était Godart.

967. Les Étrennes de la Saint Jean (par le comte de Caylus, le comte de Maurepas, Montesquieu, etc.). 3ᵉ édit. *Troyes, Vᵉ Oudot,* 1751. — Lettres de la Grenouillere, entre Jerosme Dubois, Pêcheux du Gros-Caillou, et Mᵐᵉ Nanette Dubut, blanchisseuse de linge fin (par le même). *A la Grenouillere,* s. d. 2 part. en 1 vol. pet. in-12, mar. r. fil. (*Derome.*)

968. Les Etrennes de la Saint Jean (par le comte de Caylus). *Troyes, Vᵉ Oudot,* 1757. — Les Ecosseuses ou les Œufs de Pasques (par Vadé, le comte de Caylus et la comtesse de Verrue). *Troyes, Vᵉ Oudot,* s. d. 2 part. en 1 vol. pet. in-8, v. br. fil. tr. dor. fig.

969. Récit véritable et authentique de l'honnête Reception d'un Maître Savetier, Carleur, et Réparateur de la chaussure humaine. *Troyes, Jean Garnier,* s. d., in-12, v. f. fil. tr. dor. (*Koehler.*)

970. Le Livre des quatre couleurs (par Carraccioli). *Aux quatre éléments de l'impr. des Quatre saisons* (Paris 1760), 4114, mar. vert, jolie dent. tr. dor. (*Dubeuille.*)

Vol. impr. en rouge, bleu, orangé et violet.

971. Étrennes d'un médecin à sa patrie, dédiées à MM. de Senac et de Voltaire (par du Monchau). *Paris*, 1761, pet. in-12, v. f. fil. tr. dor. non rog. (*Koehler.*)

962. Lettre écrite à M.™ la comtesse Tation, par le sieur de Bois-Flotté, étudiant en droit-fil; trad. de l'angl. (composée par le marq. de Bièvre). *Amst. aux dépens de la compagnie des Perdreaux*, 1770, in-8, cart. non rog.

973. Ah que c'est bête, par M. Timbré (le marq. de Saint-Chamond). *Berne, impr. des frères Calembourdiers*, 1007006016, gr. in-8, d. rel. v. br. non rog. (*Thouvenin.*)

974. Encyclopédie lilliputienne, ou petits chefs d'œuvres d'éloquence. *A L'Illiput et Paris, Cailleau*, s. d. (1780), in-24, br.

975. Boniface le toiseur, facétie. *Paris*, s. d. — Une Noce du gros genre, fait hist. poissard. *Paris, Martinet*, 1804, in-12, cart.

976. Almanach des ridicules pour l'année 1801. Paris, an 9. — Chimerande l'Antigreo, fils de Bacha Bilboquet, ou les Equivoques de la langue française. *A Balivernopolis*, s. d. 2 part. en 1 vol. in-12, v. jas.

977. Pot-pourri. 1 vol. in-12, d. rel. v. br.

On a réuni sous ce titre les opuscules qui suivent : Catéchisme d'un Normand qui quitte son pays pour venir s'établir en Bretagne. — La méchanceté des filles. — Entretiens amoureux entre un amant et une amante. — La malice des hommes découverte dans la justification des femmes. Le fameux devoir des savetiers. — Testament d'un maître savetier. — La troupe des bons enfants assemblés à l'Hôtel des bons ragoûts. — Entretiens facétieux du sieur baron de Cratelard. — L'arrivée du brave Toulousain. — Entrée de l'abbé Chaud dans le Paradis. — Le Catéchisme poissard. — Sermon naïf d'un curé de village à ses paroissiens. — La misère des garçons boulangers. — Contrat de mariage entre Jean Couché-Debout, rempailleur de marmites, avec Jacqueline Doucette. — Le Portrait et les Aventures du duc de Roquelaure.

978. La fameuse compagnie de la Lésine, ou Alésine, c'est-à-dire la manière d'espargner, acquérir et conserver, trad.

de l'Italien (de Villardi) *Paris, Rolet Boulonne*, 1618. — La Contre-Lésine, avec une Comédie intitulée Les Nopces d'Antilésine, ouvrage du pasteur Monopolitain. *Paris, Abrah. Saugrain*, 1618, 2 vol. pet. in-12, v. br. dent. tr. dor.

979. Le Bravvre del Capitano spavento divise in molti ragionamenti in forma di dialogo, di Francesco Andreini comico Geloso. *In Venetia*, 1624, in-4, v. br. fil. dent. à fr. tr. dor.

<small>4e édit. plus complète que les précédentes.</small>

980. Harangues burlesques sur la vie et la mort de divers animaux, dédiés à la Samaritaine du Pont neuf, par M. Raisonnable (trad. de l'Ital. de Lando). *Paris, Ant. de Sommaville*, 1651, in-4, parch.

981. Tutte le Opere del famosissimo Ruzante. 1684, pet. in-12, vél.

<small>Livre assez singulier où chaque personnage parle un dialecte différent.</small>

982. Rodomontadas Castellanas, recopiladas de los commentarios..... Rodomontades Espagnolles, colligées des Commentaires de très espouventables, terribles, et invincibles Capitaine, Matamores, Crocodille et Rojobroqueles, par Jacq. Gaultier. *Rouen, Cl. Villain*, 1641, pet. in-12, d. rel. fig.

Ouvrages pour et contre l'amour, les femmes et le mariage.

983. Casp. Barthi Erotodidascalus, sive memoralium libri v (trad. de l'espagnol de Gil Polo). *Hanoviæ, typ. Wechelianis*, 1625, in-8, v. f. fil. tr. dor. (*Koehler*.)

984. Ragionamenti di Pietro Aretino. *Stampati in Cosmopoli* (Leyde, Elzév.), 1660, pet. in-8, vél.

<small>Edit. la plus recherchée suivie de la *Puttana errante*, de même impression.</small>

985. *Les mêmes*, pet. in-8, vél. (*Egalement avec la Puttana errante, mais d'édition différente.*)

985 *bis*. Dubbii Amorosi, altri dubbii et sonetti lussuriosi di Pietro Aretino. *Nella stamperia del Forno alla Corona de Cazzi*, s. d. (Paris, Grangé, vers 1757). In-16, pap. de Holl. mar. vert, fil. dent. tr. dor. (*Bozerian*.)

985 *ter*. Coloquio de las damas (trad. de l'Aretin par Fen. Xuarès). *S. l.* 1607, in-16, mar. vert clair, fil. tr. dor. (*Thourenin*.) (*Édit. en lettres rondes*.)

986. Dialogue de l'Arétin, ou les vies et faits de Lais et Lamia, courtisanes de Rome, sont déduites. Trad. d'Italien en Franc. *S. l. n. d.* pet. in-12, v. f. fil. tr. dor. (*Niedrée*.)

987. Arresta amorvm (auctore Martiale d'Auvergne), cum Benedicti Curtii Symphoriani explanatione. *Lvgdvni, Seb. Gryphivs*, 1538, in-4, d. rel. v. f.

988. LIII Arrests d'amours. Arresta amorum cum commentariis Benedicti Curtii Symphoriani. *Rouen, Raphael du Petit Val*, 1587, pet. in-16, mar. vert. tr. dor.

989. Les Arrets d'amour, avec l'Amant rendu cordelier, à l'observance d'amour, par Martial d'Auvergne, dit de Paris, avec les Comm. de Benoît de Court. Dern. édit. augm. d'un Glossaire (par Lenglet Dufresnoy). *Amst. Fr. Changuion*, 1731, 2 tom. en 1 vol. gr. in-12, mar. r. dent. tr. dor. (*Riche reliure de Derome*.)

990. *Les mêmes*, mar. r. fil. tr. dor. pet. fers. (*Niedrée*.)

991. *Les mêmes*, d. rel. dos et coins de m. r. fil. pet. fers, tête dor. non rog. (*Bauzonnet*.)

992. La diffinition et perfection d'Amour. Le sophologe d'Amour. Traictez plaisantz et delectables. *Paris, Gilles Corrozet*, 1542, in-16, mar. bleu, fil. pet. fers, tr. dor. (*Bauzonnet*.)

993. L'Antidote d'amour, par Jean Aubery. *Delff, Arnold Bon*, 1663, pet. in-12, v. m. fil.

994. Le Fleav de Putains et Courtisannes effrontées. *Lyon, Fr. Mareschal*, 1612, pet. in-8, v. f. fil. tr. dor. (*Niedrée*.)

995. Le Bijou de Société, ou l'Amusement des graces, *A Paphos, l'an des plaisirs*, pet. in-16, mar. rou. fil. tr. dor. Ouvrage gravé.

996. Mémorial pour servir à l'histoire de la Catinomanie (par Buleau). *S. l.* 1787, in-4, non rog. dos et coins de v. f. tête dor. (*Bauzonnet.*)

<small>Ouvrage très rare vendu 81 fr. *Labédoyère.* On a ajouté à cet exempl. une lettre autographe d'hommage de l'auteur.</small>

997. Opuscule de Plutarque, des vertueux et illustres faitz des anciennes Femmes, trad. de Tuscan en langue Françoyse. — Cinq opuscules de Plutarque, trad. par Estienne Pasquier. *Paris, Jeanne de Marnef,* 1546, 2 part. en 1 vol. in-16, v. m.

998. De l'excellence de la supériorité de la femme, trad. du lat. d'Agrippa, avec les Commentaires de Roëtig (Peyrard). *Paris, Louis,* 1801, in-12, pap. vél. br.

999. Le manuel des dames. *Paris, Anth. Verard,* s. d. pet. in-8, goth. fig. sur bois, mar. fil. à fr. doubl. de mar. avec dent. tr. dor. (*Koehler.*)

<small>Exempl. parfait de conservation et de reliure.</small>

1000. ÉVANGILE DES QUENOUILLES. — ADVISEAUX AMOUREUX. In-fol. mar. citr. fil. dent. tr. dor.

<small>Beau mss. sur vélin de 121 feuil. à deux colonnes, écriture du XVᵉ siècle, orné de deux miniatures en camayeu. Voici le titre du premier ouvrage qui se trouve en lettres rouges sur le Rᵒ du premier feuil. : — *Cy après sont contenues les Evangilles que l'en dit des quenouilles dittes et certiffiées par femmes ou la plus saine partie adjouste foy et voulentiers mettent à effect. Et la première qui jadis les mist avant fut une demiselle de village nommée Transeline la toute vielle et comme l'en dit jalouse de son mary bel et jeune sur qui maint aguet jour et nuit mettoit.*

Et maint preschement en vain luy presentoit.

Au Recto du quinzième feuillet, col. seconde, on lit :

A tant finent les Evangiles des quenouilles jadis recueillies par honorables et discretes personnes Maistre Fouquart de Cambray, maistre Antoine du Val et Jehan d'Arras dit Caron.

Au Recto du feuil. dix-neuf commencent les *Adviseaux amoureux,* qui sont ainsi intitulés : *Cy commence le Livre de plusieurs demandes et Responses faittes en amour et autrement à tous propos. Et aussi ses renditions en amours.* Ce dernier ouvrage, beaucoup plus considérable que le précédent, termine le manuscrit.

Ce mss., vraisemblablement unique, contient l'original de deux ouvrages du XVᵉ siècle, remarquables l'un et l'autre par leur style, et curieux à consulter pour l'étude des anciennes mœurs françaises. Dans les *Evangiles des que-*</small>

nouilles sont conservées grand nombre de traditions populaires qui faisaient les entretiens de la veillée. Dans les *Adevineaux* sont recueillis tous les quolibets, toutes les plaisanteries qui couraient parmi le peuple, que l'on répète aujourd'hui, et auxquels on serait loin d'attribuer une si grande ancienneté.

Ce mss. est plus complet que l'édit. imprimée au XVe siècle, et devenue aujourd'hui de la plus grande rareté, de l'*Evangile des quenouilles* et des *Adevineaux amoureux*. Il est relié en maroquin citron et dans un état de parfaite conservation.

Le Roux de Lincy.

1001. Le Livre des Quenouilles ou les evangilles des femmes faict a leur louange et honneur. S. l. n. d. pet. in-8, goth. mar. vert, fil. à fr. doubl. de mar. r. avec dent. tr. dor. (*Koehler*.)

Vol. de la plus grande rareté. Voy. le *Cat. Morel Vindé*, n° 1807.

1002. Controuerses des sexes Masculin et Femenin (par Gratian du Pont, seigneur de Drusac). S. l. 1537. 3 part. en 1 vol. in-16, mar. vert, fil. tr. dor. fig. sur bois. (*Bauzonnet*.)

Edit. originale d'un livret fort rare, avec charmantes fig. sur bois.

1003. Le Recueil des Dames illustres en vertu : Ensemble un Dialogue de l'Amour honneste, par Alex. Vanden Busche, Flandrois. *Lyon, Ben. Rigaud*, 1581, in-16, mar. r. fil. à fr. tr. dor. (*Niedrée*.)

Ouvrage rare.

1004. De la beavte, discovrs divers. Auec la Pavle-Graphie, ou la description des beautez d'une Dame Tholozaine, nommée la Belle Pavle, par Gabr. de Minvt. *Lyon, Barth. Honorat*, 1587, pet. in-8, mar. bl. fil. comp. tr. dor. (*Bauzonnet*.)

Bel exempl. relié dans le genre de Duseuille, d'un ouvrage singulier, dont les exempl. sont rares et recherchés. Vendu jusqu'à 135 fr. *Mac-Carthy*.

1005. Discours en la faveur des dames contre les mesdisans. *Paris, Abel l'Angelier*, 1600, pet. in-12, mar. vert, fil. tr. dor. (*Koehler*.)

1006. Le Champion des femmes qui soutient qu'elles sont plus nobles, plus parfaites, et en tout plus vertueuses que les hommes, par le Chev. de L'Escale. *Paris, v° Guillemot*, 1618, pet. in-12, mar. bleu, fil. tr. dor. (*Duseuille*.)

1007. Alphabet de l'imperfection et malice des femmes, par Jacques Olivier. *Paris, Jean Petit Pas*, 1623, pet. in-12, v. f. fil. tr. dor.

Rare et singulier. Voyez la note du *Cat. Pixerécourt*, n° 1522.

1008. La Clef du grand Dictionnaire historique des Pretieuses. *Paris*, 1661, in-4, vél. fil. Ms.

« Cette clef est conforme à une clef mse. que j'ai vue sur un exempl. imprimé du *Dict. des prétieuses*, 2 vol. in-12, 1661. » (*Note de l'abbé Sepher.*)

1009. Les Entretiens curieux de Tartuffe et de Rabelais, sur les femmes, par le sr de la Daillhiere. *Cologne, Pierre Marteau* (Holl.), s. d. pet. in-12, v. f. fil. tr. dor. (*Bauzonnet*.)

1010. La Malice des femmes, avec la farce de Martin Bâton. *Paris, v° Nic. Oudot*, s. d. pet. in-12, d. rel. v. br. fil. — Le Miroir des femmes. *Troyes, v° Oudot*, 1718, in-16, br.

1011. La Meschanceté des filles. *Troyes, Jacq. Oudot*, 1715, pet. in-12, v. br. fil. tr. dor. (*Thourenin*.)

1012. Almanach des demoiselles. *La Haye*, 1746, in-12, v. f.

1013. Opuscule d'un célèbre auteur Egyptien, contenant l'hist. d'Orphée, par laquelle on pourroit soupçonner qu'il est peu de femmes fidèles (par de Mouhy). *Londres*, 1752, pet. in-12, mar. rou. fil. tr. dor.

1014. Petit traité de l'amour des femmes pour les sots (par de Champcenetz). *Bagatelle* (*Paris*), 1788, in-8, br. — Les Voyages de Sind-Bad, et la Ruse des femmes, contes Arabes, trad. par Langlès. *Paris, impr. roy.* 1814, gr. in-8, pap. vél. non rogn.

1015. Les tenebres de mariage. *Lyon, en la mayson de feu Barnabé Chaussard*, 1516, in-16, goth. mar. vert, fil. comp. pet. fers, tr. dor. (*Bauzonnet*.)

Livret qui se recommande à l'amateur de livres par sa rareté, sa parfaite conservation et l'élégante reliure de Bauzonnet.

1016. Les agréemens et les chagrins du mariage. Dédiée aux dames. *La Haye, Jacob Van Ellinckhuysen*, 1693, pet. in-12, v. fil.

1017. L'Hymen réformateur des abus du mariage, ou le Code conjugal. *Dans l'univers*, 1756. — Les Priviléges du cocuage. *A Vicon, chez Jean Cornichon, à l'enseigne du Coucou* (Holl. à la Sph.), 1722, 2 part. en 1 vol. pet. in-12, v. m.

1018. Les Priviléges du Cocuage, ouvrage nécessaire tant aux Cornards actuels qu'aux Cocus en herbe. *A Vicon, chez Jean Cornichon, à l'enseigne du Coucou*, 1722, (Holl. à la Sph.), pet. in-12, v. f. fil. tr. dor. (*Bauzonnet*.)

1019. Almanach des cocus, ou Amusements pour le beau sexe, pour l'année 1742, avec un Recueil de pièces sur les Francs Maçons, par un Philosophe garçon. *Constantinople (Paris), impr. du Grand-Seigneur*, 1742, pet. in-12, v. rac.

1020. Sermon pour la consolation des cocus. *Amboise, Jean Coucou*, 1751, gr. in-12, d. rel. v. f. non rog. (*Bauzonnet.*)

Edit renouvelée, publ. à Paris vers 1810 par M. Crozet père; suivie de : — Cocu consolateur (par Caron). L'An du cocuage 5810. — Sermon d'un cordelier à des voleurs qui lui demandent de l'argent ou la vie, 1752.

1021. *Le même*, br.

1022. Le Livre jaune. Brochure à la mode, bien déssinée, bien peinte. *A Cocupole, l'an du Cocuage d'Adam*, 5759, pet. in-12, v. m. fil.

1023. Dissertation étymologique, hist. et critique sur les diverses origines du mot Cocu; par un membre de l'Académie de Blois. *Blois*, M. VIII c. XXXV, in-16, pap. vél. br.

Tiré à 71 exempl.

Dissertations et Éloges singuliers.

1024. Le livre des singularités, par G. P. Philomneste (Gabriel Peignot). *Dijon*, 1841, in-8, br.

BELLES-LETTRES.   127

1025. Sérees de Guil. Bouchet. *Imprimé sur la Copie faicte à Poictiers*, 1585, in-16, mar. r. fil. riche comp. tr. dor. (*Simier*.)

Exempl. de *M. Pixerécourt*. Cette édit., citée comme rare dans son Catalogue, ne doit contenir que le premier livre des *Serées*.

1026. Livres (Trois) des serees de Guill. Bouchet, sieur de Brocourt. *Rouen, Robert Valentin*, 1598, 3 vol. pet. in-12, v. vert, dent. tr. dor.

1027. Les Bigarrures et Touches du seigneur des Accords, (Est. Tabourot), avec les Apophtegmes du sieur Gaulard et les Escraignes Dijonnoises (par du Buisson). *Paris, Arnould Cotinet*, 1662, in-12, 3 part. mar. bleu, fil. dent. tr. dor. (*Bozérian*.)

Exempl. de la bonne édit. Voyez la note du *Cat. Leber*, n° 2402.

1028. De generibus Ebriosorum et ebrietate vitanda (auctore Jac. Hortlieb), cui adjecimus de meretricum in suos amatores, et concubinarum in sacerdotes fide...... (auctore Paulo Oleario). *S. l.* 1557, pet. in-12, cart.

1029. Traité de la grande prvdence et svbtilité des Italiens. *S. l.* 1590, pet. in-8, v. gr.

1030. La démonstration de la quatriesme partie de Rien, et Quelque Chose et Tout, avec la quintessence tirée du quart de Rien et de ses dépendances, contenant les préceptes de la saincte Magie et la devote invocation de Demons. *S. l.* 1594, pet. in-8, mar. r. fil. pet. fers, tr. dor. (*Niedrée*.)

Pièce rare.

1031. La Magnifique Doxologie du Festu, par Seb. Roulliard. *Paris, Jean Millot*, 1610, pet. in-8, v. br. fil. tr. dor.

1032. Les Gymnopodes, ou la nuditée des pieds des Cordeliers disputée de part et d'autre, par Seb. Roulliard. *Paris, Nic. Rousset*, 1634, in-4, mar. vert, fil. tr. dor. (*Derome*.)

1033. Thomæ Bartholini de Unicornu observationes novæ. Sec. éditio. *Amst. Henr. Westein*, 1678, pet. in-12, vél. fig. (*Frontispice de Romain de Hooge*).

1034. Hieronymi Magii de Tintinabulis; guidem de Equuleo

liber. *Amstelœdami, Henr. Westein*, 1691, pet. in-12, mar. bleu, fil. dent. tr. dor. fig. *(Bozerian.)*

1035. Hist. des personnes qui ont vécu plusieurs siècles et qui ont rajeuni : tiré d'Arnauld de Villeneuve, par de Longueville Harcourt. *Paris, v° Charpentier*, 1715, in-12, v. gr. fil. *(Aux armes.)*

1036. Les Yeux, le Nez et les Tetons, ouvrages curieux, galants et badins, composez pour le devertissement d'une dame de qualité, par J. P. N. du C. dit V. (du Commun). *Amst. Jean Pauli*, 1731-36, 3 part. en 1 vol. pet. in-8, v. br. fil. non rog. *(Bauzonnet.)*

1037. Reflexions sur les grands hommes qui sont morts en plaisantant, par M. D. (Deslandes). *Rochefort, Jacq. Le Noir*, 1755, petit. in-12, d. rel. v. f. non rog. tr. dor. *(Thouvenin.)*

1038. L'Almanach de la vieillesse, ou Notice de ceux qui ont vécu cent ans et plus (par A. M. Lottin). *Paris, Lottin*, 1761, in-18, mar. vert, dent. tr. dor.

1039. Mémoires de l'Académie des sciences, nouvellement établie à Troyes, en Champagne (par Grosley, et autres). *Troyes et Paris, Duchesne*, 1756, 2 tomes en 1 vol in-12, mar. r. fil. tr. dor. *(Derome.)*

1040. Mémoires littéraires de Montmartre. *Neufchatel et Paris, Belin*, 1780, in-12, v. f. fil. tr. dor. non rog. *(Koehler.)*

1041. Les agréables divertissements de la table, ou les reglements de l'illustre Société des Freres et Sœurs de l'Ordre de Meduse (inventée à Toulon par M. de Vibray). *Marseille, impr. de l'Ordre, s. d.* mar. bleu, fil. tr. dor. *(Aux armes.)*

Vol. rare.

1042. De l'origine des Etrennes, par Jacob Spon. *Paris, Didot l'ainé*, 1781, in-18, vél. fil. tr. dor.

1043. Dissertations et histoires singulières.

Du festin du Roi-Boit (par Ballet). *Besançon, Charmel*, 1702.—Antidote contre les Cocus, ou Dissertation sur les cornes antiques et modernes. *Paris, s. d.*—Les Carrosses à cinq sols, ou les Omnibus du XVII° siècle (par Monmerqué). *Paris,*

Didot, 1823. — Ah que c'est bête! par M. Timbré. *Berne, impr. des frères Calembourdiers*, 10007000016, fig. 5 broch. in-8.

1014. Dissertation sur l'usage de se faire porter la queue, par le P. Menestrier. Nouv. edit. (publ. par MM. Breghot du Lut, Duplessis et Pericaud). *Lyon*, 1820, in-8.

Tiré à 100 exempl.

1015. *La même*, sur pap. vél. jaune.

1016. Dissertation sur la meilleure forme de souliers, par Petrus Camper. *Aux dépens de l'auteur*, s. d. in-8, v. m. fil.

1017. Histoire des Perruques, par Thiers. *Avignon, Chambeau*, 1777, in-12, br. — Recherches hist. sur l'usage des cheveux postiches, trad. de l'allem. de Nicolai (par Jansen). *Paris, L. Collin*, s. d. in-8, br. fig.

1018. Histoire des révolutions de la barbe des Français (par Motteley). *Paris, Ponthieu*, 1826, pet. in-12 br.

Edit. elzevirienne.

1049. Amusement philosophique, par Gueudeville, en deux parties : le Goutteux en belle humeur et le fébricitant philosophe. *La Haye et Francfort sur Meyn*, 1743, 2 part. en 1 vol. in-12, v. f. fil. tr. dor. (*Thouvenin.*)

1050. Le Fébricitant philosophe, ou l'Éloge de la fièvre quarte, trad. du lat. de Guil. Ménape, par de Gueudeville. *La Haye*, 1743, in-12, cart. non rogn.

1051. Le Goutteux en belle humeur, ou l'Éloge de la goutte, et le Fébricitant philosophe, ou l'Éloge de la Fièvre quarte, par Et. Coulet, publ. par de Gueudeville. *La Haye, aux dépens de la Compagnie*, 1743, in-12, 2 part. dos et coins de mar. vert, fil. non rogn. tête dor. (*Bauzonnet.*)

1052. L'Éloge de la folie, trad. du lat. d'Erasme, par Gueudeville. *S. l.* (Paris), 1751, in-12 tiré pap. fin, texte encadré, lavé et reglé, mar. vert. large dent. tr. dor. fig. d'Eisen avant la lettre.

1053. Éloges singuliers. 6 vol. rel. et br.

De l'Yvresse (par Sallengre). *La Haye, Pierre Gosse*, 1715. — Des paysans aux paysans (par Coquelet). *La Haye, Blulteau*, 1731. — Éloge prononcé par la folie devant les habitants des petites maisons (par Charbonnel). *Avignon*, 1761. — De la rotûre, dédiée aux roturiers (par l'abbé Coyer). *Londres et*

Paris, Desain, 1706. — De l'Âne, lu dans une séance académique (Dom Jos. Cajot), par Christ Philosagre. *Aux dépens du loisir,* 1782. — Du pou, de la boue et de la paille, par Mercier de Compiègne. *Paris*, an VII.

PHILOLOGIE.

Critiques, Mélanges, éloges, satires.

1054. Traité de la critique, par l'abbé de St. Real. *Utrecht Ant. Schouten*, 1693, pet. in-12, v. br. — La manière de bien penser dans les ouvrages d'esprit (par le P. Bouhours.) *Amst., Abrah. Wolfgang* Au Quœrendo), 1688, pet. in-12, v. viol. dent.

1055. Histoire poétique de la guerre nouvellement déclarée entre les anciens et les modernes, par de Callières. *Amst.* (*Elzevir*), 1684, pet. in-12, v. br. fil. — Pensées ingénieuses des anciens et des modernes (par le P. Bouhours). *Paris, v° Delaulne,* 1731, in-12, v. br. fil. tr. dor.

1056. Persius Enucleatus, sive Commentarius in Persium, studio Davidis Wederburni. *Amstelodami, Daniel Elzevir,* 1664, in-12, v. br.

Les exempl. de ce vol. sont peu communs. (*Essai de Bérard sur les Elzévirs*, p. 107.)

1057. Banquet des savans, par Athénée, trad. par Lefebvre de Villebrune, *Paris, impr. de Monsieur*, 1789-91, 5 vol. in-4, mar. r.

1058. Adriani Turnebi Adversariorum tomi III. *Argentorati, Zetznerus,* 1604, in-fol. rel.

1059. Roberti Titii Burgensis, locorum controversorum libri decem. *Florentiæ, Parthol. Sermatellius,* 1683. — Decaria locorum quorumdam memorabilium, per Joan Hartungum. *Basileæ, Oporinus,* 1559, 2 part. en 1 vol. pet. in-4, mar. citr. fil. tr. dor. (*Aux armes de de Thou.*)

1060. Le Palais des curieux, par Beroalde de Verville. *Paris, v° Guillemot,* 1612, pet. in-12, v. f.

1061. La Ménagerie, par M. l'abbé Cotin. *Amst. Henri Schelte,* 1705, pet. in-12, mar. bleu, fil. tr. dor. (*Bauzonnet.*)

BELLES-LETTRES.

1062. Anti-Rousseau, par le poète sans fard (Gacon). *Rotterdam, Fritsch, 1712*, pet. in-12, mar. r. fil. tr. dor. avec la fig. (*Derome.*)

Exempl. de Pixerécourt.

1063. Le Voyage du Parnasse (par St.-Didier.) *Rotterdam, Fritsch, 1716*, in-12, v. f. (*Aux armes.*)

1064. Esprit de Raynal (par l'abbé Hedouin). *Londres, 1782*, 2 vol. in-18, mar. r. fil. tr. dor. portr. (*Derome.*)

1065. Relations, lettres et discours de M. de Sorbiere, sur diverses matières curieuses. *Paris, Rob. de Ninville, 1660*, in-8, mar. r. fil. tr. dor. (*Aux armes.*)

1066. Gisberti Cuperi Observationum libri tres. *Ultragecti, Pet. Elzevier, 1670.* — Ejusdem, liber quartus. *Daventriæ, Froulen, 1678*, 2 part. en 1 vol. pet. in-8, mar. r. fil. tr. dor.

1067. Lettres de critique, de littérature et d'histoire, par Gisbert Cuper. *Amst. Arkstée, 1755*, in-4, v. m.

1068. Syntagma dissertationum Thomæ Hyde, cum appendice de lingua Sinensi aliisque linguis Orientalibus. *Oxonii, e typ. Clarendoniano, 1767*, 2 vol. in-4, br. avec pl.

1069. Miscellanea eruditionis tam sacræ quam profanæ, par Davier, avocat. 1709, 11 vol. pet. in-8, mar. r. fil. tr. dor.

Mss. inédit et autographe d'une écriture fort correcte. Ce Davier est le même que celui qui est cité dans la *Bibl. hist.* du P. Lelong comme auteur d'un grand ouvrage inédit sur le comté de Joigny, en plusieurs vol. in-fol. Je possède dans une collection sur l'histoire des provinces de la France un résumé de ce travail, sous le titre de : *Mémoires pour l'histoire de la ville et comté de Joigny.* (Mss. in-4 de 164 p. autographe).

1070. Mémoires concernant les vies et les ouvrages de plusieurs modernes, par Ancillon. *Amst., Westein, 1709.* — Lettres sérieuses et badines sur les ouvrages des savants, par Camuzat. *La Haye, Van Duren, 1710*; 3 vol. in-12, v. gr.

1071. Mélanges hist. et philologiques, par Michault. *Paris, Tilliard, 1754*, 2 vol. in-12, v. br. fil. tr. dor.

1072. Essais de littérature et de morale (par Mlle de Meulan, depuis Mme Guizot.) *Paris, 1802*, in-8, pap. vél. v. m.

Il n'a été tiré de ce vol. qu'un très petit nombre d'exempl. pour l'auteur.

9.

1073. Mélanges de critique et de philologie, par Chardon de la Rochette. *Paris, d'Hautel*, 1812, 3 vol. in-8, br.

1074. Mélange critique et de littérature (par de La Morlière). *Amst. P. Brunel*, 1701. — Essais de critique sur les écrits de M. Rollin (par l'abbé Bellanger). *Amst. Fr. l'Honoré*, 1740-41. — Mémoires littéraires. *La Haye, Le Vier*, 1716. — Mémoires hist. et critiques de Bruys. *Paris, Hérissant*, 1751. — Dissertations littéraires, par de Gamaches. *Paris, de Nully*, 1755. — Querelles littéraires (par l'abbé Irailh). *Paris, Durand*, 1761 ; 12 vol in-12.

1075. Historia mulierum philosopharum, scriptore Agidio menagio. *Amst. Henr. Westein*, 1708, pet. in-8, vél.

1076. Histoire des IV Cicérons (par l'abbé Macé). *La Haye, J. Van Duren*, 1725, in-12, dem. rel. v. br. non rogn. (*Thouvenin.*)

1077. Histoire de la vie et des ouvrages de La Fontaine, par Walcknaer. *Paris*, 1824, in-8, d. rel. v.

1078. Elegantiores præstantium virorum satyræ. *Lugd. Batav. J. Maire* (Elzév.), 1655, 2 vol. pet. in-12, vél.

1079. Jo. Barclaii Argenis, editio novissima cum clave. *Lugd. Batav. Elzevir*, 1630, pet. in-12, v. f. fil. tr. dor.

1080. Cymbalum mundi, par Bonaventure Des Periers. Nouv. édit. avec notes (de Falconet et Lancelot). *Amst. Prosp. Marchand* (Paris), 1732, pet. in-12, v. br. (*Padeloup.*)

1081. Les soupers de Daphcné (sic) et les dortoirs de Lacédémone, anecdotes grecques. *Oxfort* (Paris), 1740, pet. in-8, d. rel. v.

Satyre des soupers de Marly, rédigé sur les notes de Monnet, par Meunier de Querlon. Peu commun. Voy. les *Mélanges tirés d'une petite bibliothèque*, p. 90.

1082. J.-J. Rousseau, citoyen de Genève, à Christophe de Beaumont, archevêque de Paris. *Londres*, 1763, in-8, mar. r. fil. tr dor. (*Derome.*)

Proverbes. Anas. Emblèmes.

1083. Hecatomgraphie. C'est-à-dire les descriptions de cent figures et hystoires, contenans plusieurs appophthegmes proverbes, sentences et dicts tant des Anciens que des modernes. Le tout reveu par son autheur. *Paris, Denys Janót*, 1543, gr. in-16, mar. r. fil. à fr. tr. dor. fig. sur bois. *(Bauzonnet.)*

Exempl. parfait de conservation de fig. et de reliure, réunissant toutes les qualités exigées par l'amateur de livres le plus difficile.

1084. Tresor de sentences dorées, dicts Proverbes et Dictons communs, selon l'ordre alphabetic, par Gabr. Meurier. *Paris, Nic. Bonfons*, 1581, in-16, rel. en percal.

1085. Le Iardin d'honnevr contenant plvsieurs Apologies, Proverbes et ditz moraux.... *Paris, Est. Groulleau*, 1548, in-16, mar. bleu, fil. dent. pet. fers, tr. dor. fig. sur bois. *(Bauzonnet.)*

1086. Le jardin de recreation auquel croissent fameaux, fleurs, et fruicts, très beaux, gentilz et souefs. Soubz le nom de six mille Proverbes, et plaisantes rencontres françaises, recueillies et triées par Gomès de Trier. *Amst. Paul de Ravesteyn*, 1611, pet. in-4, bas.

Recueil très rare de Proverbes empruntés à toutes les nations, mais particulièrement à l'Italie. Les exemplaires de ce livre sont très rares, les amateurs ne l'ignorent pas; mais ce qu'ils savent moins peut-être, c'est que ce recueil, auquel Gomez de Trier a mis son nom, n'est autre chose que la traduction française d'un recueil italien publié à *Londres* en 1591 par G. Florio, et que le Sr Gomez de Trier s'est approprié sans façon. M. Brunet, qu'on retrouve toutes les fois qu'il s'agit d'un fait curieux pour l'histoire littéraire, avait, avec sa sagacité ordinaire, soupçonné ce larcin. Nous nous sommes assurés, par une comparaison exacte des deux ouvrages, que ce soupçon est parfaitement fondé, et que le Sr Gomez de Trier est un plagiaire audacieux dont il est bien temps qu'il soit fait justice.

Quoi qu'il en soit de ce fait, l'ouvrage n'en est pas moins le recueil le plus considérable que nous ayons de *Proverbes*, et un des livres les plus rares de cette catégorie.

G. Duplessis.

1087. Les motz dorez du sage Cathon, en francoys et latin (par Grosnet). Auec plusieurs bons enseignements, prouerbes, adages, authoritez et dictz moraulx des sages. *Paris, Alain Lotrian*, 1540, pet. in-8, goth. mar. bleu, fil. tr. dor. *(Niedrée.)*

1088. Proverbes et dictons populaires, avec les dits du Mercier et des Marchands et les crieries de Paris aux XIIIe et XIVe siècles, publ. par Crapelet. *Paris, Crapelet*, 1831, gr.

in-8, gr. pap. jésus vél. dos et coins de mar. v. fil. fac-simile. (*Bauzonnet.*)

1089. *Les mêmes*, cart. non rogn.

1090. LES PROVERBES COMMUNS. Pet. in-4, goth. de 12 fol. s. d. mar. bleu, fil pet. fers, tr. dor. (*Bauzonnet.*)

Au bas du verso du douzième feuil. on lit : *Cy finissent les Proverbes communs qui sont en nombre environ sept-cent-quatrevingt.* — Ce volume, de la plus grande rareté, est d'une parfaite conservation ; il a été relié avec toutes ses marges. Il contient une collection très curieuse des anciens proverbes français qui, déjà connus au XIIIe siècle sous le titre de *Proverbes ruraux et vulgaux*, furent plusieurs fois mis en vente et imprimés dans les dernières années du XVe siècle.
 — LE ROUX DE LINCY.

1091. Notables enseignemens, adages et proverbes faitz et composez par Pierre gringore dit vauldemont. *Paris, Galliot du pre*, 1528, pet. in-8, goth. mar. noir, fil. à fr. tr. dor. (*Bauzonnet.*)

1092. Histoire de Bertholde, contenant ses aventures, sentences et bons mots, trad. de l'ital. de Croci. *La Haye, P. Gosse*, 1750, in-8, dos et coins de v. f. non rog. (*Koehler.*)

1093. Ducatiana, ou Remarques de feu M. Le Duchat, sur divers sujets, recueillis par M. P. (Formey). *Amst. P. Humbert*, 2 tom. en 1 vol. pet. in-8, v. f. fil. pet. fers, tr. dor. (*Bauzonnet.*)

1094. Menagiana (publ. par de La Monnoye) IIIe édit. *Amst. P. de Coup*, 1713, 4 vol. pet. in-12, vél. non rog. (Joli exempl.)

1095. Poggiana (par Lenfant), avec l'Histoire de Florence. *Amst. P. Humbert*, 1720, 2 tom. en 1 vol. in-12, d. rel. v. f. non rog. tr. dor. portr. (*Bauzonnet.*)

1096. *Le même*, 2 vol. in-12, br.

1097. Scaligerana, Thuana, Perroniana, Pithoeana et Colomesiana, publ. par Des Maizeaux. *Amst. Covens*, 1740, 2 vol. in-12, br.

1098. Les Emblemes du Seigneur Jehan Sambucus, trad. du lat. en franc. (par Jacq. Grévin). *Anvers, Christ. Plantin*, 1567, in-16, fig. sur bois dans le texte, mar. bleu, dent. tr. dor.

Bel exempl. d'un livre rare. *Cat. Pixerécourt, no 1516.*

BELLES-LETTRES.

1099. Devises héroïques et emblèmes de Cl. Paradin, revues et augm. par de Moytie. *Paris, J. Millot*, 1614, pet. in-8, d. rel. fig.

DIALOGUES. — ÉPISTOLAIRES.

1100. Erasmi Colloquia. *Lugd. Batav. ex officina Elzeviriana*, 1613, pet. in-12, mar. r. fil. tr. dor.

1101. Dialogues des morts, par Fénelon. *Paris, Didot l'aîné*, 1819, in-8, pap. vél. d. rel. v. non rogn.

1102. Jugement de Pluton, sur les deux parties des nouveaux Dialogues des morts (par de Fontenelle). *Amst. Abrah. Wolfgang*, 1684, pet. in-12, v. f. fil. tr. dor. (*Koehler.*)

1104. Dix plaisans Dialogues du S. Nicolo Franco, trad. d'Italien en François (par Gabr. Chapuys). *Lyon, J. Beraud*, 1579, in-16, v. br. fil.

1105. Basilii Magni et Gregorii Nazanzeni, Epistolæ Græce. *Haganoæ*, 1528, pet. in-8, v. f. fil.

1106. Guil. Budæi Epistolarum latinarum et græcarum libri. VI. 1531, pet. in-fol. v. dentelé. (*Rel. ancienne.*)

1107. Bongarsii, Epistolæ. *Lugd.-Batav. ex offic. Elzeviriana*, 1647, pet. in-12, mar. v. fil. tr. dor. — Hug. Grotii, Epistolæ ad Gallos. *Idem*, 1648, pet. in-12, vél.

1108. Lettres de Henri VIII à Anne Boleyn, publ. par Crapelet. Sec. edit. *Paris, Crapelet*, 1835, in-8, gr. pap. jésus vél. cart. non rog. portr. (Épuisé, ne se trouve plus dans le commerce.)

1109. Les Epistres argentées ou Recueil des principalles lettres des sept livres de Messer Claude Tolomeï, gentilhomme Siennois : Choysies et trad. d'Italien, par Pierre Vidal Tolozain. *Paris, Gilles Robinot*, 1572, pet. in-8, v. f. fil. tr. dor.

1110. Lettres de M. de Voiture. *Amst. J. de Ravesteyn (Elzév.)*, 1657-1659, 2 part. en 1 vol. pet. in-12, vél. portr.

Exempl. de M. de Pixerécourt. Jolie édit. peu commune. (*Essai de Bérard, p. 99.*)

1111. Les Lettres et poésies de Mme la comtesse de B. (de Bregy). *Leyde, Ant. du Val,* 1666, pet. in-12, v. f. fil. tr dor.
1112. Les nouvelles Œuvres (Lettres galantes) de M. le Pays. *Amst. Abrah. Wolfgang,* 1688, 2 part. en 1 vol. pet. in-12, vél.
1113. Lettres Persannes, par de Montesquieu. *Amst. Fr. Grasset,* 1760, in-12, mar. r. fil. tr. dor.
1114. Lettres de Ninon de Lenclos, avec sa vie (publ. par Damours). *Amst. Fr. Joly,* 1768, 2 vol. pet. in-12, v. br. portr.

POLYGRAPHES. — RECUEILS DE PIÈCES.

1115. Luciani opera, gr. cum versione latina Hemsterhusii et Gesneri. *Amstel. Jac. Weslein,* 1743.—Lexicon Lucianeum, a Conr. Reitzio. *Trajecti ad Rhenum, Besseling,* 1746, 4 vol. in-4, v. ec. fil.
1116. Lucien, de la traduction de Perrot d'Ablancourt. *Paris,* 1707, 3 vol. in-12, mar. r. dent. tr. dor.
1117. Les Œuvres morales et meslees de Plutarque, translatées de grec en francois, par Jacq. Amyot. *Paris, Vascosan,* 1574. — Les vies des hommes illustres. *Paris, le même,* 1567; en tout 12 vol. pet. in-8, v. f. fil. dent. tr. dor.

Bel exempl. d'une très belle édit. recherchée par les curieux.

1118. Œuvres du card. de Bernis. *Paris, Didot l'ainé,* 1797, gr. in-8, pap. vél. mar. br. fil. dent. tr. dor. portr. (*Bozérian.*)
1119. Œuvres diverses du sieur D. (Despreaux), avec le Traité du sublime, trad. du grec de Longin. *Paris, Denys Thierry,* 1685, gr. in-12, mar. r. fil. comp. tr. dor.
1120. Œuvres de Boileau Despreaux, avec un Comment. de Saint-Surin. *Paris, Blaise,* 1821, 4 vol. in-8, v. rou. fil. dent. et comp. à fr. tr. dor. avec 12 grav. (*Thouvenin.*)

1121. Œuvres de Chapelle et Bachaumont. *La Haye et Paris, Quillau*, 1755, in-12, mar. r. fil. tr. dor.
1122. Œuvres diverses de Cyrano de Bergerac. *Paris, Ch. de Sercy*, 1681, 2 vol. in-12, v. gr. fil.
1123. Œuvres de Fénélon. *Paris, Briand*, 1810, 10 vol. in-8, bas. dent.
1124. Œuvres diverses de la Fontaine. *Paris, Nyon*, 1744. — Contes. *Londres*, 1754; 6 vol. in-18, mar. r. fil. tr. dor. portr.
1125. Œuvres de Fr. Malherbe, avec les Observations de Ménage. *Paris. Barbou*, 1723, 3 vol. in-12, v. ec. fil. — Œuvres de Voiture. *Paris, v° Mauger*, 1691, 2 vol. in-12, v. gr.
1126. Œuvres complètes de Molière, avec les notes de tous les commentateurs, publ. par Aimé Martin. *Paris, Lefèvre*, 1824, 8 vol. in-8, gr. pap. vél. d. rel. v. br. portr.
1127. Œuvres de Rémond de Saint-Mard. *Amst. P. Mortier*, 1749, 5 vol. in-18, mar. r. fil. tr. dor. fig.
1128. Œuvres mêlées de M. de Rozoi. *Paris, Des Ventes*, s. d. 2 tom. en 1 vol. in-12, mar. r. fil. tr. dor.
1129. Œuvres complètes de Sainte-Foix. *Paris, v° Duchesne*, 1778, 6 vol. in-8, pap. de Holl. v. rac. dent. tr. dor. portr.
1130. Opere di Nicolo Machiavelli. *Milano, Luig. Mussi*, 1810, 11 vol. gr. in-4, pap. vél. dos et coins de mar. r. non rog. tête dor. portr. et fig. (*Hering.*)

Belle édit. tirée à 200 exempl. numérotés.

1131. Opuscules de divers genres par madame la comtesse de Rochefort, depuis duchesse de Nivernois. *Paris, Didot l'aîné*, 1784, in-18, pap. vél. mar. vert, fil. dent. tr. dor. (*Bozerian.*)

Exempl. de M. de Pixerécourt. Il n'y a eu que 50 exempl. d'imprimés de ce recueil, pour les amis de l'auteur.

1132. Opuscules philosophiques et littéraires (par Mme Duchatelet, Thomas, Diderot, etc., publ. par de Vauxcelles et Suard). *Paris, Cherel*, 1796, in-12 tiré in-8, pap. vél. br.

Tiré, dit-on, à 12 exempl. de ce format sur ce papier.

1133. Keepsake français, ou Souvenirs de littérature contemporaine. *Paris, Giraldon Borinet*, 1831, in-8, gr. pap.

BELLES-LETTRES.

vél. fort. mar. r. fil. comp. non rog. tête dor. avec 18 grav. angl. sur pap. de Chine. (*Simier.*)

1134. Dissertations historiques et philosophiques de M. Peignot.

Recherche sur la philotésie, ou usage de boire à la santé. *Dijon*, 1836. (*Tiré à 150 exempl.*) — Souvenir de quelques bibliothèques particulières du temps passé. *Dijon*, 1836. (*Tiré à 170.*) — De la semaine. 1830. (100 exempl.) — Recherches sur l'origine et l'étymologie du mot poétise. *Dijon*, 1838. (150 exempl.) — La selle chevalière. *Dijon*, 1836. (180 exempl.) — De l'Oraison dominicale. *Dijon*, 1839. (175 exempl.) — De Pierre Aretin. *Dijon*, 1836. (101 exempl.) Recherches sur le tombeau de Voltaire. *Dijon*, 1810. (175 ex.) — Recherches sur le luxe des Romains dans leur ameublement. *Dijon*, 1837. in-8. (150 ex.) — Du dicton populaire, *faire ripaille*. *Dijon*, 1836. (200 ex.)

HISTOIRE.

I. GÉOGRAPHIE. — VOYAGES.

1136. Anville (d'). — Considérations générales sur l'étude et la connaissance que demande la composition des ouvrages de géographie. *Paris*, 1777. — Mémoire sur la Chine. *Pe-Kin et Paris*, 1776; 2 vol. in-8, br.

1137. Ph. Cluverii, Introductio in universam geographiam, recognovit Bruzen de la Martinière. *Amst. P. de Coup*, 1729, in-4, v. m. cartes.

1138. Geographia generalis, in qua affectiones generales telluris explicantur; auct. Bernh. Varenio. *Amstel. ex offic. Elzeviriana*, 1664, pet. in-12, mar. r. fil. deut. a fr. non rogn. (*Thouvenin.*)

1139. Veteris orbis Tabulæ geographicæ. *Amst. Covens*, s. d., oblong. d. rel.

1140. Mémoire de d'Anville sur la Chine. *Pe-Kin et Paris*, 1776, in-8, non rel. — Remarques philologiques sur les Voyages en Chine de M. de Guignes, par Sinologue Berolinensis (Montucci). *Berlin*, 1809, in-8, br. fig.

1141. Anville (d'). — Mémoire sur l'Egypte ancienne et moderne. — Antiquités géographiques de l'Inde. — L'Euphrate et le Tigre. *Paris, impr. roy.* 1766-1779, 3 vol. in-4, br. cartes.

1142. Jo. Laurenbergi Græcia antiqua, edidit Sam. Pufendorf. *Amst. J. Janson*, 1660, oblong, vél. cartes.

Avec hommage de l'éditeur à M. Chapelain, conseiller de S. M. en son conseil d'Estat. Oct. 1660. Exempl. de de Thou, fils de l'historien, avec sa signature.

1143. Jacq. Palmeril Græciæ antiquæ descriptio. *Lugd.-Batav. Dan. a Graesblick*, 1678, pet. in-4, vél.
1144. États formés en Europe, après la chute de l'empire d'Occident, par d'Anville. *Paris, imp. roy.* 1771, in-4, br. carte.
1145. Recueil des Mémoires qui ont été publiés avec les Cartes hydrographiques du dépôt de la marine, par Bellin. (*Paris*, 1737-55), in-4, v. m. fil. (*Aux armes.*)
1146. Cours des principaux fleuves et rivières de l'Europe, composé et imprimé par Louis XV, en 1718. *Paris, dans l'Imprimerie du Cabinet de S. M.* 1718, pet. in-4, v. f. fil. non rog. (*Bauzonnet.*)
Très rare. *Cat. Pixerécourt*
1147. Mémoire sur la Collection des grands et petits voyages, par Camus. *Paris, Baudouin*, 1802, in-4, d. rel.
1148. Le Prudent voyageur, contenant la description politique de tous les Etats du monde, par le chev. Louis du May. *Genève, J. Herman Widerhold*, 1681, 2 vol. pet. in-12, vél.
1149. Les Voyages de M. Payen, lieutenant général de Meaux. *Amst P. le Grand*, 1668, pet. in-12, vél.
1150. Voyages et avantures de Jacq. Massé. *Bourdeaux, Jacques l'Aveugle*, 1710, in-12, v. f. (*Aux armes.*)
1151. Voyage du jeune Anacharsis en Grèce, par l'abbé Barthélemy. *Paris, Et. Ledoux*, 1822, 7 vol. in-8, avec atlas, gr. pap. vél. dos et coins de mar. r. non rog. doubles fig. de Colin. (*Purgold.*)
1152. A Voyage round the World in the years 1740, by George Anson, compiled by Richard Walter (Benj. Robins). London, 1748, in-4, mar. r. fil. dent. tr. dor. cartes et fig.
1153. Voyage pittoresque sur le Rhin, depuis Mayence jusqu'à Dusseldorf, par l'abbé Libert. *Francfort-sur-le-Mein, Wilmans*, 1807, 3 part. en 1 vol. gr. in-8, pap. vél. mar. v. fil. dent. non rog. fig. (*Bozérian.*)
1154. Voyage en Sicile, par Denon. *Paris, Didot l'aîné*, 1788, gr. in-8, v. gr. fil. tr. dor. — Voyage dans les deux Siciles, trad. de Spallanzani, par Toscan et Am. Duval. *Paris*, an IV, 6 vol. in-8, v. porph. fil.

1155. Voyage de Naples à Amalfi, par G. d'A. (Gautier d'Arc). *Paris*, 1837, in-8, pap. vél. fig.

Tirage à part de la Revue encyclopédique à 25 exempl. seulement.

1156. Les quatre premiers livres des Navigations et Pérégrinations Orientales, de N. de Nicolay Dauphinoys, seigneur d'Arfeuille, avec les figures au naturel tant d'hommes que de femmes selon la diversité des nations, et de leur port, maintien et habitz. *Lyon, Guill. Roville,* 1568, in-fol. v. f. fil. tr. dor. avec 60 fig. sur bois. (*Niedrée.*)

Superbe exemplaire d'un livre recherché à cause de la beauté des fig. sur bois. Cette édition n'est autre que l'édition originale de Z. 1567, avec un nouveau titre.

1157. Peregrinationes civitatis sancte iherusalem et totius terre sancte, cum peregrinationibus totius urbis rome. Item decem nationes totius christianitatis, cum prophecia cristianissimi regis francorum. *Andegavie, Johannes de la tour,* 1493, in-16, goth. d. rel. v. br.

Livret fort rare. (*Nouv. recherch. de Brunet.*)

1158. Les Passages de oultre mer. Du noble Godefroy de buillon qui fut roy de Hierusalem. Du bon roy sainct Loys et de plusieurs vertueux princes qui ce sont croisez pour augmenter et soustenir la foi crestienne.... *Paris, Franc. Regnault,* s. d. pet. in-4, goth. mar. r. fil. comp. tr. dor. front. et gr. lettr. ornés. (*Bauzonnet.*)

Bel exempl. relié dans le genre de Dusseuille.

1159. Le devotissime voyage de Hierusalem faict par moy André augier pretre demeurant a Branuillier en Chartrain, en lannee mil six cents ung. Duquel voyage je desseray les lieux de passage ausquels nous auons visité et passé tant par mer que par terre. In-4, vél. (*Aux armes.*)

Mss. du commencement du XVIIe siècle, d'une écriture fort lisible.

1160. Description et Charte de la Terre Saincte, qui est la propriété de Jésus-Christ, pour y revoir sa pérégrination, et pour imiter ses Treschrestiens ministres à la recouvrer pour y replanter son Empire, par Guil. Postel. S. l. n. d. in-16, mar. r. fil. tr. dor. carte. (*Derome.*)

Exempl. de Girardot de Préfond, avec la Carte des tribus qui manque d'habitude dans la plupart des exemplaires. Vol. assez rare.

1161. Travels in Arabia, by lieut. J. R. Wellsted. *London, Murray*, 1838, 2 vol. in-8, pap. vél. rel. en percal. non. rog. fig. et carte.

1162. Three voyages in the Black Sea to the coast of Circassia, by the Taitbout de Marigny. *London, Murray*, 1837, in-8, pap. vél. cart. non rog. avec cartes et fig.

1163. Voyage en retour de l'Inde, par terre, par Th. Howel, trad. de l'angl. par Theoph. Mandar. *Paris*, an V, in-4, v. f. fil. cart.

1164. Voyages de Shaw dans plusieurs provinces de la Barbarie et du Levant, trad. de l'angl. *La Haye, J. Neaulme*, 1743, 2 tom. en 1 vol. in-4, dos et coins de v. f. (*Bauzonnet*.)

1165. Relation du voyage pour la rédemption des captifs aux roiaumes de Maroc et d'Alger, par les P. P. Jean de la Faye, etc. *Paris, Serestre*, 1726, in-12, mar. vert, dent. tr. dor. potir.

1166. Découvertes des français en 1768 et 1769, dans le Sud-Est de la Nouvelle Guinée (par Claret de Fleurieu). *Paris, impr. roy.* 1790, in-4, v. porph. fil. tr. dor.

1167. Histoire d'un voyage fait en la terre du Brésil, autrement dite Amérique, par Jean de Lery, natif de la Margelle, au Duché de Bourgogne. (*Genève*), *Ant. Chuppin*, 1578, pet. in-8, v. f. fil. tr. dor. pet. fers (*Bauzonnet*.)

Première édit. fort rare.

1168. Voyage au pôle Boréal, par le capitaine Phipps, trad. de l'angl. (par Demeunier). *Paris, Saillant*, 1775, in-4, v. f. cartes.

1169. A Journal of a voyage to the South seas, transcribed from the papers of Sydney Parkinson, Jos. Banks, Dr. Solander, by John Fothergille. *London, Dilly*, 1784, in-4, gr. pap. mar. r. dent. tr. dor. porte. et fig.

II. HISTOIRE UNIVERSELLE.

1170. Discours sur l'histoire universelle, par Bossuet. *Paris*,

Lefevre, 1822, 2 vol. in-8, v. r. fil. dent. et comp. à fr. tr. dor. (*Thouvenin.*)

1171. Tablettes chronologiques de l'hist. universelle, par Lenglet Dufresnoy. Nouv. édit. publ. par Barbeau de la Bruyère. *Paris De Bure*, 1778, 2 vol. in-12, br.

1172. Histoire universelle de Diodore de Sicile, trad. en franc. par l'abbé Terrasson. *Paris, De Bure*, 1737, 7 vol. in-12, dos et coins de v. f. pet. fers, non rog. tête dor. (*Bauzonnet.*)

1173. Histoire ou chronique des choses plus mémorables depuis la création du monde, par Jean Carion. *Paris, Nic. Bonfons*, s. d. in-16, v. br. fil. tr. dor.

1174. Livre merveilleux contenant en bref la fleur et substance de plusieurs traictez, tant des Prophéties et révélations, qu'anciennes croniques... *Paris, Jean Bessault*, s. d. fig. mar. rou. fil. tr. dor. (*Derome.*)

Livre rare et assez recherché. (*Man. de Brunet.*)

1175. De gentium aliquot migrationibus, sedibus fixis, reliquiis, linguarumque initiis et immutationibus ac dialectis, auct. Wolfgango Lazio. *Francofurti, And. Wecheli hæredes*, 1600, in-fol. vel.

1176. Singularités historiques, par F. A. D. (Dulaure). *Londres et Paris, Lejay*, 1788, pet. in-12, dem. rel. v. br. non rog. (*Bauzonnet.*)

III. HISTOIRE DES RELIGIONS.

1178. Recherches hist. et critiques sur les mystères du paganisme, par le baron de Sainte Croix, 2ᵉ édit. revue par le baron de Sacy. *Paris, Debure*, 1817, 2 vol in-8, pap. vél. d. rel. mar. bl. non rog. tr. dor. (*Bauzonnet.*)

1179. Le même, pap. vél. br.

1180. Défense du paganisme par l'Empereur Julien, en grec et en français, avec dissertations et notes par le marq. d'Argens. *Berlin, Fréd. Voss*, 1769, 2 tom. en 1 vol. in-8, d. rel. mar. r. fil. non rog. tr. dor. (*Bauzonnet.*)

1181. Mémoire sur la déesse Vénus, par Larcher. *Paris Valade*, 1776, pet. in-8, br.

1182. Cérémonies et coustumes qui s'observent aujourdhuy parmy les Juifs, trad. de l'ital. de Leon de Modene, par de Simonville (Richard Simon). *La Haye, Adr. Moetjens,* 1682, 2 part. en 1 vol. pet. in-12, d. rel. v. f.

1183. Yu le Grandet Confucius, hist. chinoise, par Clerc. *Soissons,* 1769, 2 part. en 1 vol. in-4, v. m.

1184. Vie de Mahomet, par Jean Gagnier. *Amst. Westein,* 1732, 2 vol. pet. in-8, v. gr. — La religion ancienne et moderne des Moscovites. *Cologne, P. Marteau,* 1705, in-12, v. gr. fig.

1185. Histoire des persécutions de l'église Chrestienne et Catholique, par Pierre Boistuau, natif de Bretaigne. *Paris, Rob. le Maugnier,* 1572, pet. in-8, d. rel. v. f.

1186. La religion des Gaulois, tirée des plus pures sources de l'antiquité, par le R. P. Dom (Jacq. Martin). *Paris, Saugrain,* 1727, 2 vol. in-4, v. gr. fig.

1187. Le Mercure de Gaillon, ou Recueil de pièces curieuses, tant hiérarchiques que politiques (par Fr. de Harlay). *A Gaillon, de l'impr. du Chasteau Archiepiscopal,* 1611, in-4, bas.

Recueil de 21 pièces relatives à l'histoire ecclésiastique de la ville de Rouen.

1188. La Sauce-Robert, ou Avis salutaire à M. Jean Robert, grand Archidiache (sic) de Chartres (par l'abbé Thiers); 2 part. 1678. — La Sauce-Robert justifiée (par le même). 1679, in-8, mar. r. fil. tr. dor.

1189. Mémoires pour servir à l'hist. de la fête des foux, par du Tilliot. *Lausanne,* 1751, in-12, v. m. fil.

1190. Explications des cérémonies de la Fête-Dieu d'Aix en Provence (par Grégoire). *Aix, David,* 1777, in-12 port. et 13 pl. br.

1191. Grégoire (l'abbé). Recueil factice de pièces diverses. 1 vol. in-8. dem. rel. v.

Légitimité du serment civique. — Sur les calomniateurs et persécuteurs en matière de religion. — Liberté des cultes. — Mémoire sur la dotation des curés. — Mémoire en faveur des gens de couleur. — Les ruines de Port-Royal, etc., etc., etc.

1192. Vitæ Romanorum pontificum, quos Papas vocamus,

par Robertum Barns. *Basileæ*, 1535, pet. in-8, mar. r. fil. tr. dor. (*Derome*.)

Exempl. de *La Vallière*. Les quatre prem. feuil. raccommodés.

1193. Erreur populaire de la papesse Jeanne. 1588, pet. in-12, v. m. — Hist. de la Papesse Jeanne, tiré de la dissertation latine de Spanheim, par Lenfant. *La Haye*, 1758, 2 vol. in-12, fig.

1194. De Ionna Papissa : sive famosæ quæstionis, an femina ulla inter Leonum IV et Benedictum III, media sederit, auct. Davide Blondello. *Amstelodami, Joan Blaeu*, 1657, pet. in-8, m. grenat, fil. dent. tr. dor. (*Hering*.)

1195. Historia arcana, sive de vita Alexandri VI papæ, seu excerpta ex diario Joh. Burchardi, edente Leibnizio. *Hannoveræ, Nic. Forster*, 1697, pet. in-4, v. f. fl. tr. dor. (*Koehler*.)

1196. Le Syndicat du pape Alexandre VII, avec son voyage en l'autre monde, trad. de l'italien. (de Greg. Leti). *S. l.* (Holl. Elzév), 1669, pet. in-12, mar. citr. fil. tr. dor.

1197. Il Puttanismo Romano : o vero Conclave generale delle Puttane della Corte, per l'elettione del nuovo Pontifice (attribué à Greg. Leti). *S. l.* (Holl. Elzév.), 1668, pet. in-12, mar. citr. fil. tr. dor. (*Niedrée*.)

Édit. de 150 pag.

1198. Le Putanisme, ou la Confrerie des Putains de Rome, assemblées en Conclave, pour l'élection d'un nouveau Pape, satyre comique de Baltasar Sultanini Bressan. *Cologne*, 1670 (Holl. Elzév.), pet. in-12, mar. citr. fil. tr. dor. (*Bauzonnet*.)

Satire très rare, curieuse par l'orthographe imposée aux Elzevires. Voy. l'*Essai* de Bérard.

1199. Histoire des conclaves (par Vanel). *Cologne*, 1703, 2 vol. in-12, v. gauf. fil. tr. dor. avec la fig.

1200. Histoire de l'inquisition et de son origine (par l'abbé Marsollier). *Cologne, P. Marteau* (A la Sph.), 1693, pet. in-8, rel. — Le Manuel des inquisiteurs (par l'abbé Morellet). *Lisbonne*, 1762, in-12, v. fil. dent. tr. dor.

1201. Histoire des ordres monastiques, par Musson. *Berlin,* 177', 5 vol. in-12, v. f. fil.

1202. Trop et trop, capitulation de la France avec ses Moines et Religieux de toutes les livrées. Avec la Revue générale de leurs patriarches (par Maubert de Gouvert). *La Haye, Staatman,* 1767, in-12, mar. r. fil.

<small>Satire des plus vives contre les fondateurs et les règles des principaux ordres monastiques. (*Note du Cat. Leber.*)</small>

1203. Le Rasibus, ou le Procès fait à la barbe des Capucins, par un Moine défroqué. *Cologne, chez Pasquin Resuscité,* 1680, pet. in-12, cart.

1203 *bis.* Le même, *Cologne, P. Marteau* (à la Sph.), 1718, pet. in-12, mar. vert, fil. tr. dor.

1204. Les Récréations des capucins. *La Haye, aux dépens de la Compagnie,* 1738, pet. in-12, v. br. (*Padeloup.*)

<small>Exempl. de *M. de Pixerécourt*. — Satire enjouée, qui n'est pas des plus rares, et qu'on a vu cependant porter à des prix fort élevés dans les ventes. (*Note du Cat. Leber.*)</small>

1205. L'Alcoran des Cordeliers, d'Erasme Albère (trad. par Conrad Badius), avec fig. de B. Picart. *Amst. aux dépens de la Compagnie,* 1731, 2 vol. in-12, v. br.

1206. Le Calvaire prophané, ou le Mont-Valérien usurpé par les Jacobins Reformez du Fauxbourg Saint Honoré à Paris (par Jean Duval). *Cologne, P. Marteau* (à la Sph.), 1670, pet. in-12, mar. viol. fil. à fr. tr. dor. (*Bauzonnet*).

1207. Hist. notable d'un Jesuité nommé Pere Heury, qui a été bruslé à la ville d'Anvers le 12 jour d'Avril 1601, étant convaincu d'être sodomiste. Mise du Flameng en François. 1639, pet. in-8, vél.

<small>Même vol. : Discours montrant que les Jésuites sont meurtriers de nos roys. 1639. — Petit traicté contre l'abominable vice de paillardise et adultère, par Guil. le Fault. *La Haye, Arnoult Meuris,* 1629.</small>

1209. Les Jésuites mis sur l'eschafaut, pour plusieurs crimes capitaux par eux commis dans la Province de Guienne..... par Pierre Jarrige.(Attribué à La Chalotais.)(Holl. Elzév.), 1677, pet. in-12, mar. r. fil. à fr. tr. dor. (*Bauzonnet*).

1210. Mémoires hist. sur l'orbilianisme et les correcteurs des jésuites. S. l. 1761, in-12, v. f. fil. tr. dor. (*Thouvenin.*)

1211. Lettre de St Vincent de Paul au cardinal de La Rochefoucauld, sur l'état de dépravation de l'abbaye de Longchamps, avec la trad. en franc. et des notes de J. L. (Labouderie). *Paris*, 1827, broch. in-8.

1212. Relations de la mort de quelques religieux de l'abbaye de La Trappe, par l'abbé de Rancé. *Paris, Est. Michallet,* 1683, pet. in-8, mar. br. fil. comp. tr. dor.

1213. Etablissement d'un corps de Chanoinesses en France. In-4, mar. r. dent. tr. dor. doubl. de soie bleu.

Ms. de 296 p. avec carte, d'une écriture bien correcte, composé en 17..?, par M. Dubois Descours, capitaine d'artillerie.

1214. Constitutions de la Maison Roiale de Saint Louis établie à Saint Cir. In-16, mar. r. tr. dor. (*Deseuille.*)

Joli ms. de 418 p. sur pap. fin.

1215. L'Histoire de saincte Genevieve, patronne de Paris; par F. Pierre le Juge. *Paris, Henry Coypel,* 1586, in-16, mar. olive, fil. à fr. tr. dor. (*Koehler.*)

1216. La Vie de monseigneur sainct bernard devot chappelain de la vierge marie et premier abbé de clercvaulx translatée de latin en françois par ung ancien religieux dudit clercvaulx. *Nouvellement imprimée à Paris. Paris, Franc. Regnault,* s. d. pet. in-4, mar. vert, fil. tr. dor. fig. sur bois (*Derome.*)

Quelques piqûres, rogné à la marge.

1217. La Vie de St. Thomas archevesque de Cantorbery et martyr, par de Beaulieu, *Paris, Ant. Dezallier,* 1679, in-4, mar. r. fil. comp. tr. dor. portr. (*Duseuille.*)

1218. Les Miracles de nostre Dame de Lyesse et comme elle fut trouvée et nommée... *Paris, refve Jean Bonfons,* s. d. in-16, goth. mar. br. tr. dor. fil. à fr. fig. sur bois (*Koehler.*)

Livret rare.

1219. Hist. de Notre-Dame du Mont Serrat, par Louis Montegut. *Toulouse, Pierre Robert,* 1747, in-12, mout. rou. large dent.

1220. Description de la chapelle du chasteau de Versailles. *Paris, Delaulne,* 1711, in-12, mar. r. tr. dor. fig.
1221. Histoire de la Ste. Chapelle Royale du Palais, par Morand. *Paris, Clousier,* 1790, in-4, br. fig.
1222. L'Histoire des persécutions faites en Afrique par les Arriens sur les Catholiques, faite en latin par Victor, Evesque d'Utique, et mise en François par F. de Belleforest Comingeois. *Paris, Gabr. Buon,* 1563, pet. in-8, v. f. fil. tr. dor. (*Niedrée.*)
1223. Hist. du Calvinisme, par Maimbourg. *Paris, Seb. Cramoisy,* 1682, pet. in-12, br. en cart. non rogn.
1224. Discovrs de M. Theodore de Besze, contenant en bref l'histoire de la vie et mort de maistre Iean Caluin. *S. l.* 1564, pet. in-8, mar. noir, fil. à fr. tr. dor. (*Niedrée.*)
1225. Histoire critique de Manichée et du Manichéisme, par de Beausobre (publ. par Formey). *Amst. F. Bernard,* 1734, in-4, bas.

Ouvrage très estimé et difficile à se procurer.

1226. Histoire des flagellans, trad. du lat. de l'abbé Boileau. *Amst., du Sauzet,* 1732, in-12, v. f. fil. — Hist. admirable de Dom Inigo de Guipuscoa, fondateur de la monarchie des Inighistes, par Rasiel de Selva (Charles Le Vier). *La Haye, aux dépens de la Compagnie,* 1758, 2 vol. in-12, v. f. fig.
1227. Historia congregrationum de Auxiliis, a R. P. Lemos. *Lovanii, Denique,* 1702, in-fol. v. gr.

IV. HISTOIRE ANCIENNE.

1228. Histoire des Juifs, par Flavius Joseph, trad. par Arnauld d'Andilly. *Paris, Pierre le Petit,* 1667, 2 vol. in-fol. mar. r. fil. tr. dor. (*Derome.*)
1229. Lettres sur l'Atlantide de Platon et sur l'ancienne histoire de l'Asie, par Bailly. *Paris, Debure,* 1805, in-8, gr. pap. cart. non rogn.
1230. L'Epédition de Cyrus, ou la retraite des dix mille,

HISTOIRE. 149

trad. de Xenophon, par M. L. C. D. L. L. (Le comte de la Luzerne). *Paris, Cellot*, 1778, 2 vol. in-12, mar. vert, fil. tr. dor.

1231. R. Curtius Rufus, de Rebus gestis Alexandri magni. *Amster. Guil. Cæsius*, 1629, in-18, mar. r. fil. comp. tr. dor.

1232. Quinte Curce, de la vie et des actions d'Alexandre le grand, trad. de Vaugelas, avec les supplémens de Freinshemius, trad. par Du Ryer. *Paris, Aug. Courbé*, 1655, in-4, mar. r. fil. comp. tr. dor. (*Rel. de Duseuille, aux armes.*)

1233. Traité historique sur les amazones, par Pierre Petit. *Leide, Langerak*, 1718. — Histoire des Amazones, par l'abbé Guyon. *Paris, Villette*, 1740; 3 vol. in-12, fig.

1234. Annales Romaines, ou Abrégé chronol. de l'hist. Romaine, par Ph. Macquer. *Paris, J. Th. Herissant*, 1756, in-8, mar. vert, fil. tr. dor. (*Derome.*)

Exempl. aux armes de Mme Victoire de France.

1235. De vitis imperatorum et Cæsarum Romanorum, necnon uxorum et liberorum eorum, auctore Octavio de Strada a Rosberg. *Francof. ad Mœnum, Joh. Bringerus*, 1615, in-fol. mar. r. fil. comp. tr. dor. fig. (*Feuillet du titre raccommodé.*)

1236. L'Historia Augusta da Giulio Cesare a Constantino il Magno, illustrata con la verita dell antiche medaglie, da Fr. Angeloni. *Roma, Cesaretti*, 1685, in-fol. v. gr. fig.

1237. Les impératrices Romaines, ou Hist. de la vie et des intrigues secretes des femmes des douze Cesars, par de Serviez. *Paris, Hourdel*, 1744, 3 vol. in-12, mar. r. fil. tr. dor.

1238. Titi Livii Historiarum, ex recensione Gronovii. *Lugd.-Batav. ex officina Elzeviriana*, 1615, 4 vol. pet. in-12, mar. vert, fil. tr. dor. (*Padeloup.*)

1239. Le même, recensuit Lallemand. *Paris, Barbou*, 1775, 7 vol. in-12, v. m. fil. tr. dor. portr. (*Bel exempl.*)

1240. Annæus Florus. Rerum Romanarum libri IV, cum addit. Salmasii. *Lugd.-Batav. Elzevir*, 1638, pet. in-12, mar. citr. fil. tr. dor. (*Derome.*)

1241. *Le même* (Edente Maittaire). *Londini, Tonson,* 1715, in-8, v. f. fil. tr. dor.

<small>Exempl. gr. pap. venant de la biblioth. de Rosny.</small>

1242. Velleius Paterculus, cum notis Vossii. *Lugd.-Batav. ex offic. Elzeviriana,* 1639, 2 part. en 1 vol. pet. in-12, mar. r. fil. tr. dor. (*Niedrée.*)

1243. *Idem,* curante Petro Burmanno. *Rotterodami, Dan. Beman,* 1756, in-8, v. br. fil.

1244. Aurelii Victoris historiæ Romanæ breviarium, cum commentariis variorum, recensuit Sam. Pitiscus. *Trajecti ad Rhenum. F. Halma,* 1696. (*Bonne édit.*) — Annæi Flori Epitome rerum Romanarum, ex recensione Grævii, et cum notis variorum. *Amst. Gallet,* 1702, fig. 2 vol. in-8, vél.

1245. Crisp. Sallustius ex Museo Joh. Isaci Pontani. *Amstelod. Joan. Jansonius,* 1627, in-32, mar. r. fil. comp. tr. dor.

1246. Julii Cæsaris et Hirtii de rebus a Julio Cæsare gestis, Commentarii (edente Maittaire.) *Londini, Tonson,* 1716, in-8, v. f. fil. tr. dor.

<small>Exempl. gr. pap. provenant de la bibl. de Rosny. Recherché sur c^e pap.</small>

1247. Idem. *Londini, Brindley,* 1744-46, 5 vol. in-18, v. f. fil. tr. dor.

1248. L. Cornelius Tacitus, ex J. Lipsii editione. *Lugd-batav. Elzevir,* 1634, 2 vol. pet. in-12, mar. r. fil. doubl. de mar. cerise avec dent. tr. dor. (*Derome.*)

<small>Édit. fort belle et fort recherchée (*Essai sur les Elzevirs,* de Bérard, p. 65.</small>

1249. Idem. *Lugd.-Batav. Elzev.* 1640, pet. in-12, v. tr. dor.

1250. Les Œuvres de Tacite, trad. de Perrot d'Ablancourt. *Paris, Osmont,* 1681, 3 vol. in-12, mar. citr. dent. tr. dor.

1251. Tacite, trad. de Dureau de Lamalle, avec le texte latin en regard. *Paris, Michaud,* 1818, 6 vol. in-8, v. rac. dent. tr. dor. cartes.

1252. Caius Suetonius, cum annotationibus diversorum. *Amst. Lud. Elzev.,* 1650, pet. in-12, mar. r. fil. à fr. tr. dor. (*Niedrée.*)

1253. Ammien Marcellin, ou les dix-huit livres de son Histoire, trad. (par Moulines). *Berlin*, *Decker*, 1775, 3 vol. in-12, v. f. fil. tr. dor.

1254. Mœurs et coutumes des Romains, par Bridault. *Paris, Lambert*, 1775, 2 vol. in-12, mar. vert, fil. tr. dor.

1255. Le Sénat Romain, par Fr. Fyot. *Paris, P. Emery*, 1702, in-12, mar. r. fil. tr. dor. (*Aux armes.*)

V. HISTOIRE MODERNE.

1256. Histoire des révolutions de l'Europe au XVIII° siècle, trad. de Schlosser par Suckaw. *Paris, Brière*, 1825, 2 vol. in-8, v. m. dent.

1257. Recueil de plusieurs pièces servant à l'hist. moderne. *Cologne, P. du Marteau*, 1663, pet. in-12, v. m. fil. dent.

1258. Les Origines de l'ancien gouvernement de la France, de l'Allemagne et de l'Italie, par le comte Du Buat. *La Haye et Paris, Letellier*, 1789, 3 vol. in-8, br.

1259. Œuvres de Procope de Césarée. *Paris, Guil. de Luyne*, 1669, in-12, mar. r. dent. t. dor. (*Aux armes.*)

1260. Tableau hist. des Croisades, servant d'introduction au roman de Mathilde, par Mme Cottin (par Auguis). *Paris*, 1818, in-18, pap. vél. br.

Tirage séparé à 25 exempl.

1261. Tableau de mœurs au dixième siècle, ou la cour et les lois de Howel le Bon, suivi de cinq pièces de la langue françoise aux XII° et XIII° siècles, publ. par G. Peignot. *Paris, Crapelet*, 1832, in-8, gr. pap. jésus vél. cart. non rog.

1262. Recueil de la diuersité des habits, qui sont de present en vsage, tant es pays d'Europe, Asie, Affrique et Isles sauuages, le tout fait apres le naturel. *Paris, Richard Breton*, 1564, pet. in-8.

Joli vol. avec encadrements, composé de 61 fol., au recto et verso desquels se trouve une fig. sur bois, et au-dessous de chaque fig. un quatrain servant d'explication.

1263. Recueil de pièces historiques. Pet. in-12, vél.

Hist. du Palais-Royal. *S. l. n. d.* — Les Pourtraicts de la cour. *Cologne,* 1637. — Discours touchant l'establissement d'une compagnie françoise pour le commerce des Indes Orientales. *Paris,* 1665. — Articles et conditions pour l'établissement de la Compagnie. *Paris,* 1665. — Recueil de quelques pièces curieuses servant à l'histoire de la vie de la Reyne Christine. *Cologne, P. du Marteau,* 1668.

VI. HISTOIRE DE FRANCE.

Introduction.

1265. De monarchia Gallorum campi aurei : ac triplici imperio, videlicet Romano, Gallico, Germanico; auctore Symphoriano Campegio. — Galliæ Celticæ, ac antiquitatis Lugdunensis civitatis, quæ caput est Celtarum campus. *Lugduni, Melch. et Gasp. Trechsel,* 1537, 3 part. en 1 vol. in-4, mar. vert, fil. tr. dor. *(Bauzonnet.)*

Bel exempl. gr. de marges et d'une conservation parfaite.

1266. Liures (trois) des Illustrations de Gaule et singularités de Troyes. Auec les deux epistres de Lamant verd composez par Jehan le Maire de Belges. — Le traicte de la différence des scismes et des Concilles de l'eglise, par le même. — Lepistre du roy a Hector de Troye et aucunes autres œuures assez dignes de veoir. *Paris, Ambroise Girault,* 1533, 5 part. en 1 vol. in-4, goth. à 2 col. v. f. fil. dent. à fr. tr. dor.

Bel exempl. sauf une légère mouillure sur les prem. feuil.

1267. Le Recueil de l'antique preexcellence de Gaule et des Gaulois, par Guil. le Rouillé. *Poictiers,* 1546, pet. in-8, v. br. fil.

Première édit. d'un ouvrage devenu rare. (*Nouv. recherch.* de Brunet.)

1268. Le Catalogue des villes et citez assises es troys Gaulles. Avecques ung traicte des Fleuves et fontaines. *Paris, Alain*

Lotrian, 1540, in-16, mar. bleu, fil. pet. fers, tr. dor. fig. sur bois. (*Niedrée.*)

1269. Les Celtes antérieurement aux temps historiques; par le Deist de Botidoux. *Paris*, 1817, in-8, br.

1270. Dissertation sur l'origine des François (par Dom Vaissette). *Paris, J. Vincent,* 1722, in-12, v. f. fil. tr. dor. (*Niedrée.*)

1271. Dissertations sur l'origine des Francs, avec une Histoire abrégée des Rois de France en vers. *Paris, Chaubert,* 1748, in-12, mar. r. fil. tr. dor. pl. (*Niedrée.*)

1272. Le premier Volume des Grans Croniques de France, dites Croniques de St. Denis, publ. d'après les mss. (par de Terebasse). *Paris, Crozet,* 1837, in-8, br. (*T. 1er seul publié.*)

1273. Petite Chronique de l'histoire de France de la fin du 15e siècle. In-16, vél.

Msc. goth. sur vélin. On y trouve des détails curieux sur les factions de Cabochiens de Paris, et sur les troubles qui eurent lieu pendant la prison du roi Jean.

1274. La Biographie et Prosographie des roys de France : où leurs vies sont narrees en beaux graues et elegans vers francoys..... Plus y sont figurez et pourtraits tous iceux. *Paris, Léon Cauellat,* 1583, pet. in-8, mar. r. fil. tr. dor. *Bauzonnet.*

Edit. encadrée. avec portr. Une partie du texte est en caract. dit Civilité.

1275. Histoire de l'empire d'Occident, trad. par Cousin. *Paris, Cl. Barbin,* 1683, 2 vol. pet. in-8, mar. r. fil. tr. dor. (*Aux armes.*)

Partie la plus rare de la collection des historiens latins de l'Empire d'Occident traduits en français par Cousin. Ces 2 vol. contiennent les écrits relatifs à l'histoire de la seconde race. (*Cat. Leber,* n° 375).

1276. Pauli Æmylii, de rebus gestis Francorum ad Francisium Valesium, libri decem. *Parisiis, Mich. Vascosan,* 1544, in-fol. bas. fil.

1277. Histoire de France, sous les règnes de St. Louis, Philippe de Valois, etc., par l'abbé de Choisy. *Paris, Didot,* 1750.—Memoires particuliers pour servir à l'hist. de France,

sous les règnes de Henri III, Henri IV, etc. *Paris, Didot,* 1756. 7 vol. in-12, v.
1278. Dissertations sur différents sujets de l'hist. de France, par Bullet. *Besançon, Charmet,* 1759, pet. in-8, br.
1279. Pièces fugitives pour servir à l'hist. de France (par le marq. d'Aubais). *Paris, Chaubert,* 1759, 3 vol. in-4, v. m.
1280. Mémoires d'un voyageur qui se repose, par Dutens. *Paris, Bossange,* 1806, 3 vol. in-8, cart. non rogn.

Histoire particulière de France sous chaque règne.

1281. Dissertation sur plusieurs points de l'hist. des enfans de Clovis, par l'abbé Lebeuf. *Paris, Durand,* 1742, in-12, d. rel. v. f.
1282. Défense de Charles Martel contre l'imputation d'avoir usurpé les biens ecclésiastiques, par Raepsaet. *Gand,* 1806, gr. in-8, br.
1283. Le combat de trente Bretons contre trente Anglois, publ. par Crapelet. *Paris, Crapelet,* 1835, in-8, gr. pap. jésus, vél. cart. non rog.
1284. Histoire de Charles V, roi de France, par l'abbé de Choisy. *Paris, Ant. Dezallier,* 1689, in-4, mar. r. fil. comp. tr. dor. (*Duseuille.*)
1285. Histoire de Charles VI, roy de France, par Juvénal des Ursins, 2ᵉ édit. augm. par Denys Godefroy. *Paris, Impr. roy.* 1653, in-fol. mar. r. fil. tr. dor. (*Aux armes royales*).

Bel exempl.

1286. Les Demandes faites par le Roi Charles VI, touchant son état et le gouvernement de sa personne, avec les Réponses de Pierre Salmon, son secrétaire, publ. par Crapelet. *Paris, Crapelet,* 1835, in-8, gr. pap. jésus vél. cart. non rogn. pl. et fac-simile.

1287. Histoire de Charles VII, roy de France, par Jean Chartier, et autres autheurs du temps, mise en lumière par Denys Godefroy. *Paris, Impr. roy.* 1661, in-fol. mar. r. fil. dent. tr. dor.

1288. Cronicque et histoire faicte et composee par feu messire Philippe de Commines. *Paris, Fr. Regnault,* 1539, pet. in-8, goth. mar. bleu, fil. tr. dor. (*Niedrée.*)

Bel exempl.

1289. Mémoires de Philippe de Commines. *Leide, les Elzeviers,* 1648, pet. in-12, vél.

1290. Les mêmes, rev. par Denys Godefroy. *La Haye, Arnout Leers,* 1682, 2 vol. pet. in-8, mar. r. fil. fig. (*Aux armes.*)

1291. Les mêmes, augm. par Lenglet Dufresnoy. *Londres et Paris, Rollin,* 1707, 4 vol. in-4, v. m. portr.

1292. Histoire de Charles VIII, roy de France, par Guil. de Saligny, And. de la Vigne, et autres, publ. par Godefroy. *Paris, Seb. Cramoisy,* 1684, in-fol. mar. r. fil. tr. dor.

1293. Vie du cardinal d'Amboise, premier ministre de Louis XII; par Louis Le Gendre. *Rouen, Rob. Machuel,* 1724, 2 vol. in-12, br.

1294. Les Gestes de Francoys de Valois, Roy de France, par Estienne Dolet. *Lyon, Est. Dolet,* 1540, pet. in-4, mar. r. fil. comp. tr. dor. (*Koehler.*)

Superbe exempl.

1295. Histoire secrette de François Ier. In-4, bas.

Mss. de la fin du XVIIe siècle, comprenant 711 p.

1296. Joannis Baptistæ Egnatii Veneti, ad christianissimum Francorum regem Franciscum primum, de ejus in Italiam felicissimo adventu, Panegyricus. *Mediolani ex ædibus Minutianis,* 1515, pet. in-4, non rel.

1297. Le couronnement du roy Françoys premier de ce nom voyage et conqueste de la duche de millan victoire et repulsion des usurpateurs d'icelle avec plusieurs singularitez des eglises couvens villes chasteaulx et forteresses d'icelle duche fais lan mil cinq cens et quinze cueillies et redi-

gees par le moyne sans froc (Pasquier le Moyne). *Paris,
Gilles Couteau*, 1520, pet. in-4, goth. mar. r. fil. à fr.
tr. dor. (*Bel. ex. relié par Bauzonnet.*)

1298. Philologue d'honneur, faict et presenté par Claude de
Cuzzi, a Monseigneur Charles de Bourbon. *Paris,* (1537),
in-16, mar. bleu, fil. comp. tr. dor. fig. sur bois.

1299. Exemplaria literarum quibus et christianissimus Galliarum Rex Franciscus ab adversariorum maladictis defenditur. *Parisiis, Rob. Stephanus*, 1537, pet. in-4, v. f. fil.
tr. dor. (*Koehler.*)

Bel exempl. avec le tableau généalogique qui manque souvent.

1300. Lordre tenu et gardea Lentree de treshault et trespuissant prince Charles Empereur tousiours Auguste en la ville
de Paris. *Paris, Gilles Corrozet et Jehan du pré*, 1539,
pet. in-8, goth. mar. noir. fil. à fr. tr. dor. (*Niedrée*).

1301. Epistre du roy de France enuuoyee aux électeurs de
l'empire assemblez à Nurenberg. Translatée du latin en
françoys. Lan 1543 (*Rouen*), *Jehan lhomme*, 1543, pet.
in-12, mar. bleu, fil. tr. dor. (*Niedrée.*)

Autres pièces goth. dans le même vol. : Lettre du discort et de la guerre
entre le Roy et l'Empereur roy d'Espaigne. — Départie de nostre saint pere le
Pape et de l'Empereur, avec les nouuelles venues au Roy de France. — Ordonnances de la guerre. Nouuellement faictes par le Roy notre sire. — Ordre du
camp du Roy et de sa gendarmerie.
Toutes ces pièces sont de la même année et sortent des mêmes presses.

1302. Panegyricus christianissimus Francisco francorū regi
dictus. Pet. in-fol. mar. r. fil. (*Derome.*)

Beau mss. goth. sur vélin, de 93 feuil. avec gr. lettres ornées en or et en
couleur, renfermant 3 grandes miniatures. Il doit avoir été exécuté pour François Ier qui est représenté dans la première miniature assis sur son trône, et
recevant un livre des mains d'un prêtre à genoux devant lui. Dans la seconde
est figurée la réparation faite par François Ier en personne, de l'outrage
commis par les lutheriens sur l'image de la Sainte Vierge. La plus curieuse est
la troisième, qui représente l'église des Lutheriens, on y voit Luther ayant à ses
côtés la liberté et la volupté, et le pape Clément accoudé sur le puits de la
volupté.

1303 Histoire des gestes du preux et vaillant chevalier.
Bayard Dauphinois, par Symphorian Champier. *Lyon,*

Pierre Rigaud, 1602, in-8, mar. bleu, fil. tr. dor. (*Bauzonnet.*)

1304. Histoire de Pierre Terrail, seigneur de Bayart, par Alfred de Terrebasse. 3ᵉ édit. *Lyon, Perrin*, 1832, gr. in-8, br. pap. azuré.

<small>L'un des quelques exempl. sur pap. de couleur.</small>

1305. Nouvelles véritables du très puissant roi de France, comment S. M. Royale à Paris dans un tournoi a été blessée par un noble capitaine, le XIe jour du mois d'aout de cette année 1559, et par une fièvre mortelle emporté dans la béatitude de Dieu. *Augsbourg, Hans Zimmermann*, s. d. pet. in-4, mar. r. fil. tr. dor.

<small>Pièce en allemand, 4 feuil. avec une grav. en bois sur le Frontispice.</small>

1306. Commentaires de l'estat de la religion et république soubs les Rois Henry et François seconds et Charles neufième (de 1556 à 1561; par de la Place). *S. l.* 1565, in-8, vél.

1307. La Vie de Gaspar de Colligny (trad. du lat. de Jean de Serres, par D. L. H.), à laquelle sont adiousté ses Mémoires sur ce qui se passa au siége de S. Quentin. *Leyde, Bonav. et Abrah. Elzevir*, 1643, pet. in-12, mar. bl. fil. tr. dor. (*Simier.*)

1308. Pour la monarchie de ce Royaume contre la division. A la Royne mere du Roy, par Vauquelin de la Fresnaye. *Lyon, Ben. Rigaud*, 1568, rel. in-8, mar. bleu, fil. pet. fers, tr. dor.

1309. Discours sur le saccagement des Eglises Catholiques, par les Hérétiques anciens, et nouveaux Calvinistes en l'an 1562, par Cl. de Sainctes. *Paris, Cl. Fremy*, 1567, pet. in-8, dem. rel. v. f.

<small>Rare. (*Cat. Pixerécourt.*)</small>

1310. Tragica historia de miseranda et abominosa illa Laniena, anno a partu virginis Mariæ salutifero 1572. die xxiiij Augusti in Regia metropoli urbe Parisina, post nuptiarum Navarreicarum ibi celebratum, festivitatem aliisque urbibus, edita, reddita carmine heroico per F. R. E. F. O. O. *S. l. n. d.* pet. in-8, vél.

<small>Voyez la *Bibl. hist. de Lelong*, n° 18167.</small>

1311. Dialogue auquel sont traitées plusieurs choses advenues aux Luthériens et Huguenots de la France. *Paris*, 1573, pet. in-8, v. m.

1312. Genealogie de la fin des Hvgveneavx et descouverte du Caluinisme, par Gabriel de Saconay. *Lyon, Benoist Rigard*, 1573, in-8, mar. bleu, fil. à fr. tr. dor. Avec la *figure*. (*Bauzonnet.*)

1313. Le Reveille-Matin des Apostats, sur la révolte de Jaques Illaire; par Jean Valeton, ministre de l'église de Privas en Vivarés. *S. l.* 1603, pet. in-12, mar. r. doubl. de soie bleue, fil. tr. dor. (*Derome.*)

1314. Commentaires de Blaise de Montluc, nouv. édit. *Paris, Barrois*, 1760, 4 vol. in-12, br.

1315. Journal de Henri III, par Pierre de L'Estoile. Nouv. édit. (publ. par Lenglet Dufresnoy). *La Haye, Pierre Gosse* (Paris, Ve Gandouin), 1744, 5 vol. in-8, v. f. fil. — Journal de Henri IV, par le même, avec des remarques du chev. C. B. A. (le P. Bouges). *La Haye, les frères Vaillant.* (Paris, P. Gandouin). 1741, 4 vol. in-8, v. f. fil. portr.

1316. Recueil de diverses pièces servant à l'hist. de Henry III, roi de France et de Pologne. *Cologne, P. du Marteau* (Holl. Elzév.), 1663. — Discours merveilleux de la vie, actions et déportemens de la Reyne Catherine de Médicis. (Attribué à Henri Estienne, ou à Jean de Serres, ou à Th. de Bèzes.) *Suivant la Copie, imprimée à La Haie* (Elzév.), 1663, 2 part. en 1 vol. pet. in-12, vél.

1317. Le Martire des deux frères, contenant au vray toutes les particularitez les plus notables des massacres et assassinats commis ès personnes le Cardinal de Guyse et le duc de Guyse. Par Henry de Valois a la face des Estats dernièrement tenus a Bloys. *S. l.* 1589, in-8, m. r. fil. tr. dor.

<small>Petite pièce très vive et assez rare. Vendue 51 fr. chez La Vallière.</small>

1318. Recueil de pièces sur les Guyse. Gr. in-16, mar. vert, fil. comp. tr. dor.

<small>Renferme : Discours déplorable du meurtre commis en la ville de Blois, de feu Henry de Lorraine, duc de Guyse. 1589.—Tombeau et Epitaphe sur la mort du duc de Guyse. Paris, Guill. Bichon, 1589.—Oraison funèbre pro-</small>

noncée aux obsèques de Loys de Lorraine, cardinal, et Henry, duc de Guise, frères. *Paris, v° Nic. Rozier,* 1589. — Remontrance faite par la duchesse de Nemours à Henry de Valloys. *Paris, Jean des Nois,* 1589. — Response aux justifications prétendues par Henry de Valois, sur les meurtres de feu le cardinal et duc de Guyse. *Paris,* 1589.

1319. Autre recueil. 1 vol. pet. in-8, v. fil. tr. dor. (*Thouvenin.*)

La Vie et innocence des deux frères, contenant un ample discours, par lequel l'on pourra aysément rembarrer ceux qui taschent à esteindre leur renom. *Paris, Ant. du Breuil,* 1589. (*Satire violente contre Henri III et les Huguenots, que l'auteur accuse de toutes sortes de crimes. Voyez la note du Cat. Leber, n° 4061.*) — Tombeau et Epitaphe sur la mort du duc de Guyse. S. l. 1589. — Discours déplorable du meurtre et assassinat de Henry de Lorraine, duc de Guyse. 1588. (*Avec les deux portraits.*)

1320. La Fatalité de St Cloud, près Paris (par Guyart). *S. l.* 1672, pet. in-8, v. br. dent. à fr

1321. Mémoire hist. sur la vie du maréchal de Bellegarde, par Secousse. *Paris,* 1764, in-12, bas.

Vol. peu comman. (*Cat. Leber, n° 4020.*)

1322. Recueil de pièces. Pet. in-8, d. rel.

Discours sur le royaume de Pologne : auquel sont contenus l'origine du peuple, assiete du pays... *Paris, Hier. de Marnef,* 1573. — Extrait des lettres d'un gentilhomme de la suitte de M. de Rambouillet, ambassadeur au royaume de Pologne. *Paris, Denis du Pré,* 1574. — Discours du préparatif et expédition faite par la seigneurie de Venise contre le Turc, pour le royaulme de Cipre, Candie... *Paris, Guil. Chaudière,* 1570. — Lettre de Venise du 19 octobre 1571, touchant la victoire des Chrestiens à l'encontre de l'armée du Grand-Turc. *Paris, H. de Marnef,* 1571.

1323. Recueil de pièces. 1 vol. pet. in-8, v. porph.

Articles de la saincte union des catholiques Français, 1588. — Edict du Roy sur l'union de ses subjects catholiques. *Paris. Fred. Morel,* 1586. — Exhortation pour la paix et re-union des catholiques françois. *Paris, v° Nic. Roffet,* 1588. — Requeste au roy par les députez de la ville de Paris, et autres villes catholiques. *Paris, Guil. Bichon,* 1588. — Suitte de la Requeste. *Paris, le même,* 1588. — Response du roy à la requeste. *Paris, Pierre Chevillot,* 1588.

1324. Recueil de pièces. 1 vol. pet in-8, v. f. fil.

Les moyens tenus pour empoisonner le duc de Bourbon. *Paris,* 1589. — Les causes qui ont contrainct les catholiques à prendre les armes 1589. — Declaration des consuls, eschevins, manans de la ville de Lyon sur la prise des armes par eux faicte. *Lyon,* 1589. — Discours pitoyable des execrables cruautés commises par les hereticques huguenots contre les catholicques de la ville de Niort en poitou. *Lyon,* 1589. — Remontrance à tous bons catholiciens. *Rouen,* 1589. — Forme du serment pour l'entretènement de la Saincte Union. *Lyon,*

1589. — Arrestz sur la question de savoir s'il fallait prier pour le roy au canon de la messe. *Paris*, 1589. (Pièce curieuse. *Cat. Leber.*) — Le Bon François, ou de la foy des Gaulois, par Mich. du Rit. *Lyon*, 1589. — Remontrance d'un gentilhomme de Dauphiné à Henry de Valois. 1589. — Advis de la deffaicte du Comte de Brienne. *Lyon*, 1589. — Nouvelle de la deffaite des troupes de Henry de Valois, dans les faux bourgs de Tours.

1325. Histoire de Henry le Grand, par Hardouin de Perefixe Amst. *Louys et Dan. Elzevir*, 1661, pet. in-12, vél.
Jolie édit. dont les exempl. sont rares.

1326. Mémoires des sages et royalles œconomies d'estat domestiques, politiques et militaires de Henry le Grand (par Sully). *Amsterdam, chez Aletinosgraphe de Clearetimelée*, s. d. in-fol. mout. r. dent.
Première édit. avec les trois VVV coloriés, fort rare, imprimée en 1638, au château de Sully, par un imprimeur d'Angers. Voyez la note du *Cat. Leber*, n° 1096.

1327. Moyens d'abus entreprises et nullitez du rescrit et bulle du Pape Sixte V° contre Henry de Bourbon (par de Belloy). *Cologne, Herman Jobin*, 1686, pet. in-8, mar. r. fil. tr. dor. *Derome.*)

1328. Philippiques contre les bvlles et avtres pratiques de la faction d'Espagne, pour tres chrestien Prince Henry le Grand, par Fr. de Clary. *Tours, Jamet Mettayer*, 1598, pet. in-8, v. m.

1329. Sermons de la simulée conversion et nullité de la prétendue absolution de Henry de Bourbon, par Jean Boucher, *Paris, G. Chaudiere*, 1594, in-8, mar. vert, fil. tr. dor. (*Derome.*)
Edit. originale, rare, vendue 72 fr. *Mac-Carthy.*

1330. Apologie pour Jehan Chastel, Parisien, exécuté à mort, par Fr. de Verone (Jean Boucher), avec plusieurs autres traitez. 1610. — Arrest contre Jean Chastel. *Paris, Mamert Patisson*, 1595, ens. 1 vol. pet. in-8, mar. r. fil. dent. tr. dor.

1331. Apothéose du très-chrétien Roy de France Henry IIII, par Prevost, advocat au Dorat. *Poictiers, Julian Thoreau*, 1613, pet. in-12, v. f. fil. tr. dor. (*Niedrée.*)

1332. Mémoire de la Reyne Marguerite. *Bruxelles, Fr. Foppens*, 1659, pet. in-12, mar. vert, fil. tr. dor. (*Niedrée.*)
Vol. que l'on réunit à la collection des Elzévirs.

HISTOIRE.

1333. Mémoires de M. D. L. R. (de La Rochefoucauld) sur les brigues à la mort de Louis XIII, les guerres de Paris et de Guyenne et la prison des princes. *Cologne, Pierre Van Dyck* (Elzév.), 1662, mar. r. fil. tr. dor. (*Thouvenin*.)

1334. Mémoires concernant les affaires de France, sous la régence de Marie de Médicis (par Phelippeaux de Pontchartrain). *La Haye, Johnson*, 1720, 2 tom. en 1 vol. pet. in-8, v. br. fil.

1335. Mémoires d'un favory de son Altesse Royalle Monsieur le duc d'Orléans (par du Bois d'Annemetz). *Leyde, Jean Sambix* (Elzév.), 1668, pet. in-12, mar. r. fil. tr. dor.
Livret rare. *Cat. Leber*, n° 4210.

1336. La Conjuration de Conchine (par Michel Thévenin). *Paris, Pierre Rocolet*, 1618, pet. in-8, v. m.
Rare. *Cat. Leber*, n° 4221.

1337. Le Politique tres-chrestien, ou Discours sur la vie du cardinal duc de Richelieu (trad. de l'Espagnol de Villaréal, par Chantonnière de Crémaille). *Paris*, (Holl. Elzév.), 1647, pet. in-12, mar. bleu, fil. dent. à fr. comp. tr. dor. (*Simier*).

1338. Histoire de la vie du R. P. Joseph, capucin, par l'abbé Richard. *Paris, Le Febvre*, 1702. — Le véritable P. Joseph, capucin, nommé au Cardinalat (par l'abbé Richard). *A St. Jean de Maurienne, Gasp. Butler*, 1750, 4 vol. in-12, v. m.

1339. Codicilles de Louis XIII, Roy de France et de Navarre. S. l. n d. (Paris, 1643), 4 part. en 2 vol. in-24, mar. r. tr. dor. doubl. de mar. vert, avec dent.
« Voici assurément un des plus singuliers livres qui aient été composés sur
« notre histoire et notre gouvernement, et des plus faits pour être recherché,
« quand même il ne serait pas aussi difficile qu'il est à rencontrer (*Analectabiblion*, T. II, p. 213).

1340. Mémoire pour servir à l'hist. d'Anne d'Autriche, épouse de Louis XIII, par Mme de Motteville (rédigé par Blaizot Desbordes). *Amst. Fr. Changuion*, 1750, 6 vol. in-12, br. (*Bonne édit.*)

1341. Mémoires du mareschal de Bassompierre, (publié par Ch. de Malleville). *Cologne, Pierre du Marteau* (Holl. Elzév.), 1666, 2 vol. pet. in-12, v. f, fil. tr. dor. (*Bauzonnet*.)
Bel exempl. de la bonne édit. et élégante reliure.

11

1342. Mémoires de Pontis (rédigé par Ch. Dufossé). *Amst. Abrah. Wolfgang*, (Elzév.), 1678, 2 vol. pet. in-12, v. gris, tr. dor. (*Thouvenin.*)

1343. Mémoires et lettres du duc de Rohan, sur la guerre de la Valteline, publ. par de Zur-Lauben. *Paris, Vincent,* 1758. — Mém. du même (publ. par Sorbière). *Amst.* 1756; ens. 7 vol. in-12, br.

1344. Mémoires pour servir à l'hist. de Louis XIV, par l'abbé de Choisy. *Utrecht, Wan-de-Vater,* 1727, in-12, mar. r. fil. tr. dor. (*Aux armes.*)

1345. Mém. de M. L. C. D. R. (le comte de Rochefort), concernant l'hist. des ministères de Richelieu et de Mazarin (par Gatien de Courtilz). *La Haye, Van Balduren,* 1713, in-12, v. br. — Hist. du ministère du cardinal Mazarin, trad. de l'italien de Galeazzo Gualdo. *La Haye, Abr. Trojet,* 1681, 2 vol. pet. in-12, vel. portr.

1346. Mémoires pour servir à l'hist. de F. M. Le Tellier, marquis de Louvois, ministre sous Louis XIV (publ. par Camuzat). *Amst. Le Cene,* 1710, pet. in-8, dos et coins de v. f. non rog. tête dor. (*Bauzonnet.*)

1347. Mémoires de M. de Gourville, conseiller d'état, depuis 1642 jusqu'en 1698 (publ. par Mlle de Bussière). *Amst. et Paris, Le Clerc,* 1782, 2 vol. in-12, pap. de Holl. dos et coins de mar. r. fil. pet. fers, non rog. tête dor. (*Bauzonnet*).

1347 bis. Les mêmes, pap. de Holl. br.

1348. Mémoires du duc de Guise (publ. par de Saint-Yon), *Cologne, Pierre de la Place* (Elzév.), 1668, 2 vol. pet. in-12, v. f. fil. tr. dor.

1349. Mémoires du marq. de Langallery, lieuten. gén. des armées de France. *La Haye, Aillaud,* 1743. — Mém. du comte de Brienne (publ. par J. F. Bernard). *Amst. Bernard,* 1719 ; ens. 5 vol. in-12, br.

1350. Mémoires de M. L. (Lenet) conseiller d'état. *S. l.* (Paris, Guerin), 1729, 4 vol. in-12, v. f.

1351. Apologie, ou les véritables Mémoires de Mme Marie Mancini, connestable de Colonna, ecrits par elle-même (par Brémond). *Leide, chez l'Autheur,* 1678, pet. in-12, v. f.

fil. tr. dor. — Mémoires de M. L. P. M. M. Colonne, G. Connestable du Royaume de Naples. *Cologne, P. Marteau* (Elzév.), 1676, pet. in-12, d. rel. v. r.

1352. Relation des campagnes de Rocroi et de Fribourg en l'année 1643 et 1644 (par Henri Bessé). *Paris, Clousier*, 1673, pet. in-12, d. rel. v. f.

1353. Mémoires concernant la campagne des trois Rois faite en l'année 1692. *Cologne, P. Marteau*, 1693, pet. in-12, mar. r. fil. non rog.
Exempl. de *M. de Pixerécourt.*

1354. Les Intrigues secrètes du duc de Savoye (par Cas. Freschot). *Venise, Pietro Dalphino*, 1705, pet. in-12, v. br. fil. non ,g. (*Thouvenin.*)

1355. Hist. du Pere La Chaize, jésuite et confesseur du Roy Louis XIV. *Cologne, P. Marteau*, 1696, 2 vol. pet. in-12, vél. portr.

1356. Prévarication du Père de la C.(Chaise), confesseur du Roy, au préjudice des droits et des intérêts de S. M. Pet. in-12, *s. l. n. d.* (Holl.), mar. r. fil. pet. fers, tr. dor. (*Niedrée.*)
Pièce très rare.

1357. Recueil de différentes choses, par le marq. de Lassay (publ. par Perau). *Lausanne, Bousquet*, 1756, 4 vol. pet. in-4, pap. fin, v. viol. dent. comp. tr. dor. (*Simier.*)

1358. Mémoires du duc de Lauzun. *Paris, Barrois*, 1822, in-8, pap. vél. br.

1359. Vie de M. Turgot (par Condorcet), *Londres*, 1786, gr in-8, pap. de Holl. mar. r. fil. tr. dor.
Exempl. de *M. de Pixerécourt.*

1360. Mémoires de Linguet sur la Bastille, et de Dusaulx sur le 14 juillet. *Paris*, 1821. Journal de Mme Campan. *Paris*, 1824. — Mémoires de M. le duc de Choiseul. *Paris*, 1824, — Portraits et caractères des personnages distingués de la fin du xviii° siècle, par Sénac de Meilhan. *Paris*, 1813. 4 vol. in-8, d.-rel. v.

1361. Mémoires de Masers de Latude. *Paris, Desenne*, 1793, 2 tom. en 1 vol in-8, d. rel. v. f. non rogn. porte. (*Bauzonnet.*)
Edit. originale.

1362. Pièces relatives aux Édits du mois de mai 1788, concernant les parlements. 3 vol. in-8, v. rac. fil.

Recueil factice contenant des pièces fort curieuses pour l'histoire parlementaire de la Bourgogne, de la Franche-Comté, de la Normandie, etc., etc.

1363. La Lanterne magique, ou Fléaux des aristocrates (par Mirabeau). *Berne*, 1790, in-18, d. rel. v. fig. — Étrennes à la vérité, ou Almanach des aristocrates, pour 1790, *Spa, chez Clairvoyant,* in-8, d. rel. v. avec deux grav. allégoriques.

1364. La Vicomterie. — Du peuple et des rois. *Paris,* 1790. — L'Appel au peuple est un paradoxe. *Paris, Impr. Nat.* — Réflexions sur le Procès Criminel du ci-devant Roi. *Paris, Impr. Nat.* — République sans impôt. *Paris,* 1792. In-8, d. rel.

1365. Opinions des députés sur le procès de Louis XVI. — Pièces diverses sur le même sujet. 14 portefeuilles in-8.

L'auteur de cette curieuse collection a joint une notice biographique à chaque opinion.

1366. Précis hist. de la révolution française, par Rabaut. *Paris, Onfroy,* 1792, 2 vol. in-18, pap. vél. mar. r. fil. comp. pet. fers, doub. de sat. bleu, tr. dor. fig. de *Moreau* avant la lettre.

Exempl. du cabinet de l'empereur Napoléon.

1367. Éloge hist. de Sylvain Bailly, (par Mérard de St. Just). *Londres* (Paris), 1794, in-18, pap. vél. br.

Tiré à 25 exempl. seulement.

1368. Almanach du P. Gérard pour 1792, par Collot d'Herbois. *Paris, Maillet,* 1792, in-12, d. rel. v. brun, non rogn. (*Thouvenin.*) — Hist. de la conjuration de Robespierre, par Montjoie. *Paris,* 1801, 2 vol. in-18, br. portr.

1369. Journal de ce qui s'est passé à la Tour du Temple, pendant la captivité de Louis XVI, par Clery. *Londres,* 1798, in-8, fig. (*Edit. originale.*)

1370. Journaux révolutionnaires. 4 vol. in-8, br.

Le vieux tribun du peuple (par Bonneville.) Années 1789 et 1790. — Journal de la religion et du culte catholique. 1795, 12 n⁰ˢ (*Inconnu à Deschiens.*) — Le défenseur des vieilles institutions. 1797, 7 n⁰ˢ (*complet.*) — Le Furet (par Maillard, avec la reprise par Dancourt.) 1799, 15 n⁰ˢ (*Complet moins le 14⁰ qui manque.*)

Histoire satyrique, allégorique et galante de la France.

1371. La France mourante, consultation hist. a trois personnages. *Se trouve chez tout le monde*, 1829, in-8, br.

Réimpression d'une pièce du commencement du XVIIe siècle.

1372. Satyre Menippée de la vertu du Catholicon d'Espagne et de la tenue des Estats de Paris (par Le Roy, Gillot, Passerat, Rapin et autres). (*Elzevir*), 1649, pet. in-12. mar. viol. fil. dent. à fr. doubl. de soie.

Edit. rare et chère. (*Essai de Bérard.*)

1373. *La même*, avec des remarques (par P. Dupuy). *Ratisbonne, Math. Kerner* (Holl. Elzév.), 1664, pet. in-12, vél. fig.

1374. *La même*, avec de nouvelles remarques (de le Duchat et Prosp. Marchand). *Ratisbonne, Math. Kerner*, 1726, 3 vol. in-8, mar.r. fil. tr. dor. fig.

1375. *La même*, avec un Commentaire hist. littér. et philologique de Charles Nodier. *Paris, Delangle*, 1824, 2 vol. in-8, gr. pap. jésus vél. fort, dos et coins de mar. viol. non rog. fig. sur pap. de Chine.

Tiré à 50 exempl. sur ce pap.

1376. Recueil de pièces. Pet. in-8, cart.

L'Université en chemise. — Prosopopée de la Pyramide du palais. — Les XVI propositions de Pierre Boutiquier. *Paris, Jean de Bordeaulx*, 1611. — La Resiouissance des harangères et poissonnières des halles, sur les discours de ce temps. 1614.

1377. Les grands jours tenus à Paris, par M. Muel, lieutenant du petit criminel. S. l. (Paris), 1622, in-16, v. f. fil. (*Koelher.*) — Les estats tenus à la Grenouilliere. S. l. (Paris), pet. in-8 v. f. fil. (*Koelher*).

Pièces très rares selon le *Cat. Méon.*

1378. Recueil de pièces. Pet. in-8, v. m. fil.

Le Psautier des courtisans, 1622. — Raillerie de Gros Guillaume sur les affaires du temps. 1623. — Le Coq-à-l'Ane envoyé de la Court. 1622. — Le songe ou démon véritable sur l'estat de la France. 1619.

1379. Les estranges tromperies de quelques charlatans nouvellement arrivez à Paris, par E. F. Duppé. *Paris, Rob. Daufresne*, 1623, pet. in-8, d. rel. v. v.

Même vol.: Railleries de Gros Guillaume sur les affaires de ce temps. 1623.

— Le retour du dernier voyage de Me Guillaume de l'autre monde. 1623. — La rencontre du duc de Bouillon avec Henry-le-Grand, en l'autre monde. 1625.

1380. Recueil de pièces du temps. 1615-16. 4 vol. pet. in-8, cart.

> Harangue de Turlupin le Soufreteux. — Harangue du capitaine la Carbonnade aux soldats de MM. les Princes. — Le fantassin qui passe partout. — Le Franc Taupin. — Lettre de Perroquet aux enfants perdus de France. — Anatomie des trois ordres de la France. — Le triomphe de la France contre les Antropophages. — La Chasse au renard, ou Remerciment des Poules au Roy. — Remerciement des Poules à M. de Bouillon — La Corneille déplumée. — La Pourmenade du pré au clercs. (*Rare.*)

1381. Dialogve de trois Vignerons dv païs dv Maine, sur les misères de ce temps. Par Jean Sousnor, sieur de la Nichiliere. *Rouen, David Ferrant*, 1630, pet. in-8, mar. citr. tr. dor.

> Vol. qui pourrait être classé dans la série des patois.

1382. Le tableau de la vie et du gouvernement de Messieurs les cardinaux Richelieu et Mazarin et de Colbert, représenté en diverses satyres. *Cologne, P. Marteau*, 1691, pet. in-12, v. f. fil. tr. dor. (*Niedrée.*)

> Rare. (*Cat. Pixerécourt*, n° 859.)

1383. Le Tableav dv govvernement present, ou Eloge de son Eminence. Satyre de mille vers (attribuée à Beys). Nouuelle edition reueuē et exactement corrigée. *Paris, 27 mars 1649*, — La Mazarinade. *Sur la copie imprimée à Bruxelles*, 1651. In-4, dos et coins de mar. r.

> La première de ces deux Mazarinades, fort rare, est une réimpression de la *Milliade*. La seconde, qui est de Scarron, et qui a été supprimée avec beaucoup de soins par Scarron lui-même, est aussi très difficile à trouver.
>
> Ch. Nodier.

1384. Choix de Mazarinades. In-4, 9 pièces, d. rel.

> La Farce des Courtisans de Pluton. 1649. — Recueil général de toutes les Chansons Mazarinistes. 1649. (*Pièce très curieuse pour la biographie de la Fronde.*) — Le Pot Poury burlesque. 1649. — Le Catéchisme des partisans. 1649. — La Gazette des Halles. 1649. — Le Ministre d'état flambé. 1649. (*Pièce citée par M. Leber comme l'une des plus rares de la classe des Mazarinades.*) — La Chemise sanglante de Mazarin. 1649. — Le Salve regina de Mazarin. 1649. — Le grand poëte burlesque de l'éscole d'Asnière. 1649.

1385. Jugement de tout ce qui a esté imprimé contre le cardinal Mazarin (par Gabriel Naudé). *S. l. n. d.* in-4, v. br.

Exempl. avec 6 pages de notes manuscrites sur divers passages de cet ouvrage, qui me semblent être de la main de La Monnoye.

1386. Saulce au verjus (par le baron de Lisola). *Strasbourg,* (Holl. à la sphère), 1674, pet. in-12, mar. vert, fil. comp. tr. dor. (*Héring.*)

1387. La véritable religion des Hollandois, avec une Apologie pour la religion, par Jean Brun. Cy est joint le Conseil d'extorsion ou la Volerie des françois exercée en la ville de Nimègue (par Stoupe). *Amst. Abrah. Wolfgank,* 1675, pet. in-12, 2 part. mar. r. fil. tr. dor.

1388. Histoire de la décadence de la France prouvée par sa conduite. *Cologne, P. Marteau,* 1687, pet. in-12, v. br. fil. — La conduite de la France depuis la paix de Nimègue, (par Saudras de Courtilz). *Cologne, le même,* 1684, pet. in-12, v. br. dent. à fr. tr. dor. — Le salut de la France à Monseigneur le Dauphin. *Cologne, le même,* 1690, pet. in-12, d. rel. mar.

1389. Le Salut de la France, à Mgr. le Dauphin. Sec. édit. *Cologne, Pierre Marteau,* 1690, pet. in-12, v. br.

Même vol.: Lettre au Gazetier de Paris, sur le siége de Namur.

1390. Le Cochon mitré. Dialogue. *S. l.* (Holl.), 1689, pet. in-8, mar. rou. fil. tr. dor. (*Derome.*)

Copie manuscrite d'un libelle fort rare, d'une exécution calligraphique parfaite. La reproduction de la figure ne laisse rien à désirer.

C'est une satire contre Louis XIV, la veuve Scarron et surtout contre Letellier, archevêque de Reims. L'auteur était, suivant M. Barbier, un bénédictin défroqué de Saint-Denis, nommé Fr. de la Cretonnière, qui, réfugié en Hollande, fut attiré en France par la perfidie d'un juif, et transporté au mont Saint-Michel où il est mort dans une cage de fer.

1391. Les Héros de la Ligue, ou la procession monacale, conduitte par Louis XIV, pour la conversion des protestants de son royaume. *A Paris, chez Père Peters, à l'enseigne de Louis le Grand,* 1691, pet. in-4, v. porph. fil. tr. dor.

Suite de 24 portraits en manière noire avec texte gravé. Recueil fort rare et très curieux pour l'hist. de la caricature en France. Voy. la note du *Cat. Pixérécourt.*

1392. Les Héros de la France sortans de la barque à Caron,

s'entretenans avec Messieurs de Louvois, Colbert et Seignelai. *Cologne, P. Marteau (Holl.)*, 1693, pet. in-12, v. f. fil. pet. fers, tr. dor, (*Bauzonnet.*)

1393. La confession réciproque, ou Dialogues du tems entre Louis XIV, et le P. de la Chaize, son confesseur. *Cologne, P. Marteau (Holl.)*, 1694, pet. in-12, mar. vert clair, fil. dent. doub. de soie rose, tr. dor.

Vol. peu commun, vendu 36 fr. *Pixerécourt.*

1394. Le Louis d'or politique et galant (par Isarn). *Cologne, P. Marteau (Elzév.)*, 1695, pet. in-12, mar. bleu, fil. comp. tr. dor. (*Simier.*)

Exempl. de M. de *Pixerécourt*. Voyez la note de son *Catalogue.*

1395. L'Alcoran de Louis XIV, ou le Testament politique de du cardinal Mazarin, trad. de l'Italien. *Rome, Ant. Maurin*, 1695, v. br. fil.

Ouvrage satirique, assez rare, attribué à Gatien de Courtils. *Cat. Leber*, n° 4592.

1396. Entretien de Louis XIV et de Mme la marquise de Maintenon. *Marseille, P. Mathieu*, 1710, pet. in-12, mar. vert, fil. tr. dor. (*Simier.*)

Une des pièces les plus curieuses et les plus rares contre Mme de Maintenon. (*Nouv. Recherch. de Brunet.*)

1397. Intrigues du Sérail. Hist. Turque, par Mallebranche. *La Haye*, 1739, pet. in-12, v. m. (*Aux armes.*) — Mém. pour servir à l'hist. de Perse (France). *Berlin*, 1769, pet. in-12, d. rel. mar. bl. non rog, (*Ouvrage attribué à Voltaire, par M. Paul Lacroix.*)

1398. La Mandarinade, ou Hist. comique du Mandarinat, par l'abbé de St. Martin. *La Haye, Paupie*, 1738-39, 3 vol. in-12, v. gr.

1399. Epitaphe de tous les officiers et soldats francois, anglois... tués à l'attaque du camp de Fontenoy. Composée par eux-mêmes aux Champs Élisées. *S. l.* 1746, in-8, cart. non rog.

1400. Mém. hist. et secrets concernant les amours des rois de

HISTOIRE.

France (par Sauval, arrangés par le marquis d'Argens). *Paris, vis à vis le cheval de Bronze*, 1739, pet. in-12, dem. rel., v. f. non rogné (*Bauzonnet.*)

1401. Les mêmes, d. rel. mar. bleu, fil. non rogn (*Bauzonnet.*)

1402. Les dames galantes, par Brantôme. Nouv. édition *Paris, Abel Ledoux*, 1834, 2 v. in-8, d. rel. (*Bauzonnet.*)

1403. Histoire des favorites, par Mlle D*** (de la Roche Guilhem). *Amst. Paul Marret*, 1708, 2 vol. in-12, v. br. fig.

1404. Anecdotes de la cour de Philippe-Auguste, par Mlle de Lussan. *Paris, Ve Pissot*, 1738, 6 vol. in-12, mar. r. fil. tr. dor.

1405. Journal amoureux de la Cour de Vienne. *Cologne, P. Marteau (à la Sph.)*, 1689, pet. in-12, non rel.

1406. L'Histoire et les amours du duc de Guise surnomé le Balafré. *Paris, Ve Marbre Cramoisy*, 1695, pet. in-12, mar. r. fil. à fr. tr. dor. (*Niedrée.*)

1407. Les Amours d'Anne d'Autriche. *Londres, aux dépens de la compagnie*, 1738, pet. in-8, mar. citr. tr. dor. 7 portr. ajoutés.

1408. Les amours d'Anne d'Autriche épouse de Louis XIII, avec Monsieur le C. D. R. (le Cardinal de Richelieu, ou plutôt le comte de Rivière), le véritable père de Louis XIV (attribué à Le Noble). *Cologne, P. Marteau (à la Sph.)* 1693, pet. in-12, d. rel. v.

1409. Les mêmes, *Londres (Holl.), aux dépens de la compagnie*, 1738, pet. in-12, mar. r. fil. tr. dor. (*Derome.*)

1410. La France galante, ou Hist. amoureuses de la cour sous le règne de Louis XIV. — Amours des dames illustres de France. *Cologne, P. Marteau*, s. d. 4 tom. en 8 vol. pet. in-12, v. br. fig.

1411. Amours de Louis le Grand, et de Mademoiselle du Tron. *Rotterdam (A la Sph.).* S. d. pet. in-12, dos et coins de mar. r. tr. dor. (*Niedrée.*)

1412. Le Tombeau des amours de Louis le Grand, et ses dernières galanteries. *Cologne, P. Marteau (A la Sphère)*, 1695, pet. in-12, v. br. (Bonne édit.)

1413. Le Passe-temps royal de Versailles, ou les Amours secrettes de madame de Maintenon. *Cologne, P. Marteau,* 1696, pet. in-12, v. f. fil. tr. dor. *(Bauzonnet.)*

Précieux vol. Voyez la note du *Cat. Pixerécourt,* n° 1311.

1414. Le Maréchal de Boufflers prisonnier dans le château de Namur, et les Aventures secrètes qui lui sont arrivées pendant la Campagne. *Liège, Paul de la Tour,* (Holl.), 1696, pet. in-12, mar. r. fil. tr. dor. *(Bauzonnet.)*

1415. Le triomphe de la deesse Monas, ou l'Hist. du portrait de Mme la princesse de Conti. *Amst. Louis du Val,* 1698. — Raimond, comte de Barcelonne, nouvelle galante. *Amst. le même,* 1698, 2 part. en 1 vol. pet. in-12, mar. r. fil. tr. dor.

1416. Relation hist. de l'amour de l'Empereur de Maroc, pour Mme la princesse douairière de Conty, par le comte D***. *Cologne P. Marteau* (Holl.), 1700, pet. in-12, mar. vert. fil.

1417. Les Amours de S. A. R. Mademoiselle, souveraine de Dombes, avec Monsieur le comte de Lauzun. S. L. n. d. pet. in-12, v. vert, fil. dent. tr. dor.

1418. Histoire véritable de la duchesse de Châtillon. *Cologne, P. Marteau* (Holl. à la Sphère), 1699, pet. in-12, mar. vert, fil. tr. dor. *(Derome.)*

1419. La princesse de Montpensier, par Mme de La Fayette. *Paris, A. A. Renouard,* 1804, in-18, tiré gr. in-12, m. r. fil. dent. tr. dor. *(Bozerian.)*

Exempl. unique sur peau vélis. On y a joint 2 portraits de M*me* de La Fayette et un fac-simile de son écriture.

1420. Le Prince de Condé, roman hist. par Boursaut, publ. par de La Borde. *Paris, Didot l'aîné,* 1792, 2 vol in-12, pap. vél. br.

1421. Les Amours de Zeokinizul, roi des Kofirans (Louis XV, roi des Francois), ouvrage trad. de l'arabe du voyageur Krinelbol (Crébillon fils). *Amst.,* 1748, pet. in-12, v. v. dent. tr. dor.

1422. Précis hist. de la vie de Mad. la comtesse du Barry, avec son portrait. *Paris,* 1775, pet. in-8, cart.

HISTOIRE.

1423. L'Autrichienne en Goguette, ou l'Orgie Royale, opéra proverbe, composé par un Garde du Corps, et mis en musique par la reine. *S. l.* 1789, in-8, d. rel. v.

Même col. : L'Iscariote de la France, ou le député Autrichien. 1789.

1424. Les Amours de Charlot et de Toinette (Marie Antoinette et le comte d'Artois), pièce dérobée à V..... *S. l.* (Londres), 1789, in-8, dem. rel. v.

Voyez sur cette pièce satirique en vers, fort rare, et dont on ne connaît que quelques exempl. échappés au pilon de la Bastille, la note du *Cat. Leber,* n° 2281.

1425. Le G.... royal. 1789. — Bord.... R...... s. d. 2 vol. pet. in-8, dem. rel. v. viol.

Libelles aussi rares que scandaleux.

1426. Mémoire hist. des intrigues de la cour, et de ce qui s'est passé entre la Reine, le Comte d'Artois, le Cardinal de Rohan, madame de Polignac ..., par le sieur Retaux de Villette. *Venise,* 1790, in-8, d. rel. mar. non rog.

1427. La Chronique scandaleuse, ou Mémoires pour servir à l'hist. de la génération présente (par Guil. Imbert et autres). *Paris, Dans un coin où l'on voit tout,* 1788, 1 vol. pet. in-8, br.

MÉLANGES SUR L'HISTOIRE DE FRANCE.

Histoire princière, diplomatique, des lois, institutions, etc.

1428. Nouveaux caractères de la famille roiale, des ministres d'état et des principales personnes de la Cour de France. *Ville Franche, P. Pinceau,* 1703, in-18, mar. r. fil. tr. dor.

1429. Estat et Menu général de la Dépence ordinaire Bouche de la maison de Monseigneur le Dauphin. Année 1695. Celle de Monseigneur le Duc de Bourgogne est ensuitte. Pet. in-8, v. m. fil.

Mss. de l'époque.

1430. Documents authentiques et détails curieux sur les dépenses de Louis XIV, par Peignot. *Paris*, 1827, in-8, portr. br.

1430 bis. Lantree et Couronnement du duc Françoys troisiesme de ce nom en la ville et cité de Rennes capitalle du duché de Bretagne en l'an mil cinq cents trante et deux. In fol. v. br.

Mss. de 41 feuil. daté de 1603.

1431. Lordre tenu et garde a Lentree de treshault et trespuissant prince Charles tousiours Auguste en la ville de Paris. *Paris, Gilles Corrozet et Jehan du pre*, 1539, pet. in-8, vél.

1431 bis. Mausolee Royal dressé pour l'immortelle mémoire d'Henry IIII, dans l'eglise de Sainct Jean de Lyon, par le P. Jacq. George. *Paris, Claude Chappellet*, 1610, in-8, mar. vert, fil. tr. dor. (*Derome*.)

1432. L'Entrée de la Reine à Lyon, le III décembre 1600. *Lyon, Thib. Ancelin*, in-8, v. rac. fil. grav.

1432 bis. Description des festes données par la ville de Paris, à l'occasion du mariage de Mme Louise de France et de Dom Philippe, infant d'Espagne les 29 et 30 aout 1739. *Paris, Le Mercier*, 1740, in-fol. atlant. mar. r. dent. tr. dor. avec 13 pl. (*Aux armes*).

1433. Fêtes publiques données par la ville de Paris, à l'occasion du mariage de Mgr. le dauphin les 23 et 26 février 1745. *Paris*, in-fol. atlant. mar. r. large dent. tr. dor. (*Aux armes.*)

Suite de 18 pl. précédées d'un texte gravé et encadré.

1434. Recueil de pièces. In-f, v. gr.

Recueil factice de 15 pièces en prose et en vers imprimées en 1660, concernant les entrées des rois et reines dans Paris et le cérémonial à observer.

1435. Lettre à M. le rédacteur du Globe, au sujet de la prétendue ambassade en Russie de Ch. de Talleyrand (par le prince de Labanoff). *Paris*, 1828, in-8, br.

1436. Lettres et ambassades de Philippe Canaye, seigneur de Fresne. *Paris, Adr. Taupinart*, 1645, 3 vol. in-fol. v. m. fil.

1437. Les Négociations du président Jeannin. *Jouxte la Copie de Paris, chez Pierre le Petit*, 1659, 2 vol. pet. in-8, mar. bleu, fil. tr. dor. portr. (*Thouvenin.*)

Bel exempl. et jolie reliure. Rare en cette condition. (Voyez l'*Essai sur les Elzevirs*, de Bérard, p. 161.)

1438. Mémoires touchant l'ambassade de M. de Thou en Hollande, par D. L. R. (de la Roque). *Cologne, P. Marteau*, 1710, pet. in-8, v. br. fil. tr. dor.

1439. Traité politique et historique du gouvernement de France sous les trois races. *Amst. Covens et Mortier*, 1731. — Dissertation sur l'état du commerce en France, sous les rois de la première et seconde race, par l'abbé Carlier. *Amiens*, 1753; 2 vol. in-12, br.

1440. Treize livres des Parlemens de France, par Bernard de La Roche Flavin. *Bourdeaus, Simon Millanges*, 1617, in-fol. mar. vert, fil. comp. tr. dor.

Exempl. avec la signature du ministre *Colbère*.

1441. Histoire des Secrétaires d'Estat, par Fauvelet du Toc. *Paris, Osmont*, 1668, in-4, mar. r. fil. tr. dor. blasons. (*Aux armes.*)

1442. Histoire financière de la France, par Bailly. *Paris, Moutardier*, 1830, 2 vol. in-8, br.

1443. Lettres d'un gentilhomme François sur l'établissement d'une capitation générale en France (par Mich. Le Vassor). *Liège, Jean le Bon*, s. d. pet. in-12, v. f. fil. (*Padeloup.*)

1444. Regretz et complainte du pauvre populaire alencontre de la Gabelle. *S. l. n. d.* — Arrest donné aux manans et habitans de la ville de Bordeaulx. *Paris, Nic. Chrestian*, 1549; 2 pièces goth. en 1 vol. gr. in-16, mar. oliv. fil. comp. tr. dor. (*Koehler.*)

Histoire des Provinces de la France.

1445. Plans de Paris. In-fol. max. mar. r. dent. tr. dor. (*Aux armes.*)

1446. Séjour de Paris, c'est-à-dire Instructions fidèles pour les Voiageurs de Condition, par Nemeitz. *Leide, Jean Van Abconde*, 1727, 2 tom. en 1 vol. in-8, d. rel. v. f. non rog. fig. (*Bauzonnet.*)

1447. Relation des choses dignes de remarque arrivées pendant le siége mémorable de la fameuse ville de Paris, et sa défense par le duc de Nemours, contre Henri de Bourbon, trad. de l'espagnol de P. Cornejo. *Paris*, 1831, in-8, d. rel. mar. non rog.

Réimpr. à 30 exempl.

1448. Tombeaux et épitaphes des personnes illustres, nobles, célèbres, et autres inhumées dans les églises de la ville et fauxbourgs de Paris. 3 vol. in-fol. mar. r. fil. tr. dor.

Mss. d'une jolie écriture, du commencement du siècle dernier.

1449. Epithaphe de la ville de Calais, faicte par Anthoine Fauquel, natif de la ville d'Amiens; plus une Chanson sur la prise dudict Calais. *Paris, Jean Carciller*, 1558, gr. in-16, mar. r. fil. (*Hering.*)

1450. Les Chroniques de Normandie, publ. par Fr. Michel. *Rouen, Frère*, 1839, pet. in-4, pap. gr. raisin, cart. non rog. avec titre illustré en or et couleur.

Tirées à 210 exempl.

1451. Chroniques Anglo-Normandes, publ. par Fr. Michel. *Rouen, Frère*, 1836, 2 vol. in-8, br.

1452. Miracle de Notre Dame de Robert le Dyable, filz du duc de Normendie, publ. d'après un mss. du XIV° siècle, par plusieurs membres de la Société des Antiquaires de Normandie. *Rouen, Frère*, 1836, in-8, gr. pap. jésus, vél. br. fac-simile.

Tiré à 40 exempl. sur ce pap.

1453. Almanach de Normandie pour 1790. *Rouen, dame Besongne*, in-18, mout. r. dent.

1454. Rouen. Revue monumentale hist. et critique, par E. D. *Rouen*, 1835. — Rouen, son histoire, ses monuments, etc., par Licquet. *Rouen*, 1839, fig.; 2 vol. in-18, br.

1455. Description hist. des maisons de Rouen, avec 21 grav. par H. Langlois. *Paris, F. Didot,* 1821, in-8, br.

1456. Pièces relatives à l'Académie de l'immaculée conception de la Sainte-Vierge, fondée à Rouen, pour les années 1772-1776 (Publ. par l'abbé Guiot). *Paris et Rouen*, 1775, in-8, d. rel. v. br.

1457. Essais hist. sur la ville de Bayeux, par Pluquet. *Caen, Chalopin,* 1829, in-8, br.

1458. Contes populaires, préjugés, patois, proverbes, noms de lieux de l'arrond. de Bayeux, par Pluquet. *Rouen*, 1834, gr. in-8, pap. jésus, vél. br. fig.

1459. Essai sur les Enervés de Jumièges, suivi du Miracle de Sainte Beautheuch, publ. par H. Langlois. *Rouen, Frère,* 1838, in-8, gr. pap. jésus vél. cart. non rog. fig. sur pap. de Chine, fac-simile sur vél. illustré en or et couleur.

1460. *Le même,* pap. ord. br.

1461. Histoire du Mont St. Michel et de l'ancien diocèse d'Avranches, par l'abbé Desroches. *Caen,* 1839, 2 vol. in-8, br. avec atlas in-4.

1462. Suite des Mémoires du marquis de Beauveau, pour servir à l'hist. de Charles V duc de Lorraine. *Cologne, P. Marteau,* 1688, pet. in-12, v. quadr. fil. dent. (*Bozérian.*)

1463. Priviléges, Franchises et Libertez du vicomté de Turenne. *Paris,* 1640, pet. in-4, cart.

Exempl. sur vélin.

1464. Discours du siége d'Attila, Roy des Huns, devant la ville d'Orléans, l'an 455, par Emmanuel Trippault, *Orléans, René Frémont,* 1635, pet. in-8, br.

Réimpr. fac-simile à 36 exempl. faites à Chartres en 1832, par les soins de M. Duplessis.

1465. *Le même,* pap. de Holl. pet. in-8. br.

L'un des 6 sur ce pap.

1466. Notice sur Jublains, dept. de la Mayenne, par Verger. *Nantes,* 1835, in-8, br.

1467. Le premier livre des Mémoires des comtes de Champagne et Brie, par P. Pithou. *Paris, Rob. Estienne*, 1572, in-4, v. f. fil. tr. dor. (*Koehler*).

1468. Histoire du pays et duché de Nivernais, par Guy Coquille. *Paris, Abel l'Angelier*, 1612, in-4, portr.

1469. Hist. mémorable de la ville de Sancerre, par Jean de Lery. 1574, pet. in-8, vél.

<small>Pièce rare, vendue 21 fr. *Châteaugiron*.</small>

1470. Rerum gestarum Burgundionum Chronicon (auct. Nic. Vignerio.) *Basileæ, Th. Guarinus*, 1575, pet. in-4. v. br.

1471. Recueil des pièces d'antiquités sur la ville d'Auxerre, par M*** (l'abbé Lebeuf). *Auxerre, Fournier*, 1776, in-12, d. rel. v. f. — Histoire de Marie de Bourgogne (par Gaillard.) *Amst. et Paris*, 1757, in-12, v. m.

1472. Brochures (quatre) de M. Peignot, sur l'histoire de Dijon.

<small>Histoire d'Hélène Gillet. 1829. — L'illustre Jacquemart de Dijon. 1832. — Les Bourguignons salés. 1833. (150 exempl.) — De la liberté de la presse à Dijon au XVIIe siècle. 1836 (150 exempl.)</small>

1473. Cy commence ung petit liure de lantiquite origine et noblesse de tresantique cite de Lyon.... par Symphorien Champier. *Imprime a lisle galique dicte Lyonnoise*, 1529, pet. in-4, goth. mar. r. fil. comp. doubl. de mar. r. dent. tr. dor. (*Koehler*.)

<small>Pièce fort rare.</small>

1474. Prinse de Lyon et de Montbrison par les protestans en 1562, (publ. par M. Pericaud). *Lyon*, 1831, in-8.

<small>Réimpr. à pet. nombre.</small>

1475. Recvil faict au vray de la chevavchee de l'asne, faicte en la ville de Lyon, en 1566. *Lyon, Guil. Testefort* (1566). Recveil de la chevavchee, faicte en la ville de Lyon, en 1578. *Lyon, par les Trois Supposts*. 2 part. en 1 vol. in-8, pap. de Holl. dos et coins de m. r. non rog. (*Purgold.*)

<small>Réimpr. à 100 exempl. faites à Lyon en 1829, par les soins de MM. Boghet du Lut, Duplessis et Péricaud. Les initiales B, D, P, ne représentent pas un seul amateur anonyme, ainsi qu'il est dit dans l'*Analectabiblion*.</small>

1476. *Les mêmes*, pap. jaune, br.
1477. *Les mêmes*, pap. ord. br.
1478. Note sur Louise Labé. *Lyon*, 1830. (*Tiré à 50 ex.* — Testament de Louise Labé (publ. par Breghot du Lut). *Lyon*, s. d. — Notice sur la rue Belle-Cordière à Lyon (par Breghot du Lut). *Lyon*, 1829. 3 broch. in-8.
1479. Notices biographiques et littéraires de M. Pericaud, relatives à l'hist. de Lyon. 12 broch. in-8.

Notice topographique sur Lyon, 1832. Séjour de Cagliostro à Lyon. — Notice sur la bibliothèque de Lyon, 1828. — *La même*, édit. de 1831. — Ephémérides Lyonnaises. — Notices sur le duc de Nemours et Fr. de Mandelot, gouverneurs du Lyonnais, 1827-1828. — Notices sur Sidoine Appolinaire, Saint-Jubin, Saint-Nizier, Camille de Neuville et Duplessis de Richelieu, archevêques de Lyon, 1826-1830.

Tous ces opuscules ont été tirés à pet. nombre. On y a joint un titre et faux titre imprimés en 1829 sous le titre de : *Opuscules biogr. et littéraires d'Ant. Pericaud.*

1480. Histoire de Vienne, par Mermet. Paris, 1828-1833, 2 vol. in-8, br.

Le 3e et dernier volume de cet ouvrage, fruit de longues et consciencieuses recherches, sera publié prochainement.

1481. Brochures (quatre) sur les Provinces. In-8.

Notice sur un ancien mss. relatif au cours des fontaines de la ville de Rouen ; par de la Quérière. *Rouen*, 1835, fig. — Notice sur la chaire au Diable, par Verger. *Poitiers*, 1835. — Fouilles faites à Jublains, par le même. *Nantes*. 1837. — Notice sur le Mont Saint-Michel, par F. V. *Caen*.

VII. HISTOIRE DES ÉTATS ÉTRANGERS.

1483. Phil. Cluverii, Germaniæ antiquæ libri tres. *Lugd. Batav. Lud. Elzévir*, 1616, in-fol. mar. r. tr. dor. fig. (*Aux armes de de Thou.*)

Vol. rare. (*Man. de Brunet.*)

1484. Mémoires pour servir à l'hist. de la maison de Brandebourg, par le prince Frédéric de Prusse. *Berlin, Voss*, 1767, 2 tom. en 1 vol. in-4, mar. r. fil. tr. dor. fig.

1485. Le Tableau de la Suisse et autres alliez de la France ès hautes Allemagnes, auquel sont descrites les singularités des Alpes.... (en vers); par Marc Lescarbot. *Paris, Adrian Périer*, 1618, pet. in-4, vél. (*Mouillé à la marge.*)

1486. Tableaux topographiques, pittoresques, physiques, historiques, moraux, politiques et littéraires de la Suisse, par de Laborde. *Paris, Clousier*, 1780, 4 vol. in-fol. max. dont 2 de pl. v. ec. dent. tr. dor.

1487. Histoire de la république des Provinces-Unies, des Païs-Bas, jusqu'à la mort de Guillaume III (par Jennet). *La Haye, Husson*, 1701, 4 vol. in-12, mar. r. fil. tr. dor. portr.

1488. Esquisses hist. sur l'ancien pays de Liége, par Polain. *Bruxelles*, 1837. — Mélanges hist. et littér., par le même. *Liége*, 1839; 2 vol. in-18, br.

1489. Mémoires pour servir à l'hist. du cardinal de Granvelle, par Dom Prosper Levesque. *Paris, G. Desprez*, 1753, 2 vol. in-12, v. ec. fil. tr. dor.

1490. Coup d'œil sur Belœil. *Belœil, imp. du P. Charles*, D. 1781, in-8, v. m.

Pièce rare du prince de Ligne, imprimée à très pet. nombre dans son imprimerie particulière.

1491. Histoire de la république de Venise, par Daru. Sec. édit. *Paris, F. Didot*, 1821, 8 vol. in-8, gr. pap. vél. dem. rel. v. non rog. tête dor. carte. (*Koehler.*)

1492. La ville et la république de Venise, par le S' T. L. E. D. M. S. de St-Didier. *Amst. Dan. Elzevier*, 1680, pet. in.12, d. rel. mar. r. dent. tr. dor.

Un des plus rares des Elzeviers, selon M. Nodier. Voyez la note du *Cat. Pixérécourt*, n° 1995.

1493. Hist. du gouvernement de Venise, par Amelot de la Houssaye, avec le supplément. *Paris, Fred. Leonard*, 1677, 2 part. en 1 vol. pet. in-12, v. rou. dent. tr. dor. (*Bozérian.*)

Le *Cat. Pixérécourt* cite l'édit. de *Amst.* 1695 comme originale. Il y a erreur dans cette allégation, à moins que je n'aie moi-même mal relevé la date de ce volume.

1494. Histoire de René d'Anjou, roi de Naples et comte de

Provence, par de Villeneuve Bargemont. *Paris, Blaise*, 1825, 3 vol. in-8, gr. pap. vél. d. rel. mar. r. non rog. portr. sur pap. de Chine. (*Héring.*)

1495. Vie de Laurent de Médicis, trad. de l'angl. de Roscoe, par Thurot. *Paris, Treuttel et Wurtz*, an VIII, 2 vol. in-8, v. rac. dent.

1496. Histoire de la domination des Arabes et des Maures en Espagne et en Portugal, par de Marlès. *Paris, Eymery*, 1825, 3 vol. in-8, d. rel. v. f. non rogn. (*Bauzonnet.*)

1497. *La même*, 3 vol. in-8, br.

1498. État présent d'Espagne (par le duc de Luynes, publ. par Du Bois de St-Gelais). *Villefranche, Et. le Vray*, 1717, in-12, v. br. — Hist. de l'empereur Charles V, trad. de l'espagnol. de Vera, par Du Perron le Hayer., *Bruxelles, Foppens*, 1673, pet. in-12, vél.

1499. La vraye, pure, simple narration et recit du faict de question, entre Charles V Empereur, et Guillame Duc de Clèves, sans aucune prediction (*sic*) et desguisement..... *En Anvers du Consentement de Martin merare*, 1541, pet. in-4, goth. mar. r. riche dent. tr. dor. (*Jolie rel. anglaise.*)

1500. Dialogos de memorias eruditas para la historia de la ciudad de Ronda, per D. Juan Maria. *Cordoba*, (1766), 3 part. en 1 vol. in-16, d. rel. v. br.

1501. Révolutions du Portugal, par l'abbé de Vertot. *Paris, v° Didot*, 1758, gr. in-12, mar. r. fil. tr. dor. (*Derome.*)

1503. Hist. secrete des regnes des rois Charles II et Jacques II, trad. de l'anglais. *Cologne, P. Marteau*, 1690, pet. in-12, v. f. fil. tr. dor. (*Bauzonnet.*)

1504. Hist. secrette du Voyage de Jacques II à Calais, pour passer en Angleterre, et son retour à Boulogne. *Cologne, André Pitou* (Holl.), pet. in-12, v. br. fil. tr. dor.(*Bauzonnet.*)

1505. Relation de trois ambassades de Monseigneur le comte de Carlisle (par Guy Meege). *Amst. Jean Blaeu*, 1669, pet. in-12, d. rel. v. (édit. Elzévirienne) — Mémoires contenant l'hist. des deux Roses. *Amst.* 1726, pet. in-12, v. br.

1506. La Vie du général Monk, trad. de l'anglais de Thomas

Gumble (par Guy Meege). *Londres, Robert Scot* (Holl. Elzév.), 1672, pet. in-12, v. f. fil. dent. tr. dor. (*Peu commun.*)

1507. Histoire d'Eric XIV, roi de Suède, trad. du Suédois d'Olof Celsius, par Genet. *Paris*, 1777, 2 vol. in-12, mar. r. fil. tr. dor. (*Aux armes.*)

1508. Histoire de l'assassinat de Gustave III, roi de Suède. *Paris, Forget*, 1797, in-8, br. porte.

<small>J'ai entendu raconter à M. le chevalier Artaud, auteur anonyme de cet ouvrage, que les 300 exempl. que l'éditeur lui avait remis pour ses droits d'auteur, lui avaient été achetés pour le compte d'un haut personnage Suédois, qui y était gravement impliqué. Il est à présumer que ce n'était pas pour les distribuer.</small>

1509. Histoire de l'état présent de l'empire ottoman, trad. de l'angl. de Ricault, par Briot. *Amst. Wolfgank* (Elzév.), 1670, pet. in-12, vél. — Athènes ancienne et nouvelle, et l'État présent de l'empire des Turcs, par de la Guilletière. *Paris, Est. Michallet*, 1676, pet. in-12, vél. pl.

1510. De Capta a Mehemethe II Constantinopoli Leonardi Chiensis et Godefridi Langi Narrationes sibi invicem collatæ. Recensebat et notis illustrabat Joan. Bapt. Lecuy. *Lutetiæ-Parisiorum, sumptibus Domini D. Caroli Stuart*, 1823, in-4, pap. vél. avec fac-simile, br.

<small>Beau vol. tiré à pet. nombre. Vendu 85 fr. à la première vente Crozet.</small>

1511. Mémoire sur la vallée des lacs de Natron, et celle du fleuve sans eau, par le gén. Andreossi. An VII, pet. in-4, br.

<small>Tirage à part à pet. nombre de la *Décade Égyptienne*.</small>

1512. Recherches philosophiques sur les Américains, par M. de P** (Paw). *Berlin, Decker*, 1768, 2 vol. in-8, mar. r. fil. tr. dor.

1513. Histoire naturelle et civile de la Californie, trad. de l'angl. (de Burriel, par Eidous). *Paris, Durand*, 1767, 3 vol. in-12, mar. vert, fil. tr. dor. cartes. (*Derome.*)

1514. Histoire de l'isle de Ceylan, par Jean Ribeyro, trad. du Portugais (par l'abbé le Grand). *Paris, J. Boudot*, 1701, in-12, mar. r. tr. dor.

1515. Essai sur les Isles Fortunées et l'antique Atlantide, par

Bory de St.-Vincent. *Paris, Baudoin*, an XI, in-4, v. viol. fig. et cart.

1516. Hisotire de la Conquête du Mexique, par Fernand Cortez, trad. de l'espagnol de Don Ant. de Solis (par Citry de la Guette). *La Haye, Adr. Moetjens*, 1692, 2 vol. pet. in-8, mar. r. fil. tr. dor.

1517. Histoires des guerres civiles des Espagnols dans les Indes, trad. de Garcillasso de la Vega, par J. Baudoin. *Paris, Aug. Courbé*, 1650, 2 vol. pet. in-4, mar. citr. tr. dor. (*Aux armes.*)

1518. Histoire de Nader Chah, connu sous le nom de Thahmas Kuli Khan, empereur de Perse, trad. d'un mss. Persan, par Jones. *Londres, Elmsly*, 1770, 2 vol. in-4, br.

1519. Description générale de la Chine, par l'abbé Grosier. *Paris, Moutard*, 1785. in-4, br.

1520. La Chine d'Athanase Kirchere, avec un Dictionnaire Chinois et Français; trad. par Dalquié. *Amst. Jansson a Waesberge*, 1670, in-fol. v. gr. fig.

1521. A Dissertation on the nature and character of the Chinese system of writing, by Peter du Ponceau, to which are subjoined a Vocabulary of the Cochinchinese language, by Joseph Morrone, and a Cochinchinese and latin dictionary. *Philadelphia*, 1838, gr. in-8, cart. non rog.

VIII. ART HÉRALDIQUE.

1523. Traité des marques nationales, par Beneton de Morange. *Paris, Le Mercier*, 1739, in-12, dos et coins de v. f. non rogn. tête dor. (*Bauzonnet.*)

1524. Le même, br.

1525. Cérémonies des gages de bataille, selon les constitutions du bon roi Philippe de France, représentées en onze figures, publ. par Crapelet, *Paris, Crapelet*, 1830, in-8, gr. pap. Jésus vél. cart. non rogn. fac-simile.

1526. Le Pas d'armes de la bergère maintenu au tournoi de Tarascon, publ. d'après le mss. de la Bibl. roy., avec un Précis de la chevalerie et des tournois, et la Relation du carrousel exécuté à Saumur en 1828, par Crapelet. *Paris, Crapelet*, 1828, gr. in-8, pap. Jésus vél. cart. fac-simile.

1527. Le Liure des statuts et ordonnances de l'ordre sainct Michel, establi par le tres chrestien Roy de France Loys vnzième de ce nom..... S. l. n. d. pet. in-4, rel. en percaline.

Exempl. sur vélin ayant appartenu à Loys de Saint-Gelais, seigneur de Lansac, ainsi qu'il résulte d'une note apposée sur le verso du feuillet de garde, au bas de son blason historié en or et couleur.

1528. Histoire généalogique de la maison de Vergy, par And. Du Chesne. *Paris, Seb. Cramoisy*, 1625, in-fol. v. br. fil.

IX. ANTIQUITÉS.

1529. Everhardi Feithii, Antiquitatum Homericarum, libri IV. *Argentorati, Steinius*, 1743, pet. in-8, br.

1530. Antiquitates Romanæ, sive inscriptiones et monumenta quæ Romæ in saxis et marmoribus visuntur, auctore Boissardo Vesuntino, cum artificibus Theod. de Bry. *Francofurti, Math. Merianus*, 1597-1628, 6 part. 4 tom. en 2 vol. in-fol. v. gr. fil. fig. (*Aux armes.*)

1531. Alexandri ab Alexandro genialium dierum libri sex. *Lugd-Batav. ex officinâ Hackiana*, 1673, 2 vol. in-8, vél.

Bonne édit. d'un ouvrage estimé et rarement complet.

1532. Ori Apollinis Niliaci, de sacris Ægyptiorum notis, Ægyptiace expressis, libri duo, in latinum et gallicam sermonem conversi. *Parisiis, Galeotus a Prato*, 1574, pet. in-8, mar. vert. fil. tr. dor. jolies fig. sur bois. (*Niedrée.*)

1533. De Papyris, seu voluminibus Græcis Herculauensibus commentatio, Christoph. Theoph. de Murr. *Argentorati, Levrault*, 1804, gr. in-8, br. avec 2 pl.

1534. Le Antichità di Ercolano espote. *Napoli, stamperia regia*, 1757, 7 vol. gr. in-fol. mar. r. fil. tr. dor. pl. et fig. (*Derome*.)

<small>Ouvrage d'une exécution magnifique.</small>

1535. Delle antiche terme di Firenze, a Domenico Manni. *Firenze, Batista Stecchi*, 1751. — Notizie istoriche interno al Parlagio ovvero anfiteatro di Firenze, par le même. *Bologna*, 1746, 2 part. in-4, non rel. fig.

1536. Dissertations sur divers sujets d'antiquité et d'hist. littéraire (en italien), par Domenico Manni. In-4, br. non rogn. *Recueil factice*.

<small>Delle tessere cavalleresche di bronzo tenute al collo, 1760. — Della prima promulgazione de' libri. Id. 1761. — Dell' antichità delle lettere Greche in Firenze, 1762. — Antichità del Ponte Vecchio in Firenze, 1763. — Antichissima lapida christiana, 1763. — Del veropittore Luca Santo, 1764. — Dell' errore che persiste di attribuirsi le pitture al Santo Evangelista, 1766. — Della piantagione de' Gelsi in Toscana, 1767.</small>

1537. Catalogue du cabinet d'antiquités de M. le duc de Caylus. *Paris*, 1773, pet. in-4, v. f. dent.

<small>On a joint à cet exempl. cinq Lettres signées de MM. Ancelot, Bignon, bibliothécaire du roi, et marq. de Breteuil, ministre, relatives à la remise des objets antiques qui appartenaient à la Bibl. roy.</small>

1538. Recueil de médailles grecques inédites, publ. par Édouard de Caldavène. *Paris, De Bure*, 1828, in-4, br. avec 4 pl.

1539. Recueil de médailles des rois qui n'ont point encore été publiées ou qui sont peu connues. *Paris, Guerinet Delatour*, 1762, in-4, avec 22 pl. — Recueil de médailles des peuples et des villes. *Paris, les mêmes*, 1763, 3 vol. in-4, avec 136 pl. — Mélanges de diverses médailles pour servir de supplément aux Recueils des médailles des rois et des villes. *Paris, les mêmes*, 1765, 2 vol. in-4, avec 32 pl. — Second supplément. *Paris, les mêmes*, 1765, in-4, avec 10 pl. — Troisième supplément. *Paris, les mêmes*, 1767, in-4, avec 9 pl. — Observations sur quelques médailles du cabinet de M. Pellerin, par l'abbé Le Blond. Sec. édit. *Paris, Barrois*, 1723, 2 pl. — Lettre de l'auteur des recueils de médailles. *Francfort et Paris, Delatour*, 1770, 7 pl. —

Additions aux neuf volumes du Recueil des médailles. *La Haye et Paris, Desaint*, 1778. En tout 9 vol. in-4, br.

1510. Descriptions des médailles Chinoises du Cabinet impérial de France, précédée d'un Essai de numismatique Chinoise, par J. Hager. *Paris, I. I.* 1805, in-4, pap. vél. d. rel. mar. r. non rog.

X. HISTOIRE LITTÉRAIRE.

1541. Manuel de littérature classique ancienne, trad. de l'allem. de Eschenburg, par Cramer. *Paris*, an X, 2 vol. in-8, d. rel. v. f. (*Thouvenin.*)

1542. Répertoire de littérature ancienne, par Fred. Schœll. *Paris*, 1809, 2 tom. en 1 vol. in-8, d. rel. v. f. (*Thouvenin.*)

1543. Joannis Alberti Fabricii Bibliotheca Græca. Editio quarta, curante Got. Christoph. Harles, cum supplementis ineditis Fabricii et Heumanni. *Hamburgi, Bohn*, 1790-1809, 12 vol. in-4, br.

1544. Berington. — Histoire littéraire des huit premiers siècles de l'ère chrétienne, trad. par Boulard. — *Idem*, des neuvième et dixième siècles. — *Idem*, des onzième et douzième siècles. — *Idem*, du treizième siècle. — *Idem*, des quatorzième et quinzième siècles. — *Idem*, des Grecs pendant le moyen âge. — *Idem*, des Arabes et Sarrasins pendant le moyen âge. *Paris*, 1814-1823. — 7 part. en 1 vol. in-8, d. rel. v. f. (*Thouvenin*)

1545. Histoire de la littérature Hindoui et Hindoustani, par Garcin de Tassy. *Paris, impr. roy.* 1839, 2 vol. gr. in-8, br.

1546. Mém. secrets de la république des lettres (par Colnet). *Paris, Moller*, 1800-1801, 4 tom. en 2 vol. in-12, non rogn. v. f. (*Thouvenin.*)

1547. Discours sur les publications littéraires du moyen âge, suivi d'un Errata, par l'abbé Prompsault. *Paris*, 1835, gr. in-8, br.—Villonie littéraire de l'abbé Prompsault, par Crapelet. *Paris*, 1835, gr. in-8, pap. vél. br.—Addition au Précis sur Eustache Deschamps, par Crapelet. *Paris*, 1834, in-8, pap. vél. br.

1548. Recherches sur les sources antiques de la littérature française, par Berger de Xivrey. *Paris, Crapelet*, 1829, in-8, br.

1549. Hist. d'un voyage littéraire fait en 1733, en France, en Angleterre et en Hollande (par Jordan). *La Haye, Adr. Moetjens*, 1735.—Vie de Boileau Despréaux, par Des Maizeaux. *Amst. H. Schelte*, 1712, 2 vol. in-12, v. b. (*Exempl. de Soubise*).

1550. Statistique des lettres et des sciences en France, par Guyot de Fère. *Paris*, 1831, 2 vol. in-8, d. rel. v. (*Bauzonnet*).

1551. La Bibliothèque du sieur de La Croix du Maine. *Paris, Abel l'Angelier*, 1584 in-fol. v f. (*Padeloup*).

1552. Bibliothèque des auteurs de Bourgogne, par l'abbé Papillon. *Dijon, P. Marteret*, 1742, 2 vol. in-fol. mar. r. fil. tr. dor. (*Derome*).

1553. Bibliothèque hist. et crit. des auteurs de la congrégation de St.-Maur, par D. Filipe le Cerf. *La Haye, P. Gosse*, 1726, pet. in-8, v. f. non rog. (*Thouvenin.*)

1554. Éloges de quelques auteurs françois (par l'abbé Joly, Michault et autres). *Dijon, P. Marteret*, 1742, in-8, v. f. fil. pet. fers, tr. dor. (*Bauzonnet.*)

1555. Mélanges littéraires. 1 vol. in-12, d. rel. mar. v.

Notice sur les ancêtres, le lieu de naissance et la vie de saint Bernard, par Girault. *Dijon*, 1821, pap. vél.—Détails hist. sur les ancêtres, le lieu de naissance de Mme de Sévigné, par le même, 1819, pap. vél.—Recherches hist. littéraires et bibliographiques sur la vie et les ouvrages de La Harpe, par Peignot. *Dijon*, 1820, pap. vél.

1556. Marculfi monachi, aliorumque, auctorum formulæ veteres, editæ ab Hieronymo Bignonio. Accessit liber Legis salicæ. *Parisiis, Seb. Cramoisy*, 1666, in-4, mar. r. fil. comp. tr. dor. (*Duseuille*).

1557. Librorum de re diplomaticâ supplementum, opera Joh. Mabillon. *Luteciæ Parisiorum, Car. Robustel*, 1704, in-fol. br. pl.

1558. Joan. Frid. Schannat Vindemiæ litterariæ, ad Germaniam sacram præcipue spectantium. *Fuldæ, Weidmann*, 1723, in-fol. v. gr.

1559. Diplomataria sacra ducatus Styriæ. Collegit Sigism. Pusch. edidit Erasmus Froelich. *Viennæ, Trattner*, 1756, 2 vol. in-4, br.

XI. BIBLIOGRAPHIE.

Traités sur les livres et les bibliothèques.—Origine de l'imprimerie.—Bibliographies diverses.

1560. Dictionnaire bibliographique des livres rares (par l'abbé Duclos). *Paris, Cailleau*, 1790.—Supplément (par Brunet). *Paris, Delalain*, 1802, 1 vol. in-8, bas.
Et. en gr. papier.

1561. Manuel du bibliophile, par Peignot. *Dijon, Lagier*, 1823, 2 vol. in-8, br.

1562. Dictionnaire bibliographique, ou nouveau Manuel du libraire et de l'amateur de livres, par M. (P. Psaume). *Paris*, 1824, 2 vol. in-8, br.
Épuisé et devenu rare.

1563. A Manual of classical bibliography, by Jos. Will. Moss. *London, Simpkin*, 1825, 2 vol. in-8, d. rel. v. f. (*Thouvenin.*)

1564. Analectabiblion, ou extraits critiques de divers livres rares, tirés du cabinet du marq. D. R. (Du Roure). *Paris*, 1837, 2 vol. gr. in-8, pap. vél. br.

1565. Observazioni bibliografico letterarie intorno ad una edizione sconosciuta del Morgante maggiore di Luigi Pulci, colla descrione d'un' edizione del Decamerone di Boccaccio, par Et. Audin. *Firenze*, 1831, gr. in-8, cart.
Tiré à 170 ex., l'un des 10 sur pap. de couleur.

1166. Dissertation sur les bibliothèques. Table alphabétique des Dictionnaires (par Durey de Noinville). *Paris, Chaubert*, 2 part. en 1 vol. pet. in-8, v. m. fil.

1167. Bibliothèque protypographique, ou Librairies des fils du roi Jean, par J. Barrois. *Paris*, 1830, in-4, fig. et blasons, cart. non rog.

1168. Lettres d'un Académicien (l'abbé Saas), à M** (Dajre), sur le Catalogue de la Bibliothèque du Roy. S. l. 1749, pet. in-8, v. f. fil. tr. dor. (*Niedrée.*)

<small>Les exempl. de ce petit volume ayant été retirés du commerce, sont devenus rares.</small>

1569. I. Manoscritti Italiani della regia Bibliotheca Parisina, descritti dal Ant. Marsand. *Parigi, dalla Stamperia Reale,* 1831-38, 2 vol. in-4, br.

1570. Notizia dei manoscritti italiani esistenti nella libreria dell' Arsenale in Parigi, da G. Molini. *Firenze,* 1836, broch. gr. in-8.

1571. Manuscrits de la bibliothèque de Lyon, par Delandine. *Paris, Renouard,* 1812, 3 vol. in-8, br.

1572. Traités hist. et critiques sur l'origine et les progrès de l'imprimerie, par Fournier le jeune. *Paris, Barbou,* 1758-1763, in-8, v. m.

<small>Collection factice avec faux titre et table des matières de cinq opuscules publiés de 1758 à 1763.</small>

1573. Eloge de Guttenberg, par Née de la Rochelle. *Paris,* 1811, in-8, portr. — Notice raisonnée des ouvrages de Gaspard Schott, par l'abbé M*** (Mercier de St.-Léger.) *Paris, Lagrange,* 1785, in-8, d. rel.

1574. Annales Hebræo-Typographici sec. XV. Descripsit Joh. Bern. de Rossi. *Parmæ, typ. reg.* 1795, in-4, br.

1575. Essai hist. sur la typographie orientale grecque de l'Imprimerie royale, par de Guignes. *Paris, impr. roy.* 1787, in-fol. br.

1576. Index librorum ab inventa typographia ad annum. 1500, a Franc. Xav. Laire. *Senonis, Tarbé,* 1791, 2 vol. in-8. bas.

1577. Catalogus librorum rarissimorum ante annum millesimum quingentesimum excusorum. S. l. n. d. (Patavii, Comino), in-8, mar. rou. fil. tr. dor. (*Derome.*)

<small>Ex. de Girardot de Préfond.
Catalogue tiré à 50 exempl. seulement et fort recherché. C'est une des éditions les plus rares de la collection de Comino. Vendu 60 fr. d'Hangard (*Man.* de Brunet).</small>

1578. Lettre de M. l'abbé de St.-L. (Mercier de St.-Léger), sur différentes éditions rares du xve siècle. *Paris,* 1783, in-8, br.

1579. Annales de l'imprimerie des Aldes, par Ant. Aug. Renouard, 3° édit. *Paris, Jul. Renouard*, 1834, in-8, d. rel. dos et coins de v. br. portr. fig. et fac-simile. (*Bauzonnet.*)
1579 bis. *Les mêmes*, br.
1580. Annales de l'imprimerie des Estienne, ou Hist. de la famille des Estienne et de ses éditions, par A. A. Renouard. *Paris, Renouard*, 1837, 2 part. en 1 vol. in-8, dem. rel. v. br. (*Aux armes*)
1580 bis. *Les mêmes*, br.
1581. Catalogus librorum qui in bibliopolio Danielis Elsevirii venales exstant. *Amst. ex officina Elseviriana*, 1674, pet. in-12, vél. (*Bel exempl.*)
1582. Essai bibliographique sur les éditions des Elzévirs (par Bérard). *Paris, F. Didot*, 1822, in-8, br.
1583. Catalogue chronologique des libraires et des libraires-imprimeurs de Paris, depuis 1470, jusqu'à présent, par Lottin aîné. *Paris, Lottin de St.-Germain*, 1789, pet. in-8, d. rel. v. non rog.
1584. Lettre trentième, concernant l'imprimerie et la librairie de Paris, trad. de l'angl. de Dibdin, par Crapelet. *Paris, Crapelet*, 1821, in-8, gr. pap. vél. cart. non rogn.
1585. Nodier. Bibliothèque sacrée, grecque et latine. *Paris*, 1826. — Mélanges tirés d'une petite bibliothèque. *Paris*, 1829; 2 vol. in-8, br.
1586. Bibliographie des journaux, par M. D. (Deschiens). *Paris, Barrois*, 1829, in-8, d. rel. v. (*Bauzonnet.*)
1587. Bibliotheca Americo-Septentrionalis, 1820, in-8, d. rel. — Bibliotheca Americana. *Paris*, 1831, in-8, br.
1588. Mélanges bio-bibliographiques. 8 broch. de divers formats.

Essai sur la bibliographie et les talents du bibliothécaire, par Parent, an IX. — Lettre de M. Hubaud sur le Manuel du libraire de Brunet, 1815. — Sur les Mss. conservés à Limoges, par Allou, 1836. — Observations sur les cartes à jouer, par Duchesne, 1836. — Sur la chanson musicale en France, par Bottée de Toulmon, 1836. — Recherches bibliographiques sur le Télémaque, 1840. — Aux mânes de Diderot (par Meister), 1788, pap. vél. — Second Supplément au Dict. des athées, par Lalande, 1805 (*Très rare*).

Les opuscules de MM. Allou, Duchesne et Bottée de Toulmon sont des tirages à part, à pet. nombre, de l'Annuaire de la Société de l'hist. de France, pour 1837.

XII. CATALOGUES DE LIVRES.

1590. Catalogus bibliothecæ Thuanæ, a Petro et Jacobo Puteanis, Bullialdo et Jos Quesnel. *Parisiis*, 1679, 2 part. en 1 vol. in-8, v. f. fil. tr. dor.

1591. Catalogus librorum Bibliothecæ de Cisternay du Fay, par Gabr. Martin. *Paris*, 1723, in-8, v. br. (*Aux armes, et Prix.*)

1592. Bibliotheca Colbertina. *Parisiis, Gabr. Martin*, 1728, 3 vol. in-12, rel. en peau, non rogn. (*Prix.*)

1593. Catalogus librorum comitis de Hoym. *Paris, Gabriel Martin*, 1738, in-8, v. m. fil.

1594. Catalogue des livres de l'abbé de Rothelin. — *Idem* de Boze. *Paris, Gabriel Martin*, 1746-1753, 2 vol. in-8, bas, portr. (*Prix.*)

1595. Bibliotheca Smithiana (a Joah. Bapt. Paschalio disposita), *Venetiis, Pasquali*, 1755, in-4, v. m.

Catalogue curieux dans lequel on a inséré les préfaces des éditions du xve siècle.

1596. Catalogue des livres de Secousse. *Paris, Barrois*, 1755, in-8, bas. (*Prix.*)

1597. Catalogue des livres de M. G. D. P. (Girardot de Préfonds). *Paris, Debure*, 1757, in-8, bas.—*Idem* de Guyon de Sardière. *Paris, Barrois*, 1769, in-8 d. rel. (*Prix.*)

1598. Catalogue des livres de M** (le comte de Lauraguais). *Paris, Debure*, 1770, in-8, v. gr. fil. (*Prix.*)—De M. G** (Gayot de Pitaval). *Paris, le même*, 1770, in-8, v. br. fil. (*Prix et Notes manuscrites.*)

1599. Catalogue des livres de M. Bonnemet. *Paris, Merigot*, 1772, in-8. v. f. fil. (*Prix*).

On trouve joint à cet exemp. la note msse qui suit :

« M. le duc de La Vallière qui a acquis cette bibliothèque, désirant savoir le prix qu'il pourrait en offrir, en fit faire l'estimation que l'on trouve icy à côté de chaque article, pour déterminer le prix qu'il en offrirait. Il pria en même temps le connaisseur qu'il chargea de cette opération de mettre les prix à leur plus juste valeur. (*Prix et Note copiés sur l'exempl. du Catalogue de M. Bonnemet appartenant au duc de La Vallière*).

1600. Catalogue des livres de Paris de Meyzieu. *Paris, Moutard*, 1779, in-8, v. br. fil. non rog. (*Prix.*)

1601. Catalogue des livres rares et singuliers de M. Filheul. *Paris, Dessain*, 1779, in-8, gr. pap. cart. non rog.

Je ne sais s'il a existé un amateur du nom de Filheul ; ce qu'il y a de certain, c'est que ce catalogue est celui d'une vente de M. Chardin, bibliophile passionné qui a fait pendant quarante ans le commerce des livres rares et curieux avec un très grand succès. Remarquable par sa belle exécution, il mérite d'ailleurs d'être conservé comme premier spécimen des catalogues avec notes, notices et descriptions que les libraires cherchent depuis quelque temps à mettre à la mode, car l'excellent catalogue de la bibliothèque de La Vallière, vol. in-8, est postérieur de quatre ans. La profusion de ces notes laudatives, et souvent fort hyperboliques, dans le catalogue d'une vente dont on doit recueillir le produit, a sans doute quelque apparence de charlatanisme, et ce n'est pas tout à fait sans raison que le *Catalogue de Filheul* a subi ce reproche ; mais l'enthousiasme des amateurs pour les livres qu'ils ont aimé, est bien digne de quelque indulgence. M. Chardin pensait de ses livres tout ce qu'il en disait, et il l'a prouvé souvent en les rachetant lui-même au prix exorbitant auquel il les avait fait monter. Ch. Nodier.

1602. Catalogue des livres rares et précieux de M*** (Mel de St.-Céran) *Paris Debure*, 1780, in-8, gr. pap. br.

1603. Catalogue du duc d'Aumont. *Paris, Debure*, 1782, gr. in-8, v. gauf. dent. tr. dor. (*Prix.*)
Ex. gr. pap.

1604. Catalogue des livres de M... (Dincourt d'Haugard).— de M. le duc d'Aumont. *Paris, Debure*, 1782 et 1789. 2 vol. in-8, v. f. fil. pl. tr. dor.

1605. Catalogue des livres du duc de La Vallière. *Paris, G. de Bure*, 1783, 3 vol. in-8, bas. fil. porte. et fac-simile. (*Prix*).

1606. Catalogue des livres en très petit nombre qui composent la bibliothèque de M. Mérard de St.-Just. *Paris, impr. de Didot*, 1783, in-18, pap. vél. br.
Tiré à pet. nombre. Voyez la note de M. Nodier, n° 2300 du *Cat. Pixérécourt.*

1607. Catalogue des livres de M*** (le baron d'Heiss). *Paris, de Bure*, 1785.—*Idem* de M. de St.-Céran. *Paris, le même*, 1791 ; 2 vol. in-8. d. rel. (*Prix*.)

1608. Catalogue de Soubise. *Paris, Leclerc*, 1788, in-8, d. rel. v. f. non rog. (*Closs.*) Prix.

1609. Catalogue de Crevenna. *Amst. Changuion*, 1789, 5 tomes en 3 vol. gr. in-8, v. br.

1610. Catalogue de Mirabeau. *Paris, Rozet*, 1791, in-8, pap. vél. d. rel. mar. r.

1611. Catalogue de la Biblioth. de M. de Normanville. *Rouen*, 1792, in-12, v. gr. fil.
1612. Catalogue des livres d'Anisson Dupéron. *Paris, Dubure*, 1795, in-8, cart. non rog. (*Prix en assignats*.)
<small>MM. Dibdin et Renouard signalent ce catalogue comme curieux. La vente en fut faite dans un moment où les assignats étaient si décriés, que le total dépasse 8 millions.</small>
1613. Catalogues des livres de l'abbé Mercier de Saint-Léger et de Bonnier. *Paris, Debure*, an VIII, 2 part. en 1 vol. in-8, v. gr. fil.
1614. Catalogue des livres rares et précieux de M***. *Paris, Debure*, 1806, in-8, gr. pap. br.
1615. Catalogue des livres d'Ausse de Villoison. *Paris, Debure*, 1806, in-8, gr. pap. br.
1616. Catalogue Fourcroy. — *Id.* de Haillet de Couronne. *Paris, Tilliard*, 1810-1811, 2 vol. in-8, v. br. fil. — *Idem* de Caillard. *Paris, Debure*, 1810, in-8, d. rel. (*Prix*).
1617. Catalogue de Chénier. *Paris, Bleuet*, 1811, in-8. pap. vél. mar. r. fil. comp. tr. dor. (*Rare de ce papier.*)
1618. Catalogue des livres de M*** (Rolle). *Paris, Debure*, 1811, in-8, gr. pap. cart. non rog.
1619. Catalogue des livres du comte de Mac-Carthy Reagh. *Paris, Debure*, 1815, 4 vol. gr. in-8, pap. de Holl. d. rel. v. f. non rog. (*Class.*)
<small>Avec le vol. contenant les Prix et Tables. Le plus remarquable des Catalogues de vente depuis La Vallière. L'un des 25 exempl. sur ce papier.</small>
1620. Catalogue des livres rares et précieux de M***. (Rémusat). *Paris, Debure*, 1815, in-8, gr. pap. br.
1621. Catalogue des livres de La Porte du Theil. *Paris, Debure*, 1816, in-8, gr. pap. br.
1622. Catalogue des livres de M. Paris, rédigé par M. Weiss. *Besançon*, 1821, in 8, v. br. fil. dent. tr. dor. portr. (*Simier*.)
1623. Catalogue des livres de M. Morel-Vindé. *Paris, Debure*, 1822, in-8, cart. non rog. (*Prix*.)
<small>Ex. sur gr. pap.</small>
1624. Catalogue de Morel-Vindé, 1822. — De Chateaugiron. 1827. — De Durlez, 1827. 3 vol. in-8, d. rel. v. f. non rog. (*Prix*).

1625. Catalogus bibliothecæ Meermannianæ. *Haga-Comitum*, 1824, 4 tom. en 2 vol. in-8, br.

1626. A Catalogue of the library of George Hibbert. *London*, 1829, gr. in-8, v. br. fil. fig. (*Koehler.*)

1627. Catalogue des livres de la bibliothèque du duc de Rivoli. Histoire naturelle. *Paris*, 1830, gr. in-8, pap. de Holl., br.

1628. Catalogue de la bibliothèque du comte Boutourlin (rédigé par Audin). *Florence*, 1831, gr. in-8, pap. vél. col. cart.
Tiré à 200 exempl.

1629. Catalogue of the library of Hanrott. *London*, 1833, gr. in-8, pap. vél. cart. (*Prix.*)

1630. Catalogue des livres de M. Caussin de Perceval. — *Idem* de M. Klaproth. *Paris, Merlin*, 1836-1839, 2 vol. in-8, br.
Livres arabes, persans, turcs, chinois, tartares, japonais, etc.

1631. Catalogue of the library of Richard Heber. *London*, 1834-1836, 12 part. in-8, cart.

1632. Catalogue des livres de M. le comte de La B. (La Bédoyère). *Paris, Silvestre*, 1837, gr. in-8, br. (*Avec la Table des auteurs et les Prix.*)

1633. Bibliotheca Reuvensiana, descripsit C. Leemans. Præfigitur Epistola de vita Reuvensii. *Lugd. Batav. Luchtmans*, 1838, in-8, br.

1634. Catalogue des livres de Lammens. *Gand*, 1839-1840, 3 vol. in-8, br.

1635. Catalogues divers sur gr. pap. et pap. vél. br.
Catalogue des livres de M. Nardot. *Paris, Debure*, 1812.—De la Bletonnière d'Yge. *Paris, Debure*, 1813.—De M. Le Brun. *Paris, Debure*, 1813.— De Didot l'aîné. *Paris, Debure*, 1823.—De M***. *Paris, Debure*, 1824.— De Debure de St. Faurbin. *Paris, Tilliard*, 1825.—De M***. *Paris, Debure*, 1835.—De M. R***. *Paris, Techener*, 1834.

XIII. BIOGRAPHIE. — EXTRAITS HISTORIQUES.

1636. La Gallerie des femmes fortes, par le P. Pierre le Moine. *Leiden, Jean Elzevier*, 1650, pet. in-12, mar. vert, fil. pet. fers, tr. dor. (*Niedrée.*)
Bel exempl.

1637. Notice hist. sur Le Febre de St-Remy, chroniqueur du XVIe siècle, par L. M. E. Dupont. *Paris, s. d. in-8, br.*

Tirage séparé à 25 ex. du *Bulletin de la Société de l'hist. de France.*

1638. La vie et les sentiments de Lucio Vanini (par Durand). *Amst. Fritsch,* 1717, in-12, mar. r. fil. — Vie de Peiresc, par Requier. *Paris, Musier,* 1770, in-12.

1639. La Vie de Michel de Cervantes, par Don Gregorio Mayans y Siscar, trad. de l'espagnol, par le Sr D. S. L. (Daudé). *Amst. Fr. Changuion*, 1740, 2 part. en 1 vol. pet. in-12, d. rel. non rogn. v. f. *(Bauzonnet.)*

1640. Vie d'Erasme, par de Burigny. *Paris, De Bure,* 1757, 2 vol. in-12, br.

1641. Nicolai Claudii Fabricii de Peiresc, senatoris Aquisextiensis, Vita, per Petrum Gassendum. *Parisiis, Seb. Cramoisy,* 1641, in-4, mar. r. fil. comp. tr. dor. *(Duseuille.)*

1642. Histoire de M. Bayle et de ses ouvrages, par de La Monnoye. *Amst. Jacq. Desbordes*, 1716, pet. in-8, v. br. fil.

Ex. du comte de Hoym.

1643. Mémoires pour servir à l'hist. de la vie et des ouvrages de M. de Fontenelle, par l'abbé Trublet. *Amst. M. M. Rey,* 1761, in-12, v. f. fil. — Vie de l'abbé de Choisy. *Lausanne, Bousquet,* 1748, in-8, v. f. fil.

Très rare, même en Lorraine. Cat. Pixérécourt, n° 2131.

1644. La Vie de D. Aug. Calmet, avec un Catalogue de tous ses ouvrages. *Senones, Pariset,* 1762, gr. in-8, d. rel. v. br. non rogn. *(Bauzonnet.)*

1645. Vie de M. l'abbé Blanchet, par Dusaulx. *Paris, Debure,* 1784, gr. in-8, pap. de Holl. v. f. fil. tr. dor. portr.

Ex. de M. Pixérécourt auquel se trouve ajouté une Lettre autographe de Hérault à l'auteur de cet ouvrage.

1646. Vie de Grosley, écrite par lui-même, continuée et publiée par l'abbé Maydieu. *Paris, Barrois,* 1787, in-8, br. portr.

1647. Xenophontis memorabilium Socratis dictorum libri IV, ex emendatione Aug. Ernesti. *Lipsiæ Fritschius,* 1755, pet. in-8, mar. r. fil. tr. dor. *(Derome.)*

1648. Valerii Maximi dictorum factorumque memorabilium libri IX. *Amst. Dan. Elzévir*, 1671, pet. in-12, mar. r. fil. à fr. non rogn. (*Niedrée.*)

1649. Les propos mémorables des nobles et illustres hommes de la Chrestienté. *Paris, Nic. Bonfons*, s. d. in-16, v. f. fil. tr. dor. (*Niedrée.*)

1650. Les diverses Leçons d'Ant. du Verdier. *Tournon, Cl. Michel*, 1596, pet. in-8.

1651. Histoires prodigieuses extraictes de plusieurs fameux avthevrs, Grecs et Latins, sacrez et profanes; par Boaisteau, de Tesserant, de Belle-Forest, Hoyer. *Paris, Hierosme de Marnef*, 1583, 5 tom. en 2 vol. in-16, fig. v. gr.

ADDITION.

1652. Le Tygre. Satyre sur les gestes mémorables des Guisards. 1561. In-4, demi-rel. dos de cuir de Russie. (*Thourenin.*)

Manuscrit du siècle dernier fait probablement d'après une copie du temps, peut-être même d'après l'imprimé qu'une rigoureuse suppression a rendu introuvable.

Les amateurs de curiosités littéraires et les gens de goût n'ont pas encore oublié sans doute qu'il y a quelques années, en 1834, la découverte d'un livret inconnu portant un titre à peu près identique donna lieu, dans le *Bulletin du bibliophile* de M. Techener, à une curieuse et spirituelle dissertation que son auteur, M. Ch. Nodier, crut devoir intituler : *De la liberté de la presse avant Louis XIV, à propos d'un petit livre intitulé : Au Tigre de la France*. Cette dissertation rendit quelques jours de vie à un pamphlet obscur que la prose brillante de l'ingénieux écrivain tirait ainsi de sa poussière, et nous devons en quelque sorte lui savoir gré, au pamphlet bien entendu, d'avoir été pour nous l'occasion d'un vrai plaisir; mais c'est là aussi le seul mérite que nous puissions lui accorder. Nous sommes convaincus en effet que cet opuscule, écrit en prose, n'était qu'une copie affaiblie, qu'un véritable *pasticcio* de la satire originale dont nous annonçons ici un manuscrit. Nous osons donc en appeler à M. Nodier lui-même, si compétent en pareille matière, et nous ne doutons pas que son œil, aussi exercé que son esprit, ne reconnaisse bientôt dans la *Satire en vers* qu'il aura sous les yeux le véritable *Tygre* dont a voulu parler Regnier de la Planche et que l'illustre de Thou a désigné par un datif sans autre raison que celle d'une syntaxe plus élégante, dans une langue qui préfère presque toujours ce qu'on appelle le cas oblique au cas direct.

Cette copie moderne d'une pièce ancienne nous paraît donc digne d'une attention toute spéciale et nous croyons aussi pouvoir affirmer qu'elle se recommande encore par un tout autre mérite que celui de sa rareté.

G. DUPLESSIS.

FIN.

TABLE DES MATIÈRES.

AVERTISSEMENT. V
NOTICE SUR M. CROZET, par Ch. Nodier. . . . . vij

THÉOLOGIE.

I. Écriture sainte. 1
II. Philologie sacrée. 3
III. Liturgie. — Saints-Pères. 6
IV. Théologiens. 8
V. Théologie hétérodoxe. — Opinions singulières. . 13
VI. Théologie des païens, des Juifs et des Mahométans. . 16

JURISPRUDENCE. 18

SCIENCES ET ARTS.

I. Philosophie. — Logique. — Métaphysique. 22
II. Morale. — Économie. 24
III. Politique et économie politique. 27
IV. Mathématiques et sciences qui en dépendent. . . . 31
V. Histoire naturelle. 32
VI. Médecine. 33
VII. Sciences secrètes. 35
VIII. Arts et métiers. 39
IX. Beaux-arts. 40

BELLES-LETTRES.

I. Linguistique. — Art oratoire.	41
II. Littérature patoise.	48
III. Poétique. — Poètes grecs et latins, anciens et modernes.	50
— Poètes français.	55
— Poètes étrangers.	91
IV. Art dramatique.	91
V. Romans, contes et nouvelles.	103
VI. Facéties.	114
VII. Philologie.	130
VIII. Dialogues épistolaires.	135
IX. Polygraphes. Recueils de pièces.	136

HISTOIRE.

I. Géographie. Voyages.	139
II. Histoire universelle.	142
III. Histoire des religions.	145
IV. Histoire ancienne.	148
V. Histoire moderne.	151
VI. Histoire de France	152
VII. Histoire des états étrangers.	177
VIII. Art héraldique.	181
IX. Antiquités.	182
X. Histoire littéraire.	184
XI. Bibliographie. — Catalogues de livres.	186
XII. Biographie. — Extraits historiques.	192

FIN DE LA TABLE DES MATIÈRES.

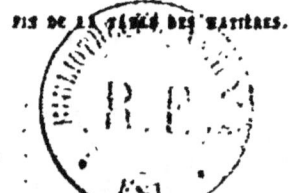

www.ingramcontent.com/pod-product-compliance
Lightning Source LLC
Chambersburg PA
CBHW052251220526
45471CB00001B/279